市场营销实务

主　编　黄挺顺

副主编　肖　晗　张凌燕　张　淼

THE MARKETING PRACTICE

厦门大学出版社　国家一级出版社
XIAMEN UNIVERSITY PRESS　全国百佳图书出版单位

图书在版编目（CIP）数据

市场营销实务 / 黄挺顺主编；肖晗，张凌燕，张淼
副主编. -- 厦门：厦门大学出版社，2023.1（2024.7 重印）
ISBN 978-7-5615-8823-9

Ⅰ．①市… Ⅱ．①黄… ②肖… ③张… ④张… Ⅲ．
①市场营销学-教材 Ⅳ．①F713.50

中国版本图书馆CIP数据核字(2022)第189707号

责任编辑　施建岚　李瑞晶
美术编辑　李嘉彬
技术编辑　朱　楷

出版发行　厦门大学出版社
社　　址　厦门市软件园二期望海路 39 号
邮政编码　361008
总　　机　0592-2181111　0592-2181406(传真)
营销中心　0592-2184458　0592-2181365
网　　址　http://www.xmupress.com
邮　　箱　xmup@xmupress.com
印　　刷　厦门市金凯龙包装科技有限公司

开本　　787 mm×1 092 mm　1/16
印张　　14.25
字数　　356 千字
版次　　2023 年 1 月第 1 版
印次　　2024 年 7 月第 2 次印刷
定价　　49.00 元

本书如有印装质量问题请直接寄承印厂调换

厦门大学出版社
微信二维码

厦门大学出版社
微博二维码

前　言

　　2020 年 10 月闭幕的党的十九届五中全会指出，当今世界正经历百年未有之大变局，新一轮科技革命与产业变革深入发展，国际环境日趋复杂，不稳定性不确定性明显增加。我国经济已转向高质量发展阶段，市场空间广阔，但是发展不平衡不充分的问题仍然突出，我国企业在经营管理以及参与国际经济合作与竞争的过程中遇到了很多新问题，出现了新矛盾。如何更好地参与到充满不确定性的全球市场中，是每个中国企业面临的紧迫的现实问题。

　　菲利普·科特勒认为，市场营销学是一门具有科学性和艺术性的学科，它虽然有惯例、模式，但又需要学习者拥有创造性的灵感。既要用让学生感兴趣的方式，使其在不经意间接受现有的惯例、模式，同时，还要引入新的理论，哪怕是正在发展的不成熟的理论，只要是能激发学生的灵感，使他们能迸发创造性的思想火花。市场营销学是一门应用性和实践性很强的学科，将理论与实践建立充分和密切的联系，通过实践场景让学生加深对相关理论的理解，最终让他们用理论解释实践，从而让学生吸收知识，培养他们的能力。因此，我们在《市场营销实务》这部教材的编写上力求兼顾理论与实务，使两者能够完美融合、相得益彰。本教材的理论具有先进性和适用性，能够解释现实、指导实践，实务部分贴近实践，能够使学生加深对理论的解释，提高学生的悟性，培养学生的能力。

　　在市场经济更为成熟的工业化世界，随着消费者偏好的日趋复杂以及消费者购买力的日益提高，企业在如何通过新的途径来满足新的需求方面充满着众多的机遇和挑战。当今的市场充满魅力又具有挑战性，而这样的充满变化与不确定性的市场环境对企业参与竞争提出了更高的要求。

　　市场营销实务课是一门主要以消费者为中心，研究企业市场营销活动及其规律的课程，它具有综合性、实践性、创新性等特点。市场营销实务课不仅是一门课程，更包含了解决营销问题的方式方法，我们可以运用这些方式方法创造性地解决当前企业营销中遇到的涉及社会、经济和生活等各个领域的诸多问题。

　　本教材以现代经济发展为背景，以市场为导向，对营销理论和实践问题进行了系统、深入的阐述；从经济学的视角，全面介绍每一种市场营销现象，阐释现象背后的市场营销学观念和原理的内涵，注重学生技能的培养，通过丰富的教学案例，实现理论与社会实践相结合的教学目的。具体而言，教材共分十个项目，着重介绍市场营销的战略、策略及提高营销效率的办法,其中对市场营销环境、目标市场策略、产品策略、价格策略、分销策略和促销策略等营销要素作了较详细的阐述。教材在编写中力求做到角度独特、观点新颖、结构严谨、务实求新、行文流畅,主要有如下三方面创新。

(1)结构严谨。本教材以如何开展营销为主线,按照企业进入市场的顺序展开论述,循序渐进,使读者能够系统地掌握市场营销的理论和方法。在结构和内容安排上较为完备,既体现了研究对象的实用性和营销活动的多样性,又突出了学科的系统性和结构的严谨性,对营销现象的描述与理论阐述力图呈现当代市场营销发展的前沿动态。

(2)实用性强。本教材在重视营销理论研究的同时,还特别注重国内外企业营销案例的研究,尤其是书中大量引用了泉州本地企业的营销案例,使理论与实践充分结合,提高理论的说服力,同时也让学生加深对泉州经济发展情况的了解。

(3)可读性强。在编写模式上将营销的基本原理与大量的案例有机结合,每个项目从案例出发,激发学生学习兴趣,且在中间设置大量案例以让学生独立思考;同时插入了些许图片,增加趣味性、可读可视性;每个项目结尾设置了"复习与思考"部分,通过练习题帮助学生及时巩固相关知识,并促使其学会用理论知识解决实际问题。同时,在部分项目的末尾增加了"理论前沿"部分,目的是使学生了解当前的学科动态。

本教材是由《市场营销实务》校本教材改编、升级而来的,编者讲授过"市场营销学""市场调查""消费心理学""经济学""管理学"等课程,教学经验和理论水平兼备。教材主编为黄挺顺副教授,副主编为肖晗、张凌燕、张淼,叶赟参编。其中,黄挺顺编写项目三、四、六,张凌燕编写项目五、十,肖晗编写项目一、二、九,黄挺顺、张淼共同编写项目七、八,最后由黄挺顺统稿;黄挺顺编写约16万字,肖晗编写约6万字,张凌燕编写约6万字,张淼编写约2万字。

本书为黎明职业大学"十四五"校企共建项目,在编写过程中得到很多企业的大力支持和热情帮助,包括厦门安踏电子商务有限公司、九牧王股份有限公司等,编者在此深表谢意!

由于编者水平所限,难免有疏漏和不成熟之处,敬请广大读者批评指正!

编者

2022 年 6 月

目　录

项目一　认识市场营销

能力目标

- 了解市场营销学的发展
- 掌握市场营销学的定义
- 能够运用市场营销理论分析企业营销行为

素质目标

- 树立正确的市场营销观念
- 培养学科好奇心和兴趣

学习任务

任务一　市场营销学的产生与发展
任务二　市场营销学的研究对象和内容

开篇案例

故宫的"网红"之路

2014年,故宫博物院在淘宝网的直营网店"故宫淘宝"的官方微信公众号发布了《雍正:感觉自己萌萌哒》一文(宣传图见图1-1)。此文一出,迅速成为该公众号第一篇阅读量"10万＋"的爆文。严肃端庄的皇帝突然转型为可爱的风格,成功吸引了大众眼球,成为当时的热门"网红"。

其实早在2008年,故宫博物院就开启了文创之路,同年12月入驻淘宝网,成为国内第一家开淘宝店的博物院。在初期,无论是网络渠道还是线下渠道,故宫文创产品和其他旅游纪念品一样,不太受重视,因为还不够具有趣味性和实用性,只是简单的文化产品。

凭借文创产品"朕知道了"系列纸胶带(见图1-2),台北故宫博物院在2013年7月,火遍海峡两岸。故宫博物院原院长单霁翔看到了文创产品的庞大市场,同年8月,故宫便举办了一场"把故宫文化带回家"文创设计大赛,第一次面向公众征集文化创意,之后相继推出了"奉旨旅行"行李牌、"朕就是这样汉子"折扇等多款产品,成功地实现了由高冷、古老、神秘向

图 1-1 《雍正:感觉自己萌萌哒》宣传图

"萌"的转型。这一年,故宫博物院的文创产品销售收入达到了 6 亿元,是 2012 年的 4 倍。2015 年为故宫博物院院庆 90 周年,"朝珠耳机"等带有皇宫特色的"魔性"周边产品纷纷走红。

图 1-2 台北故宫博物院文创产品"朕知道了"系列纸胶带

作为一个拥有近 600 年历史的文化符号,故宫不仅是一个巨大的 IP 宝藏,同时也是个 IP 综合体,拥有着数量众多的子 IP,而在每个子 IP(如历史人物和文物)背后,都能延伸出无数动人故事,挖掘出巨大商业价值。

豆瓣评分高达 9.4 分的爆款纪录片《我在故宫修文物》使得故宫真正成为超级"网红"。随后的《国家宝藏》《上新了·故宫》等节目的播出,让故宫开始接地气。2017 年,故宫文创产品的种类突破 10000 种,产品收益达 15 亿元。2018 年故宫推出的 6 款国宝色口红,2019 年故宫的雪景照片,让故宫赚足了流量。

故宫可以成为火爆的文创 IP 之一,与其擅长玩跨界营销有很大的关系。

2019 年,故宫携手奥利奥,推出了"故宫食品联名御点"系列产品,用 10600 块饼干,历时 26 天,建造了一座"可以吃的故宫"。这样的跨界打破了人们的刻板印象,吸引了更多忠实"粉丝"和普通消费者,实现"1+1>2"的效果。

2019 年 11 月 1 日,故宫携手"百度小度",共同推出"小度在家 1S"故宫文化限定版智能音箱(见图 1-3),在电商渠道火爆开售。

图 1-3 "小度在家 1S"故宫文化限定版智能音箱

2020 年一开年,北京故宫宫廷文化发展有限公司联手"饿了么"打造"饿膳房计划"(宣传海报见图 1-4),围绕"宫候新年味"的主题陆续推出百道具有宫味的菜品,让"宫廷＋美食"的组合延展出更多的可能性。

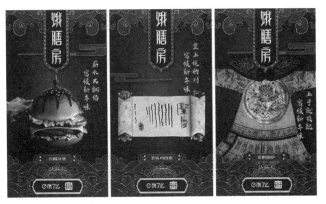

图 1-4 "饿膳房计划"宣传海报

(案例资料来源:http://www.woshipm.com/operate/415913.html,https://www.sohu.com/a/104654668_395698;图片均来源于网络。)

思考:在现代数字营销竞争环境中,故宫是如何建立品牌 IP 的?

任务一　市场营销学的产生与发展

🔮 目标提示

- 了解市场营销学的产生与发展过程

🔮 学习内容

- 了解市场营销学的产生与发展
- 明白市场营销学的含义
- 掌握市场营销的概念

🔮 知识要点

市场营销：市场营销是指企业为满足消费者需求和实现企业目标，在不断变化的市场环境中，综合运用各种经营策略和手段，把满足消费者需求的产品和劳务送达给消费者的一系列整体性活动。

市场营销学这一学科诞生于 20 世纪初期，形成于 20 世纪中叶，成熟于 20 世纪 80 年代，目前仍在不断发展之中。近百年来，随着社会经济的发展，市场营销学发生了根本性的变化，从传统市场营销学演变为现代市场营销学，其应用范围从营利组织扩展到非营利组织。在营销实践中，正确运用市场营销学的原理、方法和技巧，可以使企业以最小的营销资源获取最大的经济和社会效益，增强市场竞争能力，实现营销目标。

市场营销译自英文"marketing"一词，是指企业的市场买卖活动，即企业的市场营销活动。市场营销学不是观念的产物，而是企业活动的产物。市场营销学的产生与发展与企业的市场营销活动是紧密联系在一起的，企业营销实践活动为市场营销学的发展提供了条件，不断发展的市场营销学又被用于指导企业的营销实践。20 世纪初，随着商品经济的高度发展，市场营销学首先在美国从经济学中分离出来，逐步发展成为一门独立的学科。市场营销学的发展大体经历了创建时期、应用时期、变革时期和发展时期四个阶段。

一、市场营销学的创建（20 世纪初）

19 世纪末—20 世纪初，各主要资本主义国家经过工业革命，生产力迅速提高，市场规模急剧扩大，供求关系也逐步变化，呈现出由卖方市场向买方市场转变的态势，市场营销活动日益成为影响企业效益的重要因素。

相应地，市场营销学作为一门独立学科在美国创立。1940 年，W.E.克罗西在宾夕法尼亚大学开设了产品市场营销课程，1910 年 R.S.巴特勒在威斯康星大学开设了市场营销方法课程。1912年,哈佛大学教授赫杰特齐出版了第一本销售学教科书 *Marketing*,标志着作为一门独立学科的市场营销学的建立。这本教科书中的内容同现代市场营销学的原理、概念不尽相同,主要包括推销术和广告术,而且针对该教材书中内容的研究活动仅存在于大学的课堂,相关研究成果并未引起社会的重视,相关研究成果也未应用于企业营销活动。

二、市场营销学的应用(20世纪20年代—40年代末)

1929—1933年,资本主义国家爆发了严重的经济危机,生产过剩,产品大量积压,因而如何刺激消费者的购买欲望就成了企业和市场营销学家们认真思考和研究的课题。市场营销学也因此从课堂走向了社会实践,并初步形成体系。

在此期间,美国市场营销学和广告学教师协会(成立于1926年)、美国市场营销学学会(成立于1936年)相继成立,并开始研究市场营销问题。1932年,克拉克和韦尔达撰写的《美国农产品营销》一书出版,对美国农产品营销进行了全面的论述,指出市场营销的目的是"使产品从种植者那儿顺利地转到使用者手中"。市场营销学的学者开始为工商企业提供咨询服务,咨询内容包括广告、推销员培训、开拓流通渠道、加强促销等。理论与实践的结合促进了企业营销活动的发展,同时也促进了市场营销学的发展,但这一阶段的市场营销学研究仍局限于产品的推销、广告宣传、推销策略等。

三、市场营销学的变革(20世纪50年代初—70年代初)

这一阶段为市场营销学的变革时期——传统的市场营销学开始转变为现代市场营销学。20世纪50年代后,随着第三次科技革命的发展,劳动生产力空前提高,社会产品数量剧增,品种不断翻新,市场供过于求的矛盾进一步激化,原有的只研究在产品生产出来后如何推销的市场营销学显然不能适应新形势的需求。

约翰·霍华德在《市场营销管理:分析和决策》一书中,率先从营销管理角度论述市场营销理论及其应用,从企业环境与营销策略二者的关系出来来研究营销管理问题,强调企业必须适应外部环境。杰罗姆·麦卡锡[①]在1964年出版的《基础营销学》一书中,对市场营销管理提出了新的见解。他把消费者视为一个特定的群体及目标市场,强调企业必须制定正确的市场营销组合策略,以适应外部环境的变化,满足目标顾客的需求,实现企业经营目标。

市场营销学的这一变革,使企业的经营观点从"以生产为中心"("营销革命1.0")转为"以消费者为中心"("营销革命2.0"),市场成了生产过程的起点而不仅仅是终点,营销突破了流通领域,延伸到生产过程及售后过程;市场营销活动不仅是推销已经生产出来的产品,还需要通过对消费者的需要与欲望的调查、分析和判断,借由企业整体协调活动来满足消费者的需求。

菲利普·科特勒及其团队撰写的《营销革命3.0》2010年一经问世,就被许多营销人

---

① 杰罗姆·麦卡锡是密歇根州立大学教授,"4P"理论的创始人,20世纪著名的营销学大师。1960年,他在《基础营销学》一书中,第一次提出了著名的"4P"营销组合这一经典模型。

员当作行动指南,在全球范围内,它被翻译成二十多种语言并出版。

当今,数字经济发展步入新阶段,"营销革命4.0"概念应运而生。它强调,在面对客户购买过程中方方面面的需求时,应采取深度和广度的人本销售升级版方案。

四、市场营销学的发展(20世纪70年代至今)

近几十年来,市场营销学在基本理论、学科体系、传播领域等方面都有着重大的发展,这主要是由于科学技术在日益进步,社会政治经济情况在不断变化,企业市场营销实践在不断发展。

在这期间,有学者提出了管理导向理论,强调市场营销学应该重点研究营销管理中的战略和决策问题,许多市场营销学家提出了"社会营销""大市场营销"理论,这些理论大大丰富和发展了市场营销学。市场营销学还紧密地结合经济学、哲学、心理学、社会学、数学及统计学等学科,发展成为一门综合性的边缘应用科学,并且出现了许多分支,例如消费心理学、工业企业营销学、商业企业营销学等。进入20世纪90年代后,关于市场营销网络、政治市场营销、市场营销决策支持系统、市场营销专家系统等新的理论与实践问题开始引起学术界和企业界的关注,成为市场营销学研究的热点。

进入21世纪,互联网的发展和应用推动着网络营销的迅猛发展。在信息网络时代,网络技术的应用改变了信息的分配和接收方式,改变了人们的生活、工作、学习以及合作和交流的环境。企业也正在"搭乘"网络新技术的快速"便车",实现飞速发展。网络营销便是以互联网为媒体,以新的方式、方法和理念实施营销活动,更有效地促进个人和组织交易活动的实现。网络营销也产生于消费者价值观的变革——满足消费者的需求,是企业经营永恒的核心。企业如何在当今潜力巨大的市场上占领高地?利用互联网为消费者提供各种类型的服务,是取得未来竞争优势的重要途径。

随着互联网经济的越发火热,出现了越来越多的网络营销资源,其中包括可用的免费推广资源以及网络营销管理服务,如免费网络分类广告、网上商店平台、免费网站流量统计等。网络营销资源的增加不仅表现在免费资源的数量上,同时也表现在网络营销资源可以产生的实际价值方面。例如,现有领先的B2B电子商务平台通过搜索引擎营销策略,为潜在用户获取B2B网站中的商业信息提供了更多的机会,从而提高了B2B电子商务平台对企业网络营销的商业价值,也使得B2B电子商务平台打破了原有只有付费会员登录才能获取商业信息的模式。这些新观念、新方法必将把现代市场营销学推向一个新的发展阶段。

在旧中国市场经济十分落后的情况下,市场营销学的传播与应用受到严重阻碍。新中国成立之前,我国虽曾对市场营销学有过一些研究,但也仅限于几所设有商科或管理专业的高等院校。新中国成立后,由于片面强调计划经济,1949—1978年,除了中国台湾地区和港澳地区的学术界、企业界对这门学科进行了广泛的研究和应用外,在整个中国大陆(内地),有关市场营销学的研究一度中断。

从1978年党的十一届三中全会召开到1992年党的十四大召开的这些年间,党中央提出了"对外开放、对内搞活"的总方针,从而为我国重新引进和研究市场营销学创造了有利的环境。但是由于社会主义经济能不能运用市场机制、在多大程度上可以应用市场机制的问题始终没有从理论上得到根本解决，直到 20 世纪 90 年代以后，国家才明确提出把企业推向市场，市场营销学才开始真正走向全面应用的阶段。

如今，市场营销学已成为各高校经济管理类专业的必修课，市场营销学原理与方法也已广泛地应用于各类企业。由于各地区、各部门之间生产力发展不平衡，产品市场趋势有别，加之各部门经济体制改革进度不一，各企业经营机制改革深度不同，市场营销学在各地区、各部门、各类企业的应用程度不尽相同。因此，市场营销学的理论思想要作为企业营销活动的指南得到全面应用，理论的指导作用要得到充分发挥，还需假以时日。

任务二　市场营销学的研究对象和内容

🔆 目标提示

• 理解市场营销学的研究对象和内容

🔆 学习内容

• 市场营销的定义
• "4P""4C""4R""4V""4I"市场营销组合理论
• 传统市场营销观念与现代市场营销观念的区别

🔆 知识要点

(1)市场营销学是建立在经济科学、行为科学和现代管理理论基础之上的应用科学，其内容具有综合性、实践性、应用性的特点。

(2)市场营销与推销或销售具有本质的区别。

(3)市场营销理论以"4P"营销组合理论为重要基础，并向"4C""4R"营销组合等理论发展。

市场营销学是研究市场营销活动及其规律的科学。它的研究对象是：企业在动态市场上如何有效地管理其市场营销活动，从而提高企业的经济效益，求得生存和发展，实现企业的目标。因此，市场营销学的全部研究都是以产品适销对路、扩大市场销售为中心而展开的，并为此提供理论、思路和方法。

一、市场营销学的研究对象

任何一门学科都有其特定的研究对象。市场营销学是适应企业营销活动的发展而发展起来的应用性学科，所以市场营销学的研究对象是企业的市场营销活动及其发展规律，即市场活动。什么是市场营销？西方市场营销学者从不同角度及发展的观点对市场营销下过不同的定义。例如，杰罗姆·麦卡锡于 1960 年从宏观角度对市场营销下了定义：市场营销是企业经营活动的职责,它将产品及劳务从生产者直接引向消费者或使用者,以便满足顾客需求及实现公司利润;同时也是一种社会经济活动过程,其目的在于满足社会或人类需要,实现社会目标。还有些定义是从微观的角度来表述的,如菲利普·科特勒[1]对市场营销所下的定义:市场营销是指企业的这种职能,即"认识目前未满足的需要和欲望,估量和确定需求量大小,选择和决定企业能最好地为其服务的目标市场,并决定适当的产品、劳务和计划(或方案),以便为目标市场服务"。以上对市场营销的表述虽然侧重点不同,但都是以市场营销的核心为基础的,即企业必须面向顾客,企业的经营活动必须以顾客为中心开展,提供满足消费者需求的产品和服务。

因此,市场营销是指企业为满足消费者需求和实现企业目标,在不断变化的市场环境中,综合运用各种经营策略和手段,把满足消费者需求的产品和劳务送达给消费者的一系列整体性活动。这一定义指出了市场营销与推销或销售具有本质的区别:①市场营销是企业的系统管理过程,而推销或销售仅仅是市场营销过程中的一个环节;②市场营销是以满足目标顾客的需求为中心,而推销或销售是以销售现有产品为中心;③市场营销的出发点是市场需求,而推销或销售的出发点是企业;④市场营销采用的是整体营销手段,而推销或销售主要采用人员推销、广告等手段;⑤市场营销是通过满足客户的需求来获取利润,而推销或销售是通过增加产品销售来获取利润。

二、市场营销学的研究内容

一门学科的研究内容是由其研究对象决定的。市场营销学是建立在经济科学、行为科学和现代管理理论基础之上的应用科学,其内容具有综合性、实践性、应用性的特点。在市场营销学的发展过程中,其研究对象在不断修正,其研究内容分为市场营销组合理论的发展和市场营销观念的演变两部分。其中,市场营销理论以"4P"营销组合理论为基础,并向"4C""4R"等营销组合理论发展。市场营销观念则由传统市场营销观念向现代市场营销观念发展。

(一)市场营销组合理论的发展

1."4P"营销组合理论

在市场营销学的发展过程中,其研究对象在不断修正,研究内容经历了"4P—6P—10P—11P"的演变过程,变得更加丰富。

1964年,杰罗姆·麦卡锡首先将市场营销学的研究内容概括为易于记忆的"4P"。"4P"营销组合理论认为在影响企业经营的诸多因素中,市场营销环境是企业不可控制的变量,而产品、价格、分销和促销等这些因素是企业可以控制的变量,可以组成一个系统化的营销组合策略,以适应外部环境的变化,满足目标顾客的需求,实现企业经营目标。

营销组合是市场营销学研究的重点。营销组合是企业可控制的一组营销变量,企业可以综合运用这些变量以实现其营销目标,具体表现为企业在营销实践中综合运用产品策略(product)、价格策略(price)、分销策略(place)和促销策略(promotion),这些策略简

---

① 菲利普·科特勒是现代营销集大成者,被誉为"现代营销学之父",任美国西北大学凯洛格管理学院终身教授。

称"4P"策略。对"4P"策略的研究,构成了企业营销研究的四大支柱。

20世纪80年代以后,国际上贸易保护主义盛行,政府干预倾向加强,企业面临着高额的关税和形形色色的非关税壁垒。国际经济政治环境的这一变化,使许多专家学者认为"4P"理论已不能适应现代诡谲多变的营销环境。1984年,美国著名的市场学家菲利普·科特勒首次提出大市场营销理论,即"6P"营销组合理论,该理论在原有的"4P"营销组合理论的基础上,再加上政治权力策略(power)与公共关系策略(public relations)。"6P"理论认为,要打入封闭的市场,首先应该运用政治权力策略,得到有影响力的政府部门和立法机构的支持;其次,还须运用公共关系策略,利用各种传播媒介与目标市场的广大公众搞好关系,树立良好的企业和产品形象。大市场营销理论打破了市场营销环境是不可控制的传统看法,认为企业应该积极、主动地去影响环境,运用政治力量和公共关系的各种手段,打破国际或国内市场上的贸易壁垒,为开拓新的市场扫清障碍。

📋 文化视角

日本某酱油企业在打入美国市场初期,很少与美国的公司进行正面对抗,而是寻找薄弱环节,甚至从美国公司尚未进入的市场先行突破,以谋求一席之地。然后,他们就像"滚雪球"一样,进行战略推进,建立产品基地和巩固市场阵地,以便在将来某时与美国竞争者进行正面对抗或直接竞争。随着正面进攻"猛烈战斗"的日益加剧,必然遭到美国公司的强烈反击,于是就产生了贸易摩擦。日本企业或是周旋于当地政府、社团,或是让大量本来属于美国企业的零售网络及小型企业成为自己的"战友",或是改善工厂中美国员工的待遇,总而言之,就是采用各种方式和途径,减弱美国竞争者的反击力量,减少乃至消除摩擦。若贸易摩擦激烈到企业无法运用自己的力量来消除,则只有通过政府的外交手段来解决。

这家拥有350年历史的日本酱油品牌,是如何成功打入美国市场的?

1986年,菲利普·科特勒又进一步提出了"10P"营销组合理论,即在"6P"理论基础上再加上战略性的市场调查(probing)、市场细分(partitioning)、目标市场选择(prioritizing)、市场定位(positioning)。科特勒用"10P"理论全面概括市场营销学的研究内容,他认为,麦卡锡的"4P"理论涉及的仅是市场营销战术,其目的是在已有的市场中提高本企业产品的市场占有率,但这些战术是否得当,是由战略性的"4P"决定的。企业要成功地进入特定的目标市场,并在那里从事经营活动,必须学会运用政治权力和公共关系的手段,以获得当地政府及有关方面和支持和合作,克服环境带来的各种阻力,实现企业的目标。现代市场竞争越来越激烈,以人为本的观念在企业竞争中的作用日趋明显,新的需求不断出现,所以任何企业不可满足于现有市场占有率,应该发现和开发新市场,因此应有大市场营销观念(观念架构见图1-5)。

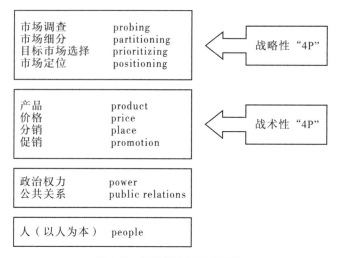

图 1-5 大市场营销观念架构

2."4C"营销组合理论

20 世纪 90 年代,罗伯特·劳特朋教授在《"4P"退休,"4C"登场》文章中提出了一个以顾客为中心的营销理论——"4C"营销组合理论。"4C"营销组合包括顾客(customer)、成本(cost)、便利(convenience)和沟通(communication),如图 1-6 所示。

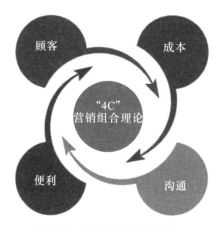

图 1-6 "4C"营销组合理论

(1)顾客:指顾客需求。企业要先研究和了解顾客需求,再考虑提供什么样的产品。

(2)成本:指顾客愿意支付的成本。企业在给产品定价之前,要先了解顾客为满足自身需要愿意付出多少成本。

(3)便利:指企业应该考虑顾客与企业交易过程中是否方便,特别是在制定分销策略时,应更多地考虑顾客便利而不是企业便利。

(4)沟通:指与顾客沟通。企业应当建立与顾客的双向沟通,维护顾客关系,这样才能使营销活动有成效。

3."4R"营销组合理论

2001 年,美国学者艾略特·艾登伯格提出了基于关系营销的"4R"营销组合理论,在当时受到了广泛关注。该理论提出了全新的市场营销四要素:关联(relevance)、反应(reaction)、关系(relationship)、回报(reward),如图 1-7 所示。

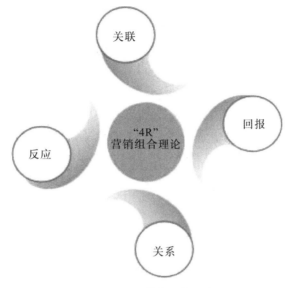

图 1-7 "4R"营销组合理论

(1)关联:与顾客建立关联。在竞争市场中,顾客忠诚度会有波动,企业要想赢得长期而稳定的市场,则需要与顾客建立关联。互联网时代下诞生的小米公司的"米粉",苹果公司的"果粉",都是企业通过聚焦某一个消费者群体,专心与他们建立关联的营销成果。

(2)反应:提高市场反应速度。一个公司的成败取决于其适应变化的能力。例如,"米粉"为小米快速做出市场反应提供了可能性——关于小米手机任何正面和负面的评价都会首先通过"米粉"在小米论坛得到呈现,小米公司再根据这些信息制定相应的产品、宣传、公关策略,换句话说,他们总能"未卜先知"。

(3)关系:让企业与顾客的关系从交易变成责任,形成一种互动关系。根据"二八法则",把握能给企业贡献 70%～80% 利润的 20%～30% 的重要客户,建立长期稳定的关系,不止于一锤子买卖。

(4)回报:营销的本质。追求回报是企业发展的动力,也是维持市场关系的必要条件,制定以回报为目的的营销目标十分必要。

4."4V"营销组合理论和"4I"营销组合理论

进入 20 世纪 80 年代,高科技产业迅速崛起,我国学者(吴金明等)提出了"4V"营销组合理论。"4V"营销组合包括差异化(variation)、功能化(versatility)、附加价值(value)、共鸣(vibration)的营销组合理论。

2010 年,清华、北大总裁班授课专家刘东明提出了"4I"营销组合理论,即趣味原则(interesting)、利益原则(interests)、互动原则(interaction)、个性原则(individuality)。这一着眼于电商社会化媒体营销的重要作用的理论,能够较好地帮助企业加深营销深度。

(二)市场营销观念的演变

市场营销观念是指企业进行经营决策、组织管理营销活动的基本指导思想,是企业的经营哲学。市场营销观念的核心是如何正确处理企业、顾客和社会这三者的利益关系。

　　企业在参与市场竞争中,以怎样的价值观进行管理,市场营销观念正确与否,直接关系到企业的兴衰成败。市场营销观念自产生以来,经历了五个发展阶段(如图 1-8 所示),它随着社会经济的发展和市场形势的变化而变化。其中,生产观念、产品观念和推销观念属于传统市场营销观念,该观念认为应通过增产、提高产品质量、扩大销售来获得利润;市场营销观念、社会营销观念属于现代市场营销观念,该观念认为,随着买方市场的形成,应通过满足顾客需求、兼顾社会利益等获得经济效益。

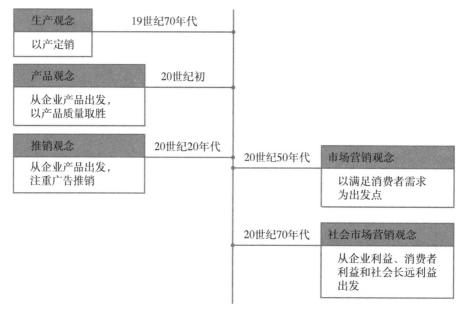

图 1-8　营销观念的五个发展阶段

 小结

　　关键词:市场营销学　市场营销　大市场营销
　　主要观点:
　　(1)市场营销学是适应企业营销活动的发展而发展起来的应用性学科,所以市场营销学的研究对象是企业的市场营销活动及其发展规律。
　　(2)市场营销与推销或销售具有本质的区别。
　　(3)进入 21 世纪后,互联网的发展和应用促使网络营销迅猛发展。
　　(4)大市场营销观念。

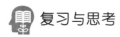 **复习与思考**

一、判断题

1.营销组合是市场营销学研究的重点。(　　　)

2．"6P"营销组合理论,就是在原有的"4P"营销组合理论的基础上,再加上政治权利策略(power)与公共关系策略(public relations)。（ ）

3．大市场营销观念的第 11 个"p"是指价格(price)。（ ）

二、单选题

1．"无论你想要什么样的汽车,我们只生产黑色的汽车。"以上内容反映了哪种市场营销观念?（ ）

A．生产观念   B．产品观念   C．社会营销观念   D．推销观念

2．"企业不能只顾盈利,还要考虑降低能耗,节约资源。"以上内容反映了哪种市场营销观念?（ ）

A．推销观念   B．产品观念   C．社会营销观念   D．生产观念

3．网上购物的"送货上门"服务体现了"4C"营销组合理论的（ ）因素。

A．成本   B．顾客   C．便利   D．沟通

三、案例思考题

2019 年 9 月,联合国《气候变化框架公约》秘书处在官网宣布,支付宝"蚂蚁森林"项目为全世界在气候变化方面的创新路径探索起到了积极的示范作用。这个获得"地球卫士奖"和"激励与行动奖"的项目,创立于 2016 年 8 月。用户可以通过绿色出行、减少用纸和用塑料、在线办事等低碳行为积攒绿色能量,并在手机里认养一棵虚拟树。用户每养活一棵虚拟树,项目组就会在荒漠化地区种下一棵真树,以此来激励和培养用户的低碳行为。

根据"蚂蚁森林"项目组 2019 年公布的数据,自 2016 年以来,参与用户数量已达 5 亿,并累积种植 1.22 亿棵真树,累计碳减排量达 792 万吨。

1．支付宝的"蚂蚁森林"项目体现了中国企业的哪种营销观念?（ ）

A．产品观念   B．推销观念   C．社会营销观念   D．生产观念

E．市场营销观念

2．传统营销观念中的生产观念和产品观念都是从什么出发?（ ）

A．满足消费者需求   B．产品

C．产量   D．长远利益

项目二　市场营销的核心概念

🔆 能力目标

- 掌握市场营销的五个核心概念

🔆 素质目标

- 树立正确的市场营销观念
- 培养营销职业道德，树立依法经营意识

🔆 学习任务

任务一　需要、欲望和需求
任务二　产品与服务
任务三　交换、交易与关系
任务四　顾客让渡价值、顾客满意与顾客忠诚
任务五　市场

📋 开篇案例

一个春节 6 万单？

与 2021 年火锅"赛道"两个头部品牌相继曝出闭店的情况不同，2022 年 2 月的一组春节餐饮数据显示，这段时间的火锅市场成绩很不错，尤其是外卖市场。

资料显示，2022 年春节期间（从除夕到正月初六），海底捞门店共吸引客流超 800 万人次。呷哺集团旗下千家餐厅接待近 150 万人次，超出预期。小龙坎春节期间营业额与平时相比上涨 60%（不含成都地区），部分门店春节期间营业额较平时上涨超 100%。

《上海证券报》的公开信息显示，运营海底捞外送业务的有超过 400 个站点，覆盖全国 170 多个城市。海底捞的消费数据显示，春节期间海底捞外送业务为近 6 万个家庭提供了外送到家服务。就呷哺集团而言，不少门店的外卖销量环比增长 2～4 倍，呷煮呷烫外卖也突破预期，北京、石家庄、哈尔滨等城市销量增长强劲。

在以往人们的认知中，吃火锅是为了社交，点外卖火锅回家吃，似乎违背了社交属性，

火锅外卖的定位略显尴尬。从市场营销视角来说,各大火锅品牌能提供怎样的差异化服务,显得尤其重要。在堂食场景里,海底捞、小龙坎有其无法替代的个性化服务,而在外卖市场,产品直接在消费者家中,没有店铺服务员,那应该如何提供差异化服务呢?有用户表示,比如家里人不吃辣,海底捞有猪肚鸡锅底,这就非常加分。这其中,便是同类产品维度的竞争。

然而,不可能顿顿吃火锅,麻辣烫、冒菜等品类也在一定程度上"抢夺"火锅外卖的生意。根据美团发布的《2022年新餐饮行业研究报告》显示,尽管疫情对堂食有一定影响,2021年火锅门店的连锁化率为20.7%,同比增速仅提升1.2%,但火锅仍然是正餐中标准化程度最高的品类,这是产品层面的优势。

得益于群众对疫情防控的配合、支持,消费者更加"宅",促使火锅品牌针对外卖市场进行服务升级,让原本堂食的产品可携带可搬运,以满足消费者需求。而春节期间,不少人因疫情选择就地过年和居家就餐,因此对火锅外卖的需求也大量增加。

(案例资料来源:https://www.bjnews.com.cn/detail/1644320992168077.html,https://www.cbndata.com/information/236312。)

思考:你还知道火锅市场的哪些品牌?查一查资料,和同学分享并一起讨论:从市场营销管理的视角来看,这些品牌在外卖市场要如何竞争?

任务一　需要、欲望和需求

🔍 目标提示

- 理解需要、欲望和需求的联系与区别

🔍 学习内容

- 需要的定义
- 欲望的定义
- 需求的定义

🔍 知识要点

(1)需要是人类固有的,不是通过营销活动创造的。

(2)企业可以通过各式各样的营销活动影响消费者欲望。

(3)当人们有支付能力同时又有支付意愿去购买某种服务或者商品时,欲望就变成了需求。

一、需要

在市场营销学中,有缺乏感的状态就是"需要",它是促使人们产生购买行为的原始动机。对衣、食、住、行，以及对知识、安全和归属等的要求是人们自发产生的，企业无法通过营销活动对人们的需要产生影响。

二、欲望

个人因为所处的社会经济文化环境和性格等的不同所产生的有差异的需要为欲望。它体现了人们趋向某些特定的目标以获得满足时的状态。例如，天气热了，出于降温解渴的需要，人们会选择购买冰激凌，但是购买哪个牌子的冰激凌，是由欲望决定的。企业可以通过各式各样的营销活动影响消费者欲望。

三、需求

当人们有支付能力同时又有支付意愿去购买某种商品或者服务，欲望就变成了需求。人类的欲望几乎无止境，但资源却是有限的。比如许多人都想要一艘豪华游轮，但只有少数人能够买得起。对于购买不起的群体来说，对游艇的需要只是一种欲望。因此，企业在了解消费者需要多少数量的产品的同时，还要了解他们是否有能力购买。

需求不是企业创造的，它存在于营销活动出现之前。企业及其他社会因素通过各种形式建议顾客应该用怎样的一个产品，并阐明产品可以满足他们哪些方面的要求，从而影响人们的欲望。例如"网红"咖啡品牌"三顿半"，其利用冻干粉技术升级了传统的咖啡产品，产品主打的"10秒即溶"给消费者带来了便利，还针对部分咖啡爱好者"出门也能喝到好咖啡"的需求，推出配套的周边产品，如户外便携包、随身杯等。

任务二　产品与服务

🔦 目标提示

· 理解产品与服务的概念

🔦 学习内容

· 产品与服务的定义

🔦 知识要点

产品可以是有形的实物，也可以是无形的服务。

从广义上来说，产品是指能够在市场上买到并能满足人类需要和欲望的任何事物。

产品可以是有形的实物，也可以是无形的服务。实物商品如面包、水杯、手表、汽车、房子等，如银行服务、艺术培训、家庭装修设计等则是无形的服务产品。人们购买实物产品的目的不仅仅在于拥有它们，更在于当得到和使用它们时获得欲望上的满足。比如大多数人购买汽车并不是为了观赏,而是享受它带来的交通服务。

人们通过购买产品,获得该产品带来的利益和个人身份象征。例如,在众多具有基本通话功能的手机中,为什么有的顾客偏爱小米智能手机?原因在于它除了能提供基本通话功能以外,在某种程度上还是顾客圈层身份的象征。

任务三　交换、交易与关系

🔆 目标提示

- 理解交换、交易与关系的概念

🔆 学习内容

- 交换的定义
- 交易的定义
- 关系的定义

🔆 知识要点

(1)交换是提供某种东西作为回报而与他人换取所需东西的行为。

(2)交易则更加注重结果。

(3)现代营销者重视与顾客、分销商等建立长期、信任和互利的关系。

需要和欲望只是市场营销活动的起点,只有通过交换,才能够达到终点,实现市场营销。由此可见,交换是市场营销的核心概念。

交换是提供某种东西作为回报而与他人换取所需东西的行为。它的发生必须满足以下五个条件:(1)交换双方当事人;(2)每一方都要有被另一方认为有需要或有价值的东西;(3)每一方都要有沟通信息和传递信息的能力;(4)每一方都能自由接受或拒绝另一方的产品;(5)每一方都认为与另一方进行交换是适当的或称心如意的。如果具备了以上条件,交换就有可能。营销的本质任务就是促成交换,现代企业通过创造性的市场营销促成交换。

在交换进行的过程中,通过谈判,达成协议后,交易就产生了。交换是一个过程,交易则需要产生结果。

关系是现代营销者重视与顾客、分销商等长期信任和互利的表现。比如品牌是一种承诺,它代表了企业可以长期提供高质量的产品和服务。

任务四 顾客让渡价值、顾客满意与顾客忠诚

目标提示

· 理解顾客让渡价值、顾客满意与顾客忠诚的概念

学习内容

· 顾客让渡价值的定义
· 顾客满意的定义
· 顾客忠诚的定义

知识要点

(1)1996 年菲利普·科特勒首次提出顾客让渡价值理论。

(2)顾客满意度＝顾客总价值－顾客总成本。

(3)在营销实践中，顾客忠诚被定义为顾客购买行为的连续性。

一、顾客让渡价值

在市场中，会同时出现许多能满足同一需求的商品，顾客通常面临选择。一般来说，商品或者品牌直接影响着顾客的购买决定，顾客通常会选择能为其提供最大价值的。这里的价值(value)是指顾客总价值，即顾客购买的最后价格，包含了产品价值、服务价值、人员价值和形象价值。

顾客在获得价值的同时也要付出成本，包括货币成本及顾客预期的时间、精力和体力成本。这些技术为顾客总成本。

1996 年，菲利普·科特勒首次提出顾客让渡价值理论，理论框架如图 2-1 所示。顾客让渡价值等于顾客总价值与顾客总成本之间的差额。这一理论认为顾客购买产品时，不止考虑购买成本，还会考虑购买时、购买后的总价值。成本最低的产品，可能成为优先选购的对象。

二、顾客满意

简单来说，顾客满意度＝顾客总价值－顾客总成本。价值和成本之差越大，顾客的满意度越高。相反，价值和成本之差越小，尤其是当两者之差为负数时，顾客的满意度就越低。如何使价值和成本之差为正，如何提升顾客满意度？

一味地降价显然已经不能完全满足消费者，有时候反而会让消费者产生产品是否会有质量问题的疑虑。相反，有些企业在保持价格基本不变的情况下，从服务等入手，给顾

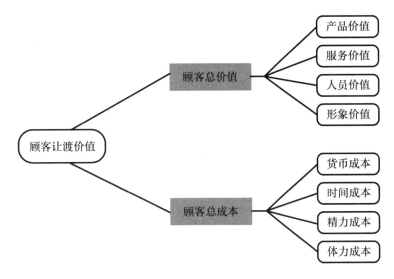

图 2-1 顾客让渡价值

客提供便利,帮助顾客节省时间成本,从而获得不少回头客。

　　海底捞火锅在基本标准化的火锅市场能成为头部品牌,就是因为其为客户提供了差异化服务:人们排长队时经常会产生不好的体验感,海底捞就提供小零食、水果甚至是美甲等服务,还会提供婴儿床以及供家长专门看护小孩的玩耍区域等。在顾客所需支付货币不变的情况下,让顾客需要支付的精神、身体和时间成本都尽可能相对降低,给顾客带来更多心理上的愉悦,这是提升顾客满意度的途径之一。

三、顾客忠诚

　　顾客忠诚是企业在品牌塑造和维系过程中要考虑的,它是顾客对企业品牌达成的承诺,形成的信任和情感依赖。在营销实践中,顾客忠诚被定义为顾客购买行为的连续性。顾客忠诚可以分为四个等级,如图 2-2 所示。

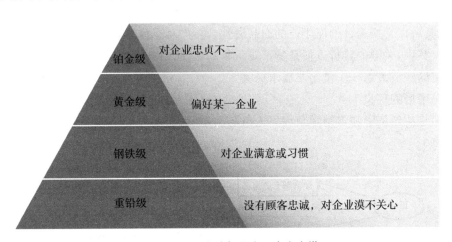

图 2-2 顾客忠诚与顾客层次金字塔

任务五　市场

目标提示

- 理解市场的概念,懂得市场的分类,了解影响市场的因素

学习内容

- 市场的定义
- 市场的分类
- 影响市场的因素

知识要点

市场的大小不仅取决于需求一方的人数相对多或少,关键还在于这个有共同需求的群体是否有购买欲望和购买力。

一、市场的概念

(一)市场的产生与形成过程

要了解市场的内涵,还得从市场是如何产生的说起。

在原始社会中后期,随着社会分工的出现和劳动生产率的提高,原始部落之间出现了将剩余产品偶尔进行交换的现象,最初的场所只能被称为市场的萌芽。随着社会分工的不断发展,出现了"日中为市,致天下之民,聚天下之货,交易而退,各得其所"中描绘的集市,形成市场的交换时间和地点因素变得重要起来。

然而单纯的"物—物"交换并不是真正意义上的市场,被交换的"物"仅具备了产品属性,还未具备以交换为目的而生产的商品属性。在产品交换转化为商品交换时,市场才真正形成。其中,关键的转折点便是货币等价物的出现,由此在商品生产者之间形成了一种较为稳定的经济关系——供给与需求的关系。

(二)市场的定义

下面将从经济学和营销学角度讨论市场的定义,市场在经济学和营销学上的基本定义见图 2-3。

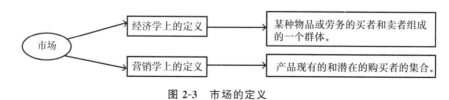

图 2-3　市场的定义

（1）经济学从宏观角度将市场定义为：某种物品或劳务的买者和卖者组成的一个群体。买者作为一个群体决定了一种产品的需求，而卖者作为一个群体决定了一种产品的供给。

一方面，市场的定义可以是抽象的。

卡尔·马克思以社会主义市场定义了未考虑商品生产的单一市场。

亚当·斯密将市场定义为"看不见的手"，即一种客观存在的、能够自行调节的机制。[①] 在这种机制中，"经济人"各自追求个人利益最大化：在利己心的驱动下，"经济人"追求财富最大化的倾向促使其把资源尤其是自己所掌握的资源恰当地配置到最能获利的地方，这也是社会最需要的地方，这是因为"他受着一只看不见的手的指导，去尽力达到一个并非他本意想要达到的目的"。

马克思·韦伯以社会行为为出发点，认为市场是理性合作的共存和结果，市场是一种秩序性的产物，且有竞争的地方就有市场。[②] 市场的概念不等同于市场的内涵。随着商品经济的发展，市场的概念在不同的历史时期、不同的场合均不同。市场的内涵和外延在现代市场经济条件下的作用日益凸显。

另一方面，市场的定义可以是具体的。市场是交换人们认为等值的物品的地方，如用商品、服务、劳动力交换货币，用货币交换对未来的商品或服务的承诺等。

（2）营销学上对市场的认识和经济学并不完全相同。营销学以企业这个微观主体为立足点，从企业参与市场交换活动的过程中来认识市场，将市场定义为：产品现有的和潜在的购买者的集合。所有购买者某个共同的需要或欲望能通过交换关系得以满足。[③] 在现代营销体系中，企业服务的不仅是最终端的消费者。在对市场进行管理的过程中，企业还要维护与上下游合作商（如供应商、中间商等）的客户关系，共同协作，让整个价值链系统最终满足顾客需要。一方面，企业根据需求或预测进行采购，销售有形产品或服务；另一方面，企业要考虑各种环境因素及竞争者的情况。

营销学上认为企业是卖方，把东西卖给市场。企业需要制定明确的目标，通过对市场的营销管理实现目标。因此，虽然较之经济学而言，营销学上的定义视角较窄，但在经营活动中，营销学对市场的定义的实用性更强。

如何判断企业拥有市场？市场的大小不仅取决于需求一方的人数多或少，关键还在于这个有共同需求的群体是否有购买欲望和购买力。人口数量、购买欲望及购买力是判断企业是否拥有市场的三要素。

二、市场的分类

为更精准、重点地进行营销活动，营销人员应根据企业的特征、战略目的等研究市场，

---

① 亚当·斯密.国民财富的性质和原因的研究：上卷[M].北京：商务印书馆，1972：6.

② 马克思·韦伯.论经济与社会中的法律[M].张乃根，译.北京：中国大百科全书出版社，1998：160-164.

③ 菲利普·科特勒，加里·阿姆斯特朗，洪瑞云，等.市场营销原理[M].李季，赵占波，译.北京：机械工业出版社，2015：6.

做好市场分类。市场分类的方法有多种,下面将从广义和狭义上对市场进行分类。

(一)广义上的分类

广义上市场的主要类型见图 2-4。

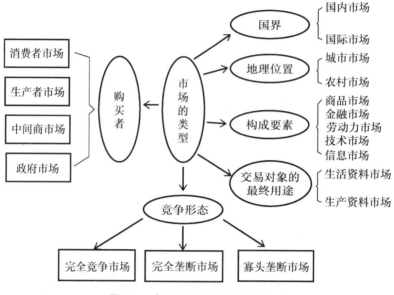

图 2-4 广义上市场的主要类型

(1)按交易对象是否具有物质实体来划分,可分为有形商品市场、无形商品市场。有形商品市场是指一般商品市场,如服装市场、蔬菜市场、家用电器市场、工业品市场、农产品市场等。无形商品市场是指为满足人们对资金及各种服务的需要而提供各种无形商品的市场,如货币市场和资本市场。

(2)按照交易对象的最终用途来划分,可分为生产资料市场和生活资料市场。

(3)按照流通流域区域分,可分为国际市场和国内市场。国际市场如西欧市场、北美市场、中东市场、东南亚市场等。国内市场如东北市场、华东市场、华南市场、西北市场等。

(4)按照构成要素划分,可分为商品市场、技术市场、劳动力(服务)市场、金融市场、信息市场。

(5)按市场的时间标准不同来划分,可分为现货市场、期货市场。

(6)按照企业的角色划分,可分为购买市场和销售市场。购买市场是指企业在市场上是购买者,其购买生产要素。销售市场是指企业在市场上是销售者,出售自己的产品。

(7)按购买者的购买目的和身份来划分,可分为消费者市场、生产者市场、中间商市场、政府市场。

(8)按照市场竞争状况来划分,可分为完全竞争市场、完全垄断市场、不完全竞争市场、寡头垄断市场。

(9)按照地理位置划分,可分为城镇市场和农村市场。

(二)狭义上的分类

总体来说,现代市场营销研究以顾客为导向,即中心问题是顾客的需求。因此,从市场营销的角度出发对市场进行分类,主要有以下两种分类标准。

1.根据行业划分

根据经营主体从事同一种经济活动的性质划分,可以以行业为标准对市场进行划分,将每一个行业称为一种类别。

根据《国民经济行业分类(GB/T 4754—2011)》,行业(或产业)是指从事相同性质的经济活动的所有单位的集合,单位是指有效地开展各种经济活动的实体。我国国民经济行业被分为96类,共960项。其中,常见的行业有:农林牧渔业、采矿业、制造业、纺织业、建筑业、批发零售业、交通仓储运输及邮政业、住宿和餐饮业、信息传输、软件和信息技术服务业、金融业、房地产业、租赁和商务服务业、文体娱乐业、教育业、卫生医疗业,等等。以下仅做部分列举。

(1)农林牧渔业:农业(如谷物种植、棉花种植、中草药种植等)、林业(林木育种和育苗、木材和竹材采运等)、畜牧业(牲畜饲养、家禽饲养)、渔业(水产养殖、水产捕捞等)及其相应的服务业(如灌溉服务、农业机械服务,林业有害生物防治服务,林产品初级加工服务,等等)。

(2)采矿业:煤炭开采和洗选业、石油和天然气开采业、黑色金属矿采选业、有色金属矿采选业、非金属矿采选业(如土砂石开采、化学矿开采、采盐、石棉及其他非金属矿采选)以及相关辅助活动。

(3)制造业:①农副食品加工业:如谷物磨制、饲料加工、植物油加工、制糖业、屠宰及肉类加工、水产品加工、蔬菜水果和坚果加工、豆制品制造、蛋品加工等;②食品制造业:焙烤食品制造、糖果巧克力及蜜饯制造、方便食品制造(如米面制品、速冻制品制造)、乳制品制造、罐头食品制造、调味品发酵制品制造、保健品制造等;③酒、饮料和精致茶制造业等。

(4)纺织业:棉纺织及印染精加工,毛纺织及染整精加工,麻纺织及染整精加工,丝绸纺织及印染精加工,化纤制造及印染精加工,织针或钩针编织物及制品制造,家用纺织制成品制造,非家用纺织制成品制造(如绳、索、缆制造),纺织服装服饰业,皮革、毛皮、羽毛及其制品和制鞋业。

(5)批发零售业:农、林、牧产品批发;食品、饮料及烟草制品批发;纺织、服装及家庭用品批发;文化、体育用品及器材批发;医药及医疗器材批发;矿产品、建材及化工产品批发等。

(6)综合零售业:如百货零售、超级市场零售,食品、饮料及烟草制品专门零售,纺织服装及日用品专门零售,文化、体育用品及器材专门零售(如图书报刊、文具用品等),汽车及零配件专门零售,家用电器及电子产品专门零售。

2.根据顾客性质划分

根据顾客性质划分,可将市场划分为消费者市场和组织市场。

(1)消费者市场包含所有为了个人消费而购买或获取商品和服务的个体和家庭。

(2)组织市场是指所有为了进一步生产、加工、再销售、再分配的个人和组织所构成的市场,又可分为生产者市场、转卖市场和政府市场。

组织市场中的各类主体通过B2B(企业对企业)模式进行交易,因此,组织市场也被称为企业市场,这个市场中包括所有的组织,这些企业购买生产其他产品(服务)所需的货物和服务,再把所生产的产品(服务)销售、出租或以其他方式供应给其他客户。

常见的易形成企业市场的相关行业有农林渔业、矿业、制造业、建筑业、运输业、信息通信业、公共事业、金融保险业、分销业和服务业。

三、影响市场的因素

现代市场营销学强调顾客导向、市场导向和竞争导向,因此,要分析影响市场的因素,应着重从消费者市场、组织市场和竞争市场三方面入手。

(一)消费者市场影响因素

1.消费者市场的特征

(1)购买数量小、次数多。例如消费者经常购买柴米油盐酱醋茶,但数量少,因此企业可以在为消费者提供购买便利性等方面下功夫。

(2)对生活必需品需求弹性小,对非生活必需品需求弹性大。例如,《中国证券报》这份专业报纸受到证券人士、炒股人士、理财经理等专业人士的追捧,他们每期必看、每天必读,这类报纸的需求价格弹性就比较小:无论这份报纸涨价了还是降价了,对这些专业人士而言,他们仍然需要通过这份报纸获取一定的信息,所以这份报纸对他们而言是必需品。换句话说,特定消费群体对特定产品的价格变化相对不敏感,产品的价格变化并不会对其需求产生大幅度的影响。

(3)人数众多,较为分散。营销人员需要进行更进一步的群体归类,进行市场细分。

(4)消费者的需求存在较大差异。消费者的个体差异较大,例如经济收入情况参差不齐,有不同的文化背景,以及在性别、年龄、职业、受教育程度、心理特征等方面都存在不同。正是因为消费者存在较大的个体差异,所以他们有不同的消费偏好,因而其需求存在较大差异。

2.影响消费者市场的因素

科特勒和阿姆斯特朗认为,消费者做出购买决策之前,不仅受到经济、文化、技术、政治这些环境因素的影响,还会对企业主动采取的营销行动——产品、价格、渠道、促销策略做出相应的反应。[①] 也就是说,企业在考量消费者市场时,一方面要考虑消费者群体的特性,另一方面还要主动采取营销活动刺激消费者的购买欲。

当今时代是互联网大数据时代,营销人员通过数据统计、跟踪分析消费者的反应比传统营销时代来得容易,精准度更高。通过消费者群体的反馈及时调整生产、设计等环节,有利于营销目标的实现。

影响消费者市场的主要因素包括消费者内在因素、社会因素、市场营销因素。

首先,消费者内在因素主要包括以下四个方面。

(1)消费者的经济状况,即消费者的收入、存款与其他资产、借贷能力等。消费者的经济状况会强烈影响消费者的消费水平和消费范围,并决定着消费者的需求层次和购买能力。消费者经济状况较好,就可能产生较高层次的需求,购买较高档次的商品,享受较为高级的消费。相反,若消费者经济状况较差,其通常只能优先满足自身的衣食住行等基本生活需求。

(2)消费者的职业和地位。不同职业的消费者,对于商品的需求与爱好往往不尽相

---

① 菲利普·科特勒,加里·阿姆斯特朗,洪瑞云,等.市场营销原理[M].李季,赵占波,译.北京:机械工业出版社,2015:93.

同。一个从事教师职业的消费者,一般会较多地购买书报杂志等文化商品;而对于时装模特来说,则会更需要漂亮的服饰和化妆品。消费者的社会地位也影响着其对商品的购买,社会地位较高的消费者会购买能够彰显其身份与地位的较高级的商品。

(3)消费者的年龄与性别。消费者对产品的需求会随着年龄的增长而变化,在生命的不同阶段,相应地需要各种不同的商品。如在幼年期需要婴儿食品、玩具等,而在老年期则更多需要保健产品。不同性别的消费者,其购买行为也有很大差异。烟酒类产品较多为男性消费者购买,而女性消费者则喜欢购买时装、首饰和化妆品等。

(4)消费者的性格与自我观念。性格是指一个人特有的心理素质,通常用外向或内向、开放或保守等去描述。不同性格的消费者具有不同的购买行为。

其次,社会因素主要包括以下两个方面。

(1)社会文化对消费者购买行为的影响。文化通常是指人类在长期生活实践中建立起来的价值观念、道德观念以及其他行为准则和生活习俗。若不研究、不了解消费者所处的文化背景,往往会导致营销活动的失败。消费者包含诸多细分群体,即所谓的亚文化群。亚文化群的人们拥有特定、相同的价值观念、生活格调与行为方式。这种亚文化群有许多不同类型,其中最显著影响购买行为的主要有:

一是民族亚文化群。如我国除了占总人口数量比例较高的汉族外,还有几十个民族,他们在食品、服饰、娱乐等方面仍保留着各自的许多传统特点。

二是宗教亚文化群。他们特有的信仰、偏好和禁忌在其购买行为和购买种类上相应地有所表现。

三是地理亚文化群。如我国沿海地区与内陆偏远地区有不同的生活方式,人们对商品购买的特点也有很大不同。

📋 文化视角

百胜集团肯德基比麦当劳早9年进入中国市场。在进入中国市场之前,肯德基安排了大量的市场调查人员调研中国消费者的饮食习惯。为了把握住中国市场,成立中国肯德基食品健康咨询委员会,改进产品营养成分。如今,在数字技术的推动下,肯德基更是借助创新营销,因地制宜,在中国市场提升品牌影响力;实现营销的广度覆盖,提升互动力,达成营销的深度拓展;提升销售力,实现营销效率的提升。

(2)社会相关群体对消费者购买行为的影响。相关群体是指对消费者的态度和购买行为具有直接或间接影响的组织、团体等。消费者作为社会的一员,在日常生活中要经常与家庭、学校、工作单位、左邻右舍、社会团体等发生各种各样的联系。

家庭是消费者所在的最基本的群体,因而家庭成员对消费者购买行为的影响显然最强烈。亲戚、朋友、同学、同事、邻居等也是影响消费者购买行为的重要相关群体。这些群体是消费者经常接触,关系较为密切的一些人。

最后是市场营销因素,即产品、价格、渠道和促销这四种因素。

(1)产品因素,包括产品特性、产品价格、购物的便捷性、安全可靠性等。

(2)价格因素。在购买过程中,对于不同品牌、价格、销售渠道、用途的商品,消费者总能感知出商品的合理价格或者商品为自己所认可的价值,在此基础上,消费者把这个感知到的价值和自己内心的预估价格进行比较并做出决策。所以,产品价格是进行顾客在购买决策时考虑的重要因素,特别是网上购买决策。

(3)渠道因素。企业要选择一个合适的终端销售点,对终端销售点的选择主要取决于是否最方便消费者购买、是否为消费者最乐意光顾并购买的场所、是否能让商品最充分地展现及为更多的人所认知、是否便于树立商品形象。

(4)促销因素。企业必须通过促销活动与自己的目标顾客进行双向沟通。主要的促销工具有广告、营业推广、人员推销和公共关系。

(二)组织市场影响因素

1.组织市场的特征

组织市场的特征如表 2-1 所示。

表 2-1　组织市场的特征

类别	特征
市场结构与需求	购买批量少、规模大
	地理区域更集中
	衍生需求、需求变动更频繁、更快
	短期缺乏价格弹性
购买单位的性质	更多的购买者
	更专业的采购
决策类型与决策结构	更为复杂的购买决策
	购买行为更加模式化
	供需双方有密切合作与长期业务关系

消费者市场涉及的资金和项目远不如组织市场。两类市场都以满足客户需求为目标,都需要做出购买决策等,但二者仍存在许多不同。

(1)商业结构和需求不同。

与消费者市场相比,营销人员在组织市场中需要沟通的客户数量虽少得多,但客户的规模却是大得多的。甚至在大型组织市场中,常常出现少数客户占据大部分购买量的情况。例如轮胎生产商可以将产品直销给终端消费者,看上去其拥有广阔的潜在市场,即世界上所有拥有汽车的群体,但实际上,其真正的业绩取决于各大大型汽车制造商下了多少订单。

供应链中的各种配件生产商的需求由终端消费者的需求衍生而来,因此组织市场的需求被称为衍生需求。例如消费者对钻石首饰有需求,相关的钻石生产商、加工商、珠宝商等才会对钻石有需求。

(2)购买单位的性质不同。

组织市场的购买称为采购,与消费者购买截然不同,其涉及的决策参与者更多且更专业。该类市场中进行经营活动的主体是采购部门或供应管理部门。采购部门与供应商的关系密切,在企业购买过程中承担着重要角色。

(3)决策类型和决策结构不同。

组织市场中的购买决策较为复杂,涉及大量资金、技术,需要与多层人物进行沟通,但同时组织市场的购买过程更加模式化。例如大型的商业采购往往要求详细的产品说明书、书面的采购程序、供应商搜索系统等。

组织市场中的各个企业的相互依赖程度较高。采购部门一方面与上游供应商进行买卖,另一方面通过与下游客户进行接触,帮助客户寻找问题的解决方案以及获取售后支持,以维持销售。

2.影响组织市场的因素

(1)环境因素

环境因素指生产者无法控制的外部因素,包括国家经济前景、社会需求水平、技术发展趋向、市场竞争态势、政治法律状况等。生产者的购买受到这些外部环境因素的重大影响。例如,假如国家经济前景向好或国家扶持某一产业的发展,又或是消费者需求增加时,有关生产者就会进行决策,增加投资,增加原材料采购和库存,从而使生产者市场的交易大增;反之,则会缩减投入,减少生产资料的购买量。

美国对华为的态度 180 度大转变

(2)组织因素

组织因素指生产者组织自身的因素。生产者购买是一种组织购买,企业的总体组织状况,如企业目标、经营政策、管理程序、组织结构等都会影响到企业的购买行为;企业采购部门的状况如采购部门的地位、采购决策权的集中与分散、采购政策的制定与执行、采购活动的管理制度等,更会直接影响到企业的购买行为。例如生产者组织长期形成的一些采购观念和制度,对其购买行为便有重大的影响。如尽量选择本地供应商,尽量"照顾"原来的供应商,至少建立两个供应源,购买批量大时由某级领导决定等。

(3)人际关系因素

人际关系因素指生产者组织内部参与购买过程的各种角色的地位、态度等因素对购买行为的影响。生产者组织的购买活动规模大、风险大、过程复杂,因此参与购买过程者较多,其中包括使用者、影响者、购买者、决策者、控制者等。

(4)个人因素

生产者市场的购买活动,最终都要由人来完成,即由购买决策参与者来做出购买决定和采取购买行动。参与者的个人因素如年龄、性别、职位、教育、经验、个性、偏好、责任感、风险态度、社交能力等,都会对生产者组织的购买行为产生重要的影响。因此,生产者组织的购买行为会表现出强烈的人性化倾向。

(三)竞争市场影响因素

1.竞争市场的特征

竞争市场是指拥有许多买者与卖者,以至于每一个人对市场价格的影响都微乎其微的市场。卖者没有理由以低于现行价格的价格出售产品,而如果他以较高价格出售的话,买者可能就去其他地方购买。

根据不同的市场结构特征,可将市场划分为完全竞争市场、完全垄断市场、垄断竞争市场和寡头市场。

（1）完全竞争市场。在这类市场上，买卖双方都必须接受市场决定的价格，因此他们被称为价格接受者。比如，小麦市场上有众多出售小麦的农民，也有众多食用小麦和小麦产品的消费者，因为没有一个卖者或买者能影响小麦价格，所以每个人都把价格看作既定的。完全竞争假设将市场进行了简化，而我们日常生活中的市场类型通常是多样的。

相对而言，完全竞争市场是最容易分析的，因为每个市场参与者都会接受市场条件决定的价格。而且，由于大多数市场上都存在某种程度的竞争，所以我们在研究完全竞争条件下的供给与需求时所得到的许多结论也适用于更复杂的市场。但完全竞争市场中的产品的高标准化导致产品品种过于单一，一方面不能满足消费者多层次和多样化的产品需求，另一方面也不利于厂商对新产品的开发。

（2）完全垄断市场。在完全垄断市场中，只有一个卖者，而且这个卖者决定价格。

例如当一个制药公司发明了一种新药时，它可以向政府申请专利，如果政府认为这种药真正是原创性的，便会批准专利。假如该专利给予该公司在 20 年中排他性地生产并销售这种药的权利，那么该公司便成了垄断者。又如当一个小说家写完一本书时，其便可以拥有这本书的著作权，著作权使这个小说家成为一个垄断者。

当一个企业能以低于两个或更多企业的成本为整个市场供给一种物品或劳务时，便形成了自然垄断，该企业便成了完全垄断厂商。完全垄断厂商是市场价格的制定者，可以根据市场情况选取不同定价策略确定市场价格，即差别定价。比如学生半价票，旅游景点对外国人和中国人收取不同的票价，阶梯水价和电价。

（3）垄断竞争市场。在垄断竞争市场中，既有垄断又有竞争，产品存在差别，且有差别的产品之间存在替代性。例如轻工业品市场中东芝牌彩电与松下牌彩电的差别。

首先，有差别存在就会有垄断。同种产品之间在产品质量、包装和服务质量等方面存在差别，使每个厂商都享有一部分顾客的偏爱和信任，从而影响到产品价格。

其次，作为同种产品，可以互相替代，满足消费者同样的需求，这种替代性就会引起产品之间的竞争。

值得注意的是，垄断竞争市场里最需广告宣传。

文化视角

雀巢咖啡有 100 多个品种，在不同国家销售的品种根据各国消费者的嗜好而定，这种根据各地的口味和偏好而生产产品的策略获得了极大成功。除此之外，雀巢咖啡根据不同国家饮用咖啡的情况，也采用了不同的营销方法。

在咖啡文化兴盛的欧美市场，雀巢咖啡主要突出"速溶咖啡也是真正的咖啡，且更加便利"的产品特性。在有茶文化同咖啡文化竞争的日本市场，主要解决"如何让人民接受价格比较高的咖啡饮品"这一问题，上市雀巢金牌咖啡，产品定位为高品位、高格调。

在人均每年不到 3 杯咖啡的中国市场，雀巢咖啡推出了广告词为"味道好极了"的电视广告，2009 年一系列的营销活动以年轻一代为目标群体，2011 年、2016 年陆续请来韩寒、陈伟霆等作为代言人，发挥明星效应。

虽然已是家喻户晓的品牌，雀巢咖啡仍然懂得积极把握数字经济时代的发展趋势，运用社交媒体与消费者进行互动。2014 年，雀巢咖啡在全球范围内的社交媒体上，推出了

"It all starts with a Nescafé(今天从一杯雀巢咖啡开始)"主题活动。

(4)寡头市场。在寡头市场中,少数几家厂商控制整个市场产品生产和销售。该类市场具有以下三个特点:厂商数目屈指可数,买者众多,厂商在一定程度上控制产品价格和绝大部分的市场份额。寡头市场有产品存在同质性的行业,如钢铁业、水泥业、石油业、有色金属业、塑料业等行业;也有产品存在差别的行业,如汽车业、飞机业、家电业、运输业、电信服务业等。

寡头市场的进入门槛最高,其他厂商无法顺利进入。市场中的行业存在规模经济,厂商之间相互勾结,构筑进入壁垒;厂商为了减小竞争压力,会采用收购、兼并一些小厂商等方式来减少行业内现有厂商的数目。厂商之间存在较为亲密的关系,容易形成卡特尔,即厂商之间就价格、产量和瓜分市场销售区域等达成明确协议而建立的垄断组织。例如1960年,阿拉伯主要产油国组成了石油输出国组织(欧佩克),该组织就是典型的卡特尔。

2.影响竞争市场的因素

影响竞争市场的因素包括以下四个方面:(1)市场上的厂商数目;(2)厂商所生产的产品的差别程度;(3)单个厂商对市场价格的控制程度;(4)厂商进入或退出一个行业的难易程度。

小结

关键词:需要与需求　交换与交易　顾客让渡价值　顾客满意　市场

主要观点:

(1)市场的大小不仅取决于需求一方人数的多或少,还取决于这个有共同需求的群体是否有购买欲望和购买力。

(2)产品可以是有形的实物,也可以是无形的服务。

(3)顾客购买产品时,不止考虑购买成本,还会考虑购买时、购买后的总价值。

(4)顾客满意度=顾客总价值-顾客总成本。

复习与思考

一、判断题

1.垄断竞争市场里最需广告宣传。(　　　)

2.出于降温和解渴的需要,人们会选择购买冰激凌,但是购买哪个牌子的冰激凌,是由需求决定的。(　　　)

3.银行服务、艺术培训、家庭装修设计等是无形的服务产品。(　　　)

二、单选题

1.顾客总价值,即顾客购买的最后价格,包含了(　　　)、服务价值、人员价值和形象价值。

　　A.利益价值　　　　　　B.产品价值　　　　　　C.交换价值　　　　　　D.生产价值

2.市场营销的核心是(　　　)。

　　A.生产　　　　　　　　B.分配　　　　　　　　C.交换　　　　　　　　D.促销

3.以下哪项不是构成市场的基本因素？（　　）

    A.人口   B.购买力   C.购买欲望   D.产品

三、讨论题

两千多年前，粽子就已在中国出现。在这个市场上，各品牌除了在口味上创新，在吃法上也不断推陈出新，最近品牌不约而同地推出了自热粽。比如"仟吉"的"蒸鲜粽"、"自嗨锅"和"CHALI"联名推出的"自嗨粽"、"真真老老"的自热型粽子等纷纷在端午前开卖。此外，各品牌的跨界营销也花样百出。这是一个"战火纷飞"的市场。

请以 3～4 人为一组，对粽子行业进行调研，辩证地谈一谈老字号品牌在新媒体时代如何做好差异化营销？

项目三　市场营销环境分析

🔆 能力目标

- 熟悉营销环境的内容
- 掌握各环境要素对企业营销活动产生的影响
- 了解企业面对复杂的营销环境应该采取的对策

🔆 素质目标

- 能掌握营销环境的内涵
- 对市场营销环境分析工作有整体认识

🔆 学习任务

- 任务一　市场营销环境概述
- 任务二　微观环境分析
- 任务三　宏观环境分析
- 任务四　企业应对环境对策

📋 开篇案例

安踏品牌成长史

对于国内运动品牌来说,当下是最好的时代。因为新冠肺炎疫情的影响,国外的运动品牌巨头们都受到不小的冲击,阿迪达斯市值蒸发约2264亿,耐克一个季度亏损56亿。反观国内,在新冠肺炎疫情防控期间,各运动品牌为了减少损失,积极布局新零售、直播电商等新营销方式,极大地占领了用户心智,努力实现"弯道超车"。

例如国内第一运动品牌安踏,在新冠肺炎疫情造成的危机之下,2020年上半年还实现了近147亿元的收益,多个子品牌逆势增长,毛利率更是创了历史新高。只用了29年,安踏不仅从一个晋江小厂蜕变成中国较大的体育用品集团公司,市值破2000亿,还与耐克、阿迪达斯并列全球运动品牌三强,而且正逐渐抢占耐克、阿迪达斯在年轻人心中的位置。

过去羞于穿国货的人,也开始穿着安踏的球鞋,成为球场上的"弄潮儿"了。过去排队抢"AJ"(耐克旗下的 AIR JORDAN 系列球鞋)的外国人,也开始因为一双"KT4 报答"系列报纸配色球鞋(见图 3-1)彻夜蹲守在安踏的店门口。过去非阿迪达斯、耐克不穿的"00后",也开始在直播间跟着李佳琦为安踏高喊。安踏到底做对了什么?

图 3-1　安踏"KT4 报答"系列报纸配色球鞋

一、做真正懂"后浪"的产品

一切要从"KT6"系列球鞋开始说起。2020 年 9 月 17 日,安踏"KT"系列签名鞋的最新成员"KT6",在坐落于"上海之根"的松江区、被誉为世界建筑奇迹的世茂深坑洲际酒店正式发布。

此次发布会之所以选择依附深坑崖壁和瀑布而建的现场,是因为要与 KT6"高山流水"的产品主题进行关联。"高山流水"的主题映衬了克莱·汤普森一贯的打球风格——行云流水的进攻与不动如山的防守,且诠释了当代东方美学。

事实上,在过去很长一段时间里,国产品牌一直面临巨大压力。但今天,安踏却打破了这个魔咒,成为年轻人喜欢的运动品牌。从中国火到美国的安踏,是如何成功拿下年轻人的呢?

1.深耕篮球品类,吸引年轻人

安踏品牌副总裁朱晨晔表示,篮球品类是连接"Z世代"最重要的品类,一直以来都是安踏的核心领域。安踏 2013 年就率先成立了篮球品类事业部,整个部门最开始的产品灵感,都是来源于消费者。2015 年,安踏顺应国内篮球发展趋势——外场街球的崛起,开始策划设计"要疯"赛事,推出符合年轻一代品味的全新篮球潮流产品线。策划团队走访全国 20 多所学校,还定期去虎扑、微博上搜索,去看评论,最直接快速地了解消费者的反馈。安踏每出一代球鞋,都会请球员们进行多轮试穿,最终才会形成设计定稿。

安踏发现中国有近80%的篮球鞋消费者都是在水泥地上打篮球,而耐克、阿迪达斯的主推鞋款,都只适合在塑胶球场和木质地板的室内场穿着,打几场水泥地场的篮球,鞋底就磨穿了。于是安踏反其道而行之,推出了以耐磨为卖点的"水泥杀手"等一系列球鞋。

凭借对用户需求的深入洞察,2018 年安踏篮球鞋凭借 400 万双的销量位居中国市场第一。安踏凭借篮球品类抓住了年轻人的心,又是如何持续让年轻人喜欢安踏品牌的呢?

2.跨界出圈,直面"Z世代"

为了让产品的"颜值"越来越国际化,成功跨界出圈并为年轻人所喜爱,安踏下了不少功夫。在跨界已经成为各大品牌营销标配的当下,安踏也开始用跨界联名的方式打入追求潮流时尚的年轻人圈层。

2018年3月,安踏与NASA(National Aeronautics and Space Administration,美国国家航空航天局)的联名鞋款"御空"篮球鞋与"零界"跑鞋在上海时装周上首秀,太空科幻造型带来颠覆常规的视觉冲击力,酷炫风格深受年轻人喜爱。

同年3月,安踏在美国旧金山的一家潮鞋店首发了"KT3-Rocco"系列球鞋,首发当日,店铺还没开门,美国民众就在街上排起长队。

2019年4月底,随着《复仇者联盟》的热映,安踏与漫威的联名款"KT4破坏版—灭霸"篮球鞋的紫金配色和细节拼接的设计让众多球迷追捧,上市当天就售出5000双。

2020年,安踏又携手卫龙推出"千禧"系列球鞋(见图3-2),成功破圈。20年前,穿着安踏的少年们,买着"火热"的辣条;20年后,穿着新"千禧"鞋的青年们,继续在网上疯狂下单。

图3-2　安踏卫龙联名"千禧"系列球鞋

2020年9月17日,因为新冠肺炎疫情,克莱·汤普森无法亲临"KT6"系列的发布会现场。安踏根据"Z世代"消费者的喜好,开发了让AR(augmented reality,增强现实)虚拟克莱形象成为讲解员的微信小程序,不仅让消费者更了解产品,还让虚拟的克莱和粉丝们同框合影。

"考虑到'KT'系列的忠实粉丝大多为年轻群体,安踏在天猫电商平台推出了一系列丰富的互动(见图3-3)。消费者可通过参与AR游戏抽取克莱限量玩偶的盲盒,游戏本身也将'KT6'的设计理念和科技进行了趣味性十足的呈现。同时电商平台还上线了能帮助粉丝们'一键试鞋'的AR换装互动程序,丰富了粉丝们的消费体验。"安踏品牌副总裁朱晨晔说道。

图 3-3 安踏就"KT"系列产品同消费者进行的互动

安踏球鞋走上潮流化之路,背后的逻辑是:直面消费者的喜好,提升消费者的购物体验,通过出圈的审美和设计让消费者保持新鲜度和好感度。但球鞋不是单纯的快消品,消费者的喜好不单纯是冲动,这背后还有安踏品牌产品力的理性背书。

二、科技驱动,突破品牌边界

想要真正掌握年轻消费者的心智,就必须"双拳齐下",左拳是时尚,右拳是功能,时尚靠设计,功能则要用科技体现。安踏一直在用创新科技,证明自己专业运动品牌的实力。

1.史上科技最系统的篮球鞋,让运动更专业

对于运动品牌而言,球鞋是体现一个品牌科技感和制造实力的标志。

"我们的'高山流水'主题的'KT6'系列,根据球员需求,推出了最新的'3D FLOW'科技系统,极大地提高了球鞋的包裹感和稳定性。"安踏篮球品类事业部设计高级总监郑永先告诉记者,"当中国风的'KT6'遇上'中国汤'(China Klay)克莱,二者共同谱写出一曲'高山流水觅知音'的美妙乐章。此外'高山流水'的主题除了设计本身的外层表现,更深层的含义是篮球运动传递的知音间的惺惺相惜,它存在于水花兄弟之间、克莱与汤黑之间、安踏与克莱之间,以及'KT6'与每一位篮球爱好者之间。"

"KT6"搭载的"3D FLOW"科技系统并不是传统的单一的科技应用,而是结合了多个科技单元的一套完整科技系统,以克莱·汤普森打法为原型,根据球场上3D球员定位的需求进行打造的。

"3D FLOW"系统由三个模块组成,分别为"3D HUG"稳定支撑模块、"CARBON FI-BER"抗扭转力传导模块以及由"SMART S.A.M"和"ALTI FLASH"两种中底科技材料

组成的中底复合吸震反弹模块。

安踏篮球品类事业部总经理蔡之本表示，无论是进攻端的大量空切和摆脱，还是防守端的贴身缠绕，"3D FLOW"系统使球员既能在急停急转时获得足够的侧向支撑、抗扭转与脚踝保护作用，也能在启动时获得强劲的前掌高弹反馈和灵敏的前后掌动力传导。同时，出众的中足绑缚以及后掌缓震功能确保了"KT6"在包裹性和稳定支撑方面表现卓越。该系统的存在，将"KT6"攻防一体的效果与球鞋科技的全面性推向极致。

"3D HUG"由底面一体式的3D环绕TPU(热塑性聚氨酯)结构组成，3D立体的结构把整个脚很好地包裹在一起。配备的X形碳板的"CARBON FIBER"模块，起到了一部分抗扭转的作用，绝佳的弹性在提供抗扭转的同时，让这双鞋回弹更快，使穿鞋者的活动更灵活。系统中的SMARTS.A.M材料是一个神秘的黑科技，源自流体防弹材料，主要用途是制作防弹衣，这种材料的吸震能力可想而知，而安踏首次将其用于球鞋，使得球鞋能很好地化解冲击力。在三个模块的共同作用下，实现了球鞋侧向支撑、足弓抗扭、脚踝保护、后跟缓震稳定支撑、前掌高弹灵活启动、中足绑缚这六大功能。

在篮球爱好者的眼里，这款产品堪称"炸裂"，不仅是史上科技最系统的篮球鞋，还极具中国山水美学。首发的"高山流水""飞白""水韵""留白"四款配色，融合了水墨画、国画技巧、山水风光等中国元素，极富中国山水禅韵。

2.国家队装备满足大众消费者，让科技更接地气

在聚焦专业体育上安踏不遗余力，除了"KT6"的科技升级，安踏还让专业运动员服饰的黑科技走近消费者。

2020年7月，安踏发布了北京2022年冬奥会特许商品国旗款运动服装(以下简称"国旗款")，这是首款应用国旗元素的运动服饰。

整个系列面料采用了国家队服装的同款面料——有经久耐用、抗撕裂、抗擦伤和抗磨损特性的杜邦CORDURA(考杜拉)面料；棉纤维比普通棉长近一倍，光泽性、透气性更好的水柔棉；杜邦sorona凉感纤维；等等。

国旗款产品不仅仅包括服装，还有鞋子、配件，是一组完整的产品系列。同时安踏还推出两个新的核心科技：超临界氮气回弹材料和智能吸震材料，解决了运动中的一些痛点。

安踏一方面让普通人也能收获"将国旗穿在身"的荣耀，另一方面让运动科技实现大众化。

相较于大牌的同价位产品，安踏推出的国旗款和"KT6"系列产品中的黑科技让产品可玩性更高，并转化成普通消费者都能享用的科技体验，这更加彰显了安踏专业运动品牌的定位。

三、专业，是刻在骨子里的基因

无论是产品不断跨界出圈，努力抓住"Z世代"消费者的心，还是力图将黑科技平民化，打磨出让消费者最满意的产品，安踏在产品上表现出的是专业的态度。

1.成立尖货品类事业部，专业的人做专业的事

专业的人做专业的事，是安踏成为"世界的安踏"的最有力后盾。

早在2005年，安踏就建立了中国体育用品行业第一家获得国家认定的企业技术中心，不定期地在全国收集上万个中国人脚型数据，就是为了做出一双适合中国人脚型的运动鞋。为了创新科技，安踏的运动科学实验室配备了数百名专家，硕士和博士学历拥有者

达到一半以上。

在筹备国旗款系列产品时,安踏用最快的速度成立了尖货事业部,组建了一支队伍,投入国旗产品的研发中。国旗款设计副总监周志伟表示,安踏品牌正常的一季货的产品开发在 15 个月左右,但由于新冠肺炎疫情防控期间工厂没有开工,从企划、设计到上市,留给国旗款产品的时间大抵只有 6 个月。

仅仅几个月的时间,安踏在上海黄浦江边展示了上百个国旗产品的走秀款,整个系列近 500 个 SKU(stock keeping unit,最小存货单位),相当于安踏全品类一整季的货品。它们的快速面世,不仅得益于专业团队的努力,也得益于安踏集团旗下供应链的支持打破了各个品牌工厂的界限,这是安踏专业运动品牌的最有利证明。

2.直面消费者,做专业的运动品牌

以消费者为导向,直面消费者是安踏近年的核心战略之一。

无论是设计层面还是品类层面,安踏都在最大程度洞察消费需求,除了产品不断升级,安踏未来还会大量增加直营零售模式,拉近与消费者的距离,让消费者能够买到最多、最全的安踏产品。

"以消费者为导向是我们始终坚持的安踏之道。启动数字化转型、直面消费者、抓住快速变化的消费趋势、满足消费者多元化的需求、保持品牌与消费者的深度连接是安踏集团价值零售的关键。千禧一代和"Z世代"的消费习惯在快速改变,需要品牌以更积极主动的转型变革来应对外部环境的不确定性。'变危为机、以变应变',才能实现可持续的高质量增长。"安踏集团副总裁李玲表示。

通过直面消费者需求,安踏的长期目标是通过做专业运动产品,实现品牌升级,最终成为能在国际上代表中国品牌的专业运动品牌。就像安踏品牌鞋创新管理中心高级总监蔡之本说的:"我们不会自己喊出我们是代表国潮或者代表潮流,我们不会这样定义产品和消费者的需求,真正能够代表中国的品牌首先产品本身实力要够硬。"

2008 年 8 月 8 日北京奥运会上,中国代表团身着阿迪入场服亮相。

2009 年,安踏成为中国奥委会官方合作伙伴,从此以后,中国体育健儿在奥运舞台上的亮相,都伴随着那个象征着"永不止步"体育精神的民族品牌标志。

2020 年 7 月 27 日,安踏发布了北京 2022 年冬奥会特许商品国旗款运动服装,这是中国品牌的骄傲。

中国在变化,中国品牌也在崛起。国货崛起,本质上是因为中国年轻消费者的身份认同感在增强,而中国品牌需要做的也不是中国元素的堆砌,而是要通过硬核的产品和强大的品牌认知提升大家的民族自豪感和自信心。

2010 年,安踏实现了商业模式由批发到零售的重要转型,10 年后,安踏再次转型升级,进入直面消费者的新发展阶段,这是保持品牌永久活力和竞争力的长远布局。

正如安踏集团董事局主席兼 CEO 丁世忠所说,当前,新冠肺炎疫情已经常态化,要以"又大、又软、又新"的思路来布局公司的发展。企业在保持规模的同时,要灵活应变不死板,要用新手段、新思路、新渠道开拓新的增长点。

(案例资料来源:https://www.sohu.com/a/428482299_120066915。)

思考:安踏公司如何在快速变化的市场环境中保持自己的新增长点,塑造出品牌的活力?

任务一 市场营销环境概述

目标提示

· 理解市场营销环境的基本概念

学习内容

· 市场营销环境的概念、类型、特点

知识要点

市场营销环境是指对企业有着直接或间接影响的各种因素和力量的总和,可分为宏观营销环境和微观营销环境两部分。

市场营销环境是指对企业有着直接或间接影响的各种因素和力量的总和,可分为宏观营销环境和微观营销环境两部分。任何企业都身处一定的环境之中,这种环境既给企业带来机遇,也带来挑战。

一、市场营销环境的概念

市场营销环境就是影响企业的市场营销活动的、企业不可控制的参与者和力量,是由企业营销管理职能外部的因素和力量组成的,这些因素和力量影响管理者成功地保持和发展同其目标市场顾客交换的能力。这些因素或为企业营销活动创造机会,或带来威胁。企业应该动态关注营销环境诸要素的变化,以便把握营销机会,避免营销威胁。

二、市场营销环境的类型

市场营销环境包括微观营销环境和宏观营销环境。宏观营销环境是指影响企业发展的外部社会因素,如政治、法律、人口、经济、社会文化、自然环境、科技等。这些因素是企业不可控制的。微观营销环境是由与公司有最为直接的关系的个体组成的,如公司自身、供应商、营销中介、顾客、竞争者和公众等。

三、市场营销环境的特点

(1)客观性。由于营销环境是指与企业市场营销相联系的企业外部因素的总和,因此是客观存在的,不以企业的意志为转移,其发展变化是企业不可控制的。

(2)多变性。构成企业市场营销环境的因素都是变化的,只是变化有强弱快慢之别。

(3)相关性。构成营销环境的各个因素不是孤立的,而是互相影响、互相制约、交叉作用的。

（4）可利用性。营销环境的变化虽然不以企业的意志为转移,但却可以被企业所利用。企业可以根据环境因素的变化来主动调整市场营销战略,或料事于未萌,或避危于未发,甚至可以通过联合众多力量去冲破环境的制约。

小结

关键词:市场　营销环境　市场营销环境特点
主要观点:
（1）市场营销环境:指影响企业的市场营销活动的、企业不可控制的参与者和力量,是由企业营销管理职能外部的因素和力量组成的。
（2）营销环境特点:客观性、多变性、相关性、可利用性。

任务二　微观环境分析

目标提示

· 微观市场营销环境的基本概念

学习内容

· 企业内部环境、供应商、营销中介、顾客、竞争者和公众

知识要点

微观市场营销环境与企业形成协作、竞争、服务、监督的关系,直接影响与制约企业的市场营销能力。

微观市场营销环境与企业形成协作、竞争、服务、监督的关系,直接影响与制约企业的市场营销能力,包括企业内部环境、供应商、营销中介、顾客、竞争者和公众。

一、企业内部环境

企业内部环境包括企业内部的各个部门及其相互关系。从横向上看,企业内部由研发、采购、生产、技术、营销、财务、人力资源、后勤等部门组成;从纵向上看,企业内部由决策层、管理层、执行层组成。企业内部环境是微观营销环境的重要因素这一点是指企业内部各部门之间必须很好地实现自己的目标,同时,各部门之间一定要形成高度的配合和默契,共同为市场营销服务。

按照市场导向的要求,企业中各部门都必须为完成企业预定的市场交换目标在具体分工方面做出贡献;财务部门负责解决实施营销活动所需的资金和控制成本,并搜集和处理各种财务信息;研究开发部门负责按照市场需要特别是按照顾客需要的发展趋势和要

求来组织新产品与新技术的开发;物资供应部门应保证企业各部门和各项活动所需要的原材料和其他物品供应任务的完成,尽量用最低的物流成本完成顾客价值的创造;生产部门主要应按照订单要求生产并及时交货;人力资源部门应根据各部门提出的要求,解决人员招聘和培训问题,在营销组织中,人力资源部门更重要的任务是力争将企业所有的职工都培训成顾客专家。企业的各职能部门越能够做到这些,企业的营销能力将越强,企业的内部营销环境也将越理想。

二、供应商

供应商是向企业提供原材料、部件、能源、资金、智力等资源的企业和组织。企业在设计营销服务规模和水平时,要考虑这些企业和组织的能力。供应商可以控制资源的价格、品种以及交货期,直接制约着企业产品的成本、利润、销售量及生产进度的安排。企业与供应商之间是一种协作关系。因此,企业要与供应商建立长期、稳定的良好协作关系,但不要形成依赖关系。企业既要与主要的供应商建立长期的信用关系,又要避免因资源供应的单一化而受制于人,寻找质量和效率都信得过的供应商是企业取得竞争优势的一个重要条件。

三、营销中介

营销中介是指协助企业促销、销售和经销其产品给最终购买者的机构,包括中间商、物流企业、营销服务机构和财务中介机构等。

(1)中间商。中间商包括商人中间商和代理中间商,是协助企业寻找顾客或直接与顾客交易的商业性企业。商人中间商购买商品,拥有商品所有权,又称经销中间商,主要包括批发商和零售商。代理中间商包括代理商、经纪人和生产商代表,他们专门介绍客户或与客户洽商签订合同,但不拥有商品所有权。

(2)物流企业。物流企业是指协助生产厂家储存产品和把产品从原产地运往销售目的地的专业企业,包括仓储公司和运输公司等机构。仓储公司主要负责储存和保护商品;运输公司负责以各种运输工具和运输方式为企业运输产品,既把产品送达目标市场,又把生产所需的生产资料运到企业。每个企业都必须从存储成本、运送速度、安全性和交货方便性等方面进行综合考虑,选用成本最低、效益最高的存储、运输方式。

(3)营销服务机构。这些机构主要是指为厂商提供营销服务的各种机构,如营销研究公司、广告公司、传播公司等。企业可自设营销服务机构,也可委托外部营销服务机构代理有关业务,并定期评估绩效,以促进其提高创造力、质量和服务水平。

(4)财务中介机构。该机构是指协助厂商融资或分担货物购销储运风险的机构,如银行、保险公司等。财务中介机构不直接从事商业活动,但对企业的经营发展至关重要。在市场经济中,企业与财务中介机构关系密切,企业间的财务往来要通过银行结算,企业财产和货物要通过保险取得风险保障,贷款利率与保险费率的变动也会直接影响企业成本,信贷来源受到限制会使企业处于困境。

四、顾客

不同顾客组成的企业的目标市场是企业服务的对象,也是营销活动的出发点和归宿。

企业的一切营销活动都应以满足顾客的需要为中心。因此,顾客是最重要的微观环境因素。按顾客及其购买目的的不同可将企业的目标市场分为消费者市场、生产者市场、转卖者市场、政府市场。每一种市场都有其独特的顾客,而不同顾客的需求,必定要求企业以不同的服务方式提供不同的产品(包括劳务),从而制约着企业营销决策的制定和服务能力的形成。因此,企业要认真研究不同顾客群的需求、特点、购买动机等,使企业的营销活动能针对顾客的需要,符合顾客的愿望。

五、竞争者

竞争是市场经济的基本特征,只要存在着商品生产和商品交换,就必然存在着竞争。企业在目标市场进行营销活动的过程中,不可避免地会遇到竞争者的挑战。一个企业要想获得成功就必须比竞争对手做得更好,让顾客更满意。因此,营销部门不仅要考虑目标顾客的需要,而且要在顾客心里留下比竞争对手更好的印象,以赢得战略上的优势。为此,企业必须准确地分析了解竞争者,针对不同的竞争者制定不同的竞争对策;在与竞争对手的实力状况、优劣势、竞争目标等方面的比较中,选择适合自己的独特的市场定位与营销战略。

从顾客做出购买决策的过程这一角度分析,企业的竞争者包括以下几种类型:

(1)欲望竞争者。欲望竞争者是指通过提供不同产品以满足不同消费欲望的竞争者。消费者在同一时刻的欲望是多方面的,但很难同时满足,这就出现了满足不同需要的不同产品之间的竞争。例如消费者可支配收入增加后,为提高生活品质,可以添置家庭耐用消费品,可以外出旅游,也可以装修住宅。对于这些不同的欲望,由于时间与财力所限,消费者只能选择一个项目作为此时的欲望目标,此时耐用消费品、旅游、装修的供应商就成了欲望竞争者。

(2)属类竞争者。属类竞争者是指提供满足同一消费欲望的不同类别产品的竞争者,也称平行竞争者。例如消费者需要购买家庭耐用品,到底是购买家庭娱乐设备,还是购买厨房家具,或是购买家庭健身器材,这些不同类别的产品或服务构成了属类竞争关系。

(3)产品竞争者。产品竞争者即满足同一消费欲望的同类产品的不同形式产品之间的竞争。消费者在决定了需要的属类之后,还必须决定购买何种形式的产品。例如若消费者决定购买家庭娱乐设备,其还需决定是购买大屏幕电视机,还是购买单反相机,或是购买高级音响设备。这些不同产品间则存在竞争关系。

(4)品牌竞争者。品牌竞争者是指产品的规格、型号相同但品牌不同的竞争者,它体现的是产品所满足的需要、产品形式相同的不同品牌之间的竞争关系。

六、公众

公众是指对企业实现营销目标的能力有实际或潜在利害关系和影响力的团体或个人。企业所面对的广大公众的态度,会利于或妨碍企业营销活动的正常开展,所有的企业都应该与以下主要公众保持良好关系。

(1)金融公众。主要是指为企业提供金融服务的机构,包括银行、投资公司、证券经纪公司、保险公司等。企业可以通过发布真实而积极的财务信息,回答相关财务问题的咨询,稳健地运用资金等方法和金融公众建立良好关系。

(2)媒介公众。主要是报纸、杂志、广播电台、电视台和网络等大众传播媒体。企业必须与媒体建立友善关系,争取通过媒体与公众进行更好的沟通。

(3)政府公众。指负责管理企业营销业务的有关政府机构。企业的发展战略与营销计划必须与政府发布的法律与法规、产业政策、发展计划保持一致,企业应注意咨询有关产品安全卫生、广告真实性等法律问题,倡导同业者遵纪守法,向有关部门反映行业的实情,争取推动有利于产业发展的立法。

(4)社会团体。包括消费者权益保护组织、环保组织及其他群众团体等。企业营销活动关系到社会各方面的利益,因此企业必须密切注意来自社会公众的批评和意见。

(5)社区公众。指企业所在地邻近的居民和社区组织。企业必须重视保持与当地公众的良好关系,积极支持社区的重大活动,为社区的发展贡献力量,争取社区公众的理解和支持。

(6)一般公众。指上述各种公众之外的社会公众。一般公众虽未有组织地对企业采取行动,但企业形象会影响他们的选择。

(7)内部公众。高层管理人员和一般职工,都属于内部公众。企业的营销计划需要全体职工的充分理解、支持和具体执行。企业应经常向员工通报有关情况,介绍企业发展计划,发动员工出谋献策,关心职工福利,奖励有功人员,增强内部凝聚力。员工的责任感和满意度会影响企业内部的凝聚力,从而间接影响企业形象的塑造和外部公众的选择。

 小结

关键词:微观市场营销环境

主要观点:

微观市场营销环境与企业形成协作、竞争、服务、监督的关系,直接影响与制约企业的市场营销能力,包括企业内部环境、供应商、营销中介、顾客、竞争者和公众。

任务三　宏观环境分析

目标提示

• 理解宏观市场营销环境的基本概念

学习内容

• 人口环境、经济环境、自然环境、技术环境、政治与法律环境、文化环境

知识要点

宏观市场营销环境对企业有间接影响,会制约企业的市场营销能力。

宏观营销环境主要包括政治、法律、经济、人口、社会文化、科学技术及自然生态等因素。

一、人口环境

人口环境分析是指根据人口的规模、密度、地理位置、年龄、性别、种族、职业和其他一些统计量所进行的研究。

人口是构成市场的首要因素,也是营销人员关注的环境因素,因为市场是由人组成的。人口规模决定了企业的市场规模,人口的结构变化也决定着企业的结构变化,因此,人口状况将直接影响企业的营销战略和营销管理。企业在进行营销规划、开展销售活动时,需要充分、细致地分析一国或地区的人口状况,包括人口数量、人口结构分析、人口分布分析等因素。

(一)人口数量分析

人口数量是决定市场规模的一个基本要素。人口绝对量的增减(即人口规模的大小)虽说只是从数量上影响企业的业务量,但由于人口的数量增减会导致社会消费的总体增减,进而促进或者阻碍企业业务的发展,因此最终还是体现在企业业务量的增减上。企业营销首先要关注其所在国家或地区的人口数量及其变化,通过人口出生率、人口死亡率等指标,确定现在的市场规模和预测未来的市场规模。我国作为世界人口最多的国家,蕴藏着巨大的市场潜力,目前许多跨国企业关注到这一情况,纷纷将自己的业务拓展到中国。

(二)人口结构分析

(1)年龄结构。不同年龄的客户对产品的需求不一样。企业通过了解不同年龄结构所具有的需求特点,可以决定产品的投向,寻找目标市场。例如,我国目前正呈现人口老龄化的趋势,金融企业在进行市场人口环境因素分析时,必须对这一新的趋势加以足够的重视。一般说来,老年人口作为一个特殊群体,对高风险金融产品相对趋于回避,而对储蓄、养老保险和医疗保险等投入较多。因此,金融企业针对老年人的营销活动,最好能体现方便、简洁和稳定的特点。

(2)教育与职业结构。人口的教育程度与职业不同,对产品需求也表现出不同的倾向。随着高等教育规模的扩大,人口的受教育程度普遍提高,收入水平也逐步增加。人口教育水平的高低影响着企业营销策略的选取,所以,企业的营销活动必须从各地受教育水平的实际出发。例如,在受教育水平较低的地区,文字性的广告宣传难以取得好的营销效果,而通过电视、广播方式进行营销,则更易于为人们所接受。处于不同教育水平的国家或地区的居民,对商品的需求也会存在较大差别,企业采取的营销方式和手段也应不同。

(3)家庭结构。家庭是商品购买和消费的基本单位。一个国家或地区的家庭单位的多少以及家庭平均人员的多少,可以直接影响到某些产品的需求数量。同时,不同类型的家庭往往有不同的消费需求。根据2021年公布的人口普查数据,全国共有家庭户49416万户,集体户2853万户,家庭户人口为12.92亿人,集体户人口为1.18亿人。平均每个家庭户的人口为2.62人,比2010年第六次全国人口普查的3.10人减少0.48人。这表明,随着我国传统家庭观念的打破,越来越多的年轻人喜欢与父母分开居住,每个家庭人口数不断减少。家庭用于子女和老人身上的支出比例就相对增大,如教育储蓄、养老保险和医疗保险等的需求就会增加。家庭成员人均支出也会增多,他们更加注重生活质量,消费信贷成为越来越多人的选择。

(4)社会结构。按照 2021 年公布的人口普查数据,截至 2020 年 11 月 1 日零时,中国城镇人口占比为 63.89%,与 2010 年第六次全国人口普查相比,城镇人口比重上升了14.21个百分点。这样的社会结构要求企业营销应充分考虑到城镇及农村这两个不同的市场。

(三)人口分布分析

人口分布是指人口在地理上的分布状况,不同地区人口的密集程度有差异。各地人口的密度不同,则市场大小消费需求特性也不同。我国的人口地理分布特征是城市人口比较集中,大中城市人口数量较多,中部和南部诸多地区人口相对稠密。企业可以以不同地区的人口分布特点作为出发点,决定向某些地区提供的产品数量与结构、采取何种分销策略,以及分支机构、营业网点的总体分布和设置。当前,我国有一个显著的现象:农村人口向城市流动,内地人口向沿海经济发达的地区流动。企业应关注这些地区消费需求在量上的增加,以及在消费结构上发生的变化,提供更多满足这些流动人口需求的产品,从而顺应人口分布特征及流动趋势。

二、经济环境

经济环境指营销活动所面临的外部社会经济条件,其会直接或间接地对企业营销活动产生影响。

由于我国 40 多年来的改革开放是从沿海到内地,从东部到西部的一个渐进过程,在客观上造成了沿海比内地、东部比西部的经济发展水平更高,发展速度也更快。因此,企业在制定营销战略、把握投资方向时,必须充分考虑地区间的不平衡;在进行经济环境分析时就必须考虑经济发展水平、经济发展速度、消费者收入水平、消费者消费结构、宏观经济走势等因素。

(一)经济发展水平

经济发展水平决定了社会资金的总供给和总需求水平,直接影响企业的资金实力、业务种类、经营范围和手段。在经济发展水平的不同阶段,人们的收入不同,对未来的预期存有较大差异,将会对企业营销活动产生制约作用。

美国学者罗斯托针对经济发展的不同阶段提出了经济成长阶段理论,他将世界各国的经济发展归纳为五个阶段:传统经济社会、经济起飞前的准备阶段、经济起飞阶段、迈向经济成熟阶段和大量消费阶段。凡属前三个阶段的国家称为发展中国家,处于后两个阶段的国家称为发达国家,我国处于迈向经济成熟阶段,企业在开展营销活动时必须充分注意这个特点。

(二)经济发展速度

经济的发展速度直接影响各类企业的发展速度,反之,企业的发展速度也会影响总的经济发展速度。2002 年我国的 GDP 首次突破 10 万亿元大关,2019 年则突破 90 万亿元,位居世界第二位。改革开放以来,中国 GDP 剔除价格因素后年均增长 9.4%,是同期世界经济增速的 3 倍,位居世界之首。

(三)消费者收入水平的变化

消费者收入是指消费者个人从各种来源所得的全部收入,包括工资、奖金、红利、租金和赠与等。以下因素会影响消费者购买力水平。

(1)国民收入。国民收入是指一个国家物质生产部门的劳动者在一定时期内新创造的价值的总和。

（2）人均国民收入。人均国民收入是国民收入总量与总人口的比值。这个指标大体上反映了一个国家人民生活水平的高低，也在一定程度上决定了商品需求的构成。一般来说，人均收入增长，对产品的需求和购买力就大，反之就小。

（3）个人可支配收入。个人可支配收入是个人收入中扣除税款和非税负担后所得余额，它是个人收入中可以用于消费、储蓄、投资和购买保险等产品和服务的部分。

（4）个人可任意支配收入。个人可任意支配收入是在个人可支配收入中减去用于维持个人与家庭生存不可缺少的费用（如房租、水电、食物、燃料和日用生活品等多项开支）后剩余的部分。这部分收入是消费需求变化中最活跃和最具潜力的因素，是企业开展营销活动时所需考虑的对象。

(四)消费结构

消费结构是指在消费过程中人们所消耗的各种消费资料（包括劳务）所形成的结构，即各种消费支出占总支出的比例。消费结构的变化将直接或间接影响产业结构和产品结构的变化。如我国正处于经济转型期，人们的消费结构发生了变化，对娱乐、文化教育和旅游等相关的商品和服务的需求在不断上升，正在形成巨大的潜在市场。在西方国家中，通常用恩格尔系数来反映这种变化。恩格尔系数是指食品支出总额占个人消费支出总额的比重。因此，食物支出占总支出的比例越大，恩格尔系数越大，生活水平越低；反之，恩格尔系数越小，生活水平越高。因此，企业应以此为基础开展相关营销活动。

(五)宏观经济走势

在分析宏观经济走势时，通常要从以下指标来进行。

（1）国内生产总值：是指在一定时期内（一个季度或一年），一个国家（或地区）所有常住单位在一定时期内生产活动的最终成果。

（2）工业增加值：是指工业行业在报告期内以货币表现的工业生产活动的最终成果。

（3）失业率：指劳动力人口中失业人口所占的百分比。

（4）通货膨胀：指一般物价水平持续、普遍、明显的上涨，主要以消费者物价指数涨幅来表示。

（5）国际收支：指一国居民在一定时期内与非本国居民在政治、经济、军事、文化及其他往来中所产生的全部交易的系统记录。

（6）货币供应量：是指单位和居民个人在银行的各项存款和手持现金之和，其变化反映中央银行货币净额的变化，它对企业生产经营、金融市场尤其是证券市场的运行和居民个人投资行为有重大的影响。

（7）利率：指在借贷期内所产生的利息额与本金的比率。银行利率的变动不仅对银行存贷款有直接影响，也会对债券利率产生影响，其他金融资产的市场价格也会随着利率的变动而发生变动。

（8）汇率：是指外汇市场上一国货币与他国货币相互交换的比率。

以上各个指标，从不同方面揭示一国经济发展的情况，企业对此必须密切关注。

三、自然环境

自然环境是指自然界提供给人类的各种形式的物质资料，如阳光、空气、水、森林和土地等。随着人类社会的进步和科学技术的发展,世界各国都加速了工业化进程,创造了丰富的物质财富,满足了人们日益增长的需求。但是,目前企业也面临着原材料短缺、能源成本增加、污染增加、政府对自然资源严格管理等问题。对于自然资源依赖严重的特定行业而言,要特别注意合理有效自然资源。企业不能消极面对环境保护,而应积极寻找方法来解决全球普遍面临的能源和环境问题。

四、技术环境

现有科学技术的特征及科学技术的基本发展趋势是影响企业营销活动的主要因素。科学技术环境是指科学技术变革、发展和应用的状况,这是技术知识财富和社会进步相结合的产物。技术的变革不仅直接影响企业的经营,而且还和其他环境因素相互依赖,共同影响企业的营销活动,具体表现如下。

(1)对企业产品策略的影响。由于科学技术的迅猛发展,企业开发产品的周期大大缩短,产品更新换代加快。由于目前各种产品都存在着易模仿的特点,这要求企业不断寻找新市场,预测新技术,时刻注意新技术在产品开发中的应用,从而开发出给消费者带来最多便利的产品。

(2)对企业分销策略的影响。科学技术的运用为企业创造许多渠道提供了条件。例如以前银行都过分强调增加营业网点的营销策略,但随着 ATM 终端、POS 终端和网络银行的出现,顾客在家中就可以完成许多复杂的银行业务;买卖股票也可以足不出户,通过网络实现银证转账交易,营业网点的作用被弱化。

(3)对企业价格策略的影响。科学技术提高了生产效率和交换效率,给企业市场营销工作提供了突破性机会。网络等科学技术的发展及应用,一方面使得企业准确、快捷、高质量、多渠道地向客户提供服务,同时还降低了营运成本;另一方面使企业能够通过信息技术加强信息反馈,正确应用价值规律、供求规律和竞争规律来制定和修改价格策略。

(4)对企业促销策略的影响。科学技术改变了人们的生活观念和生活方式,也给企业的促销策略带来新的要求。企业可以通过无线电广播、电视、手机、网络进行宣传,提高企业的营销力度,在降低营销成本的同时,还增强了广告的效果。

(5)对企业企业经营管理的影响。技术革命是管理革命的原动力,一方面,它向管理者提出了更高的要求;另一方面,它又为企业改善经营管理、提高管理效率提供了基础。在知识经济时代,企业是否能充分运用现代化科技已经成为衡量其竞争能力强弱的标志,地域优势、资产规模都不再是评价企业的唯一标准。

五、政治与法律环境

稳定的政治、法律环境是企业经营的基础性条件。政治环境是企业市场营销的外部政治形势和状况,它分为国内政治环境和国际政治环境。法律环境是指国家或地方政府所颁布的各项法规、法令和条例等,它是企业开展营销活动的准则。企业只有依法进行各种营销活动,才能受到国家法律的有效保护。

(一)政治局势

政治局势是企业所处国的政治稳定状况。一国的政局稳定,国泰民安,市场就会稳定,企业也就有一个良好的营销环境。反之,一国政局动荡,战争、罢工不断,则会影响经济发展和人民收入增长,影响人们的投融资活动,给企业市场营销带来极大障碍和风险。例如 2008 年 8 月泰国暴发的政治危机摧毁了泰国一向展示的"微笑国度"的形象,取而代之的是一个充满愤怒与暴力的形象。这种形象的骤然转变,直接地影响到了泰国的经济民生。其中,受冲击最强烈的莫过于泰国旅游业。与此同时,泰国股市大幅下跌,泰铢汇率大幅下挫,泰国经济甚至面临陷入衰退的危险。

(二)国际关系

国际关系是指国家之间的政治、经济、文化和军事等关系,如本国与其他国家政治经济和商贸往来的密切程度等。企业营销离不开国际环境,随着企业国际化、全球化趋势的形成和深化,企业营销的开展也必然需要注重国家战略和国际关系。自中国"入世"后,市场已逐渐向外资机构开放,大量的外资机构纷纷在我国境内设立分支机构和代表处,经营各类业务。与此同时,我国的企业也积极拓展海外市场,在许多国家建立自己的营业网点。所以,没有良好的国际环境,国家之间不能保持良好的双边或多边关系,要实现国际营销是不现实的。倘若存在歧视政策和不平等条件,那将会极大地阻碍市场营销活动的开展。

(三)政策环境

政策环境主要是指国家的产业政策、财政金融政策和货币政策。由于这些政策直接影响着不同行业的发展,从而也间接约束着企业的营销政策。

(1)国家产业政策。通常指一段时期内政府支持和限制某些行业,并对各行业的发展规模和内部结构提出指导性意见。产业政策体现了政府的态度,因此对各行业的发展起着举足轻重的作用。因为政府的态度在很大程度上决定了行业能否获得资金支持和政策优惠,进而影响行业风险的大小及其变化趋势。国家重点支持的行业,在政策有效期内发展条件优越,风险相对较小;国家允许发展的行业,一般市场竞争比较充分,风险程度适中;国家限制发展的行业,往往发展空间较小,风险程度较高;国家明令禁止发展的行业和产品,如小煤矿、小火电等,行业风险极高。

(2)财政金融政策。政府采取的财政金融政策对各行业发展都具有重要影响,当财政紧缩时,行业风险增加,反之则风险下降。

(3)货币政策。货币政策同样会对行业发展产生重要影响,通常扩张性货币政策有利于改善行业经济状况,而紧缩性货币政策则对行业发展有抑制作用。分析货币政策的影响,还需考虑行业特性,如船舶、汽车等资本密集型行业受货币政策调整的影响较大,而劳动密集型行业所受影响相对较小,甚至会随着货币政策紧缩而资金成本上升、劳动力成本相对下降,还会在一定程度上增强竞争优势。

(四)法律环境

各国都通过颁布法令来规范和制约企业的活动。要对企业法律环境进行分析的原因在于:一方面,企业需要凭借国家制定的各项法律法规来维护自身的正当权益;另一方面,法律是企业市场营销活动的基本准则。企业在开展市场营销活动的过程中,应自觉接受管理层的监管、依法依规运作、公平竞争、维护客户利益、防范和化解金融风险,从而形成规范有序的市场。

六、文化环境

社会文化环境是指一定社会形态下的社会成员共有的基本信仰、价值、观念和生活准则,并以此为基础,形成风俗习惯、消费模式与习惯等社会核心文化、社会亚文化和从属文化。社会核心文化有较强的持续性;社会亚文化比较容易发生变化;从属文化常能为企业提供良好的市场机会。

社会文化环境包含价值观念、伦理道德、社会习俗和宗教信仰等生活方式和社会价值因素。因此,企业应重视对社会文化环境的调查研究,制定出适宜的营销策略。

(一)价值观念

价值观念是人们对社会生活中各种事物的态度、评价和看法,它包括财富观念、时间观念和对待生活的态度等。对于同样的事物或问题,不同的社会或人群中会有不同的评价标准,从而对人们的消费行为、消费方式等产生重大影响。例如西方发达国家与我国在消费观念上有显著的差别,前者崇尚生活上的舒适和享受,追求超前消费,后者则遵循量入为出、勤俭节约的生活准则。因此,不同国家的社会文化、不同价值观念的人群对金融产品和服务的要求是完全不同的,这就需要企业市场营销人员针对不同的客户采取差异营销策略,提高营销效率。

(二)风俗习惯

风俗习惯是人们在长期的生活中自发形成的行为模式,是人们根据自己的生活内容、生活方式和自然环境,世代相袭、固化而成的一定社会中大多数人共同遵守的行为规范。风俗习惯包括饮食、服饰、居住、婚丧、信仰和人际关系等方面的心理特征、行为方式和生活习性。不同的国家、民族有着不同的风俗习惯,甚至同一国家不同地区的群体都有着自己特有的风俗习惯。由于风俗习惯对人们的投资和消费行为都会产生影响,所以企业在开展市场营销活动时,应研究客户所属群体及地区的风俗习惯。

📇 文化视角

互相赠花时的禁忌

赠花在西方社会颇为流行,但是西方人对花色品种的选择非常讲究。在西班牙、意大利、法国、波兰、阿根廷、比利时和德国等国,菊花象征着悲哀、痛苦,一般只适用于丧葬,不宜作为礼物赠送。红玫瑰象征着浪漫的爱情,普遍受到西方人的欢迎,然而轻易相赠,会被怀疑别有用心。在看望病人时,不能用香气浓烈或有特殊意义的鲜花。希腊、美国、俄罗斯忌讳黑色,白俄罗斯、墨西哥、法国忌讳黄色,比利时、法国忌讳墨绿色,墨西哥、巴西忌讳紫色。德国人忌以郁金香作为馈赠品,因为在他们看来,郁金香是无情之花。

(资料来源:王思忠.礼仪基础知识[M].上海:华东理工大学出版社,1997:156。)

(三)宗教信仰

宗教信仰是一种较为特殊的文化因素,佛教、道教、基督教、伊斯兰教、天主教、犹太教等宗教内容和形式的多样性,决定了其对人们消费行为的影响也是多层次、多角度的。宗教信仰对很多国家和地区的国际市场营销活动影响很大。企业要在其营销活动中充分认识到宗教信仰对客户的影响,尊重目标市场各方的宗教信仰和观念,充分利用营销契机,巧妙规避风险。

(四)审美观念

美是一种高层次的人类心理需求,是文化的重要组成部分。不同的国家、地区和民族,由于传统文化和长期的生活习惯的不同,形成了自身独有的审美观念以及对美的不同评价标准。不同地区的人群对于数字、色彩、图案、形体、运动、音乐旋律与节奏以及建筑式样等艺术表现形式的喜好和忌讳,在很大程度上会影响企业产品的设计和营销。

(五)社会亚文化

亚文化又称集体文化或副文化,是与主文化相对应的那些非主流的、局部的文化现象。它是在主文化或综合文化的背景下,属于某一区域或某个集体所特有的观念和生活方式。亚文化不仅包含着与主文化相通的价值与观念,还有属于自己的独特的价值与观念。从一定程度上来说,亚文化对客户消费心理与行为的影响比社会核心文化更强。

例如由于互联网技术的普及与应用,受网络影响的年轻人逐渐有了特有的文化价值体系、思维模式和生活方式,形成了网络亚文化。再如,随着珠三角经济带、长三角经济发展带以及环渤海经济带的建立,区域亚文化也在逐步形成。

 小结

关键词:宏观市场营销环境
主要观点:

宏观市场营销环境主要包括政治、法律、经济、人口、社会文化、科学技术及自然生态等因素。

任务四　企业应对环境对策

目标提示

• 理解环境机会的实质是市场上存在着未满足的需求

学习内容

• 环境的机会分析、威胁分析、综合分析、总体分析

知识要点

企业应该动态关注营销环境诸要素的变化,以便把握营销机会,回避营销威胁。

一、市场营销环境机会分析

环境机会是指对企业的市场营销活动具有吸引力,企业采取有关措施后可获得竞争优势的特定市场形势。环境机会具有公开性、时效性和不间断性的特点。环境机会的产生来自营销环境的变化,如新市场的开发、竞争对手的失误以及新产品、新工艺的采用等,都可能产生新的待满足需求,从而为企业提供环境机会。

环境机会对企业的吸引力是指企业利用该市场机会可能创造的最大利益。反映市场

机会吸引力的指标主要有市场需求规模、利润率、发展潜力。进行市场机会分析,可以采用市场机会矩阵图,如图 3-4 所示。该方法将环境监测中发现的成功可能性的大小和潜在吸引力大小标注在市场机会矩阵的相应位置。在市场机会矩阵图中,纵轴表示潜在的吸引力大小,吸引力表示企业只要利用这一机会,就能带来经济效益,它可用货币数额表示;横轴代表成功的可能性(概率);矩阵可分为Ⅰ、Ⅱ、Ⅲ、Ⅳ四个区域。Ⅰ区域是最好的市场营销机会,其潜在吸引力和成功的可能性都大,企业应制定营销战略,以便抓住和利用这一机会;Ⅱ区域的潜在吸引力小,但其成功的可能性大;Ⅲ区域的潜在吸引力大,但其成功的可能性小;Ⅳ区域的潜在吸引力和成功的可能性都小,无机会可言。所以,对于Ⅱ、Ⅲ区域,企业在进行营销决策时,要进行具体分析,权衡利弊,瞄准有利于企业营销的方向发展。

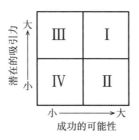

图 3-4　市场机会矩阵

二、市场营销环境威胁分析

环境威胁是指营销环境中不利于企业营销的因素的发展趋势,这会对企业形成挑战,对企业的市场地位构成威胁。威胁对企业来讲,是客观存在的。这些威胁对于企业营销活动的影响程度不同,有的大一些,有的则小一些,环境威胁分析的目的是要分析环境威胁对企业的影响程度,以便决定企业应该采取的相应对策。环境威胁分析一般采用环境威胁矩阵,如图 3-5 所示。

图 3-5　环境威胁矩阵

环境威胁矩阵图的纵轴代表潜在威胁的严重性,即威胁出现给企业带来的损失(盈利减少)。横轴代表出现威胁的可能性(概率),纵轴表示潜在威胁的严重性,矩阵可分为Ⅰ、Ⅱ、Ⅲ、Ⅳ四个区域。Ⅰ区域给企业带来的威胁最严重,其潜在威胁的严重性和出现威胁的可能性均高,是企业实现营利目标的主要障碍,应给予特别重视;Ⅳ区域的潜在威胁的严重性和出现威胁的可能性都低,不构成企业的威胁;Ⅱ区域潜在威胁的严重性低,但其出现威胁的可能性高,构成企业的主要威胁;Ⅲ区域潜在威胁的严重性高,但其出现威胁的可能性低,不构成企业的主要威胁。因此,企业应重点分析Ⅰ、Ⅱ区域,防止威胁给企业带来风险,对于Ⅲ、Ⅳ区域应严格监视,以防其向不利于企业经营的方向发展。

三、市场营销环境综合分析

综合分析是指将环境机会分析与环境威胁分析综合起来,用于确定在环境条件一定的前提下企业的业务性质。综合分析矩阵如图3-6所示。

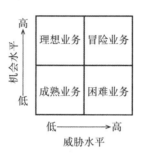

图 3-6 综合分析矩阵

纵轴代表机会水平,横轴代表威胁水平,这两个指标可在机会矩阵分析和威胁矩阵分析中得到。因此,企业业务分为以下四种类型:①理想业务,即高机会水平和低威胁水平的企业业务;②冒险业务,即高机会水平和高威胁水平的企业业务;③成熟业务,即低机会水平和低威胁水平的企业业务;④困难业务,即低机会水平和高威胁水平的企业业务。在企业的市场营销活动中,对环境机会和威胁的分析一定要有超前性,因为当环境发生重大变化之后,企业再进行分析则为时已晚,威胁已成为现实,机会已经丧失。企业想要取得营销的成功,关键在于要善于抓住机会,着力避免威胁。

四、市场营销环境总体分析

市场营销环境总体分析是指在分析企业外部环境和内部环境的基础之上,扬长避短,寻求兼顾两者的最佳营销战略的一种分析方法。这种思路通常被称为 SWOT 分析,其中,S(strengths)代表企业的长处或优势;W(weakness)代表企业的弱点或劣势;O(opportunities)代表外部环境中存在的机会;T(threats)代表外部环境所构成的威胁。

环境机会的实质是市场上存在着未满足的需求。随着顾客需求的不断变化和产品生命周期的缩短,旧产品不断被淘汰,需要新产品来满足顾客的需求,因而市场上出现了许多新的机会。环境机会对不同企业的影响是不相同的,同一机会对某些企业可能是有利的商机,而对另一些企业可能造成威胁。环境机会能否成为企业的机会,要看其是否与企业目标、资源及任务相一致,以及企业利用此环境机会能否比其竞争者创造更大的利益。环境威胁是指对企业营销活动不利或限制企业营销活动发展的因素。这种环境威胁主要来自两方面:一是环境因素直接威胁着企业的营销活动,如政府颁布《中华人民共和国环境保护法》,它对造成环境污染的企业来说,就是一种"威胁";二是企业的目标、资源及任务同环境机会相矛盾,如城市消费者对摩托车的需求转变为对小轿车的需求,那么摩托车厂的目标与资源就同这一环境机会相矛盾。

识别环境中的机会和威胁是一回事,企业是否具有把握机会获得成功以及避免威胁所必需的能力又是另一回事。每个企业在定期评估自己的优势与劣势时,必须站在消费者的角度,以市场为导向来进行。也就是说,顾客把一个企业和另一个企业进行比较,发现前一企业比后一企业更能满足顾客需求时,才能说前者比后者具有优势,而后者与前者相比具有劣势。优势不能仅仅靠企业自己来定义,还要经过顾客的评判后才能得出结论。

综合考虑环境的机会、威胁与企业的优劣势的不同情况,可以分析得出企业应该采取的四种策略,如图 3-7 所示。

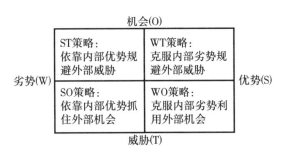

图 3-7　SWOT 分析

企业需要通过环境分析来评估环境威胁与环境机会,同时结合自身的优势和劣势,制定相应的营销策略,趋利避害,争取在竞争中获得优势。

 小结

关键词:市场机会分析　市场营销环境威胁分析　市场营销综合分析

主要观点:

(1)SWOT 分析指在分析企业外部环境和内部环境的基础之上,扬长避短,寻求统筹考虑两者的最佳营销战略的一种分析方法。

(2)企业需要通过环境分析来评估环境威胁与环境机会,同时结合自身的优势和劣势,制定相应的营销策略,趋利避害,争取在竞争中获得优势。

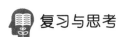 复习与思考

一、判断题

1.在人口总量一定的情况下,购买力的变化将会引起市场需求的变化,市场需求多样化将成为市场发展的必然趋势。(　　)

2.市场宏观环境是指企业不可控的外部因素,企业的微观环境是指企业内部影响市场营销的因素。(　　)

3.消费者的市场购买力受到收入水平、储蓄和信贷的影响。(　　)

4.消费者收入水平的提高必然会促使其对各种消费品购买数量的增加。(　　)

5.市场营销宏观环境的人口环境因素主要包括人口数量、人口分布和人口结构。（　　　）

二、单选题

1.（　　　）是影响市场宏观环境的一个主要因素。

    A.人口构成　　　　　　　　　　　　B.人口流动和迁移

    C.人口环境　　　　　　　　　　　　D.家庭生命周期

2.居民家庭收入水平的变化直接影响到（　　　）。

    A.购买力　　　　B.购买偏好　　　　C.消费品购买场所　　　D.消费者购买欲望

3.企业可以用环境威胁矩阵图和环境机会矩阵图来分析和评价所经营的业务,其中低机会和低威胁的业务属于（　　　）。

    A.理想业务　　　　B.成熟业务　　　　C.冒险业务　　　　D.困难业务

4.下列说法中正确的是（　　　）。

    A.企业微观环境中的公众指企业外部的人民群众

    B.企业微观环境中的公众指购买本企业产品的顾客

    C.企业微观环境包括企业内外对企业营销目标构成实际或潜在影响的任何因素

    D.企业微观环境包括企业外部对企业营销目标构成实际或潜在影响的任何因素

5.下列叙述正确的是（　　　）。

    A.自然环境的变化,例如自然资源的短缺、环境污染的日益严重给企业带来的都是威胁,没有市场机会

    B.新技术的产生给企业发展创造了良好的条件,因此新技术的出现是一种市场机会

    C.政治和法律环境属于上层建筑的内容,与市场营销关系不大

    D.图腾文化渗入市场营销工作的全过程往往决定着市场营销活动的成败

6.任何企业的市场营销活动,都会面临着（　　　）情况。

    A.市场环境重视　　　B.市场营销机会　　　C.环境分化　　　D.市场环境威胁

7.以下因素中属于对企业市场营销活动构成间接影响并形成制约的宏观环境因素是（　　　）。

    A.人口　　　　B.政治与法律　　　　C.经济　　　　D.社会文化

8.市场营销环境的特征是（　　　）。

    A.客观性　　　　B.差异性　　　　C.多变性　　　　D.相关性

9.以下因素中属于对企业市场营销活动构成直接影响并形成制约的微观环境因素是（　　　）。

    A.供应者　　　　B.营销中介　　　　C.竞争者　　　　D.各种公众

10.下列叙述正确的有（　　　）。

    A.微观环境是指对企业服务其顾客的能力构成间接影响的各种力量

    B.微观环境中所有的因素都要受宏观环境中的各种力量的影响

    C.宏观环境是指那些给企业创造环境机会和构成环境威胁的主要社会力量

    D.宏观环境中的因素对企业来说大多数是不可控的因素

项目四　市场调查

💡 **能力目标**

- 熟悉市场调查的方式
- 熟悉市场调查的内容
- 能根据市场调查流程开展调查

💡 **素质目标**

- 能掌握各种调查方法
- 根据市场调查流程开展调查

💡 **学习任务**

- 任务一　市场调查概述
- 任务二　市场调查内容
- 任务三　市场调查流程

📋 **开篇案例**

我的市场调查是这样拆穿了消费者的谎言

20世纪40年代的一个案例，让市场调查人员意识到消费者会说谎。当时为了适应人们生活的快节奏，雀巢公司率先研制出了速溶咖啡并投入市场，着力宣传它的优点，但出乎意料的是，购买者寥寥无几。

厂商请调查专家进行研究。先是用访问问卷直接询问，很多被访的家庭主妇说，不愿选购速溶咖啡，是因为不喜欢速溶咖啡的味道。

但这个是真正的答案吗？调查专家实施了口味测试，试饮中，主妇们大多辨认不出速溶咖啡和豆制咖啡的味道有什么不同。显然，消费者说谎了。

消费者为什么说谎？为了寻找真正的原因，调查专家改用了间接的方法进行调查。他们编制了两种购物单，一张上的物品包括速溶咖啡，另一张上的物品除了新鲜咖啡这一项与前一张不同之外，其他各项均相同。然后把清单分给两组家庭主妇，请她们描写按购物单买东西的家庭主妇是什么样的妇女。调查发现,她们对按照这两种购物清单购买物品的家庭主妇的形象的描写截然不同。她们认为购买速溶咖啡的家庭主妇是个懒惰的、邋遢的、生活没有计划的女人;购买新鲜咖啡的则是勤俭的、讲究生活的、有经验的和喜欢烹调的主妇。原来,速溶咖啡被人们拒绝,并不是由于产品本身,而是由于人们的动机,即都希望做一名勤劳、称职的家庭主妇,而不愿做被人谴责的懒惰的主妇。

一、消费者不知道真相

很多市场调查是基于这样一个基本问题开始的:请问您需要什么? 而实际上,很多消费者并不能准确地表达他们的动机、需求和其他思想活动,当他们努力想要告知调查者他们心中所想时,其实有时候也不完全了解自己的真正需要。

一个人没设闹钟,早上 6:00 突然醒来。人们就问他为什么会那么早起床? 他的大脑皮层就会产生各种各样的原因去解释他的行为:为了早上起来读英语,为了赶一个工作上的报告,等等。其实背后的真正原因可能是一阵风从窗户吹进屋里。

乔布斯也曾表示:"消费者并不知道自己需要什么,直到我们拿出自己的产品,他们就发现,这是我要的东西"。

实际经验告诉我们,很多时候被调查者显然是故意"撒谎"。有时是因为问题涉及的内容过于敏感,有时是因为答案会导致被调查者外在形象受损。

曾经有家手机厂商为了设计一台老人用的手机,调查了大量的老年人对手机的功能需求,包括大字体、紧急呼叫、语音留言等,可当这台为老年人量身定制的手机面市以后,却未得到老年人的认可。原来从老年人的角度看,使用这款手机就等于向别人承认自己年纪大、老眼昏花。

在 2016 年的美国大选中,美国主流媒体就大选结果进行大量的民意调查,尤其是针对"摇摆州",因为"摇摆州"的票数直接影响到大选的走向。几次民调显示大部分"摇摆州"均支持希拉里。但是正式投票时,摇摆州却纷纷倒戈,将票投给特朗普。原因是民意调查时"摇摆州"的群众碍于面子(因为如果表示自己支持特朗普将会遭到周边人的冷漠对待)而做出与正式投票截然相反的票选行为。

二、行为发生时刻和调查时刻的区别

消费者发生行为时的状态和其处于调查阶段的状态是不同的。调查过程中,受调查者往往受到已知影响的干扰。当其意识到调查正在进行、自己正处于旁人的观测之中时,受调查者的反应和做出的选择往往会与真实情况产生偏差,这被称为"霍桑效应"。

中央电视台曾用问卷的方式对一个区域做节目收视率调查,很多被调查者在"经常看的节目"中,会倾向于选择新闻联播、经济半小时、今日关注、百家讲坛等栏目。但在真实的统计中却发现,娱乐、体育、电视剧节目的收视率被明显低估,而正统类电视节目的收视率并没有问卷调查结果所显示的那么高。不少调查者提及,在接受调查的过程中,他们会认为自己应该多看一些正统性的电视节目。这就是霍桑效应导致的结果。

三、样本不具有代表性

传统的市场调查方法为"实地调查+问卷发放"的模式,是一种基于样本的统计分析方法,即通过局部样本特性去判断总体特性。使用这类方法时,必须让样本具有一般意义的典型性才具有参考价值,不然即使样本抽取量很大,也具有较大的误差性。

　　1936年的美国总统大选是上述样本问题的一个典型例子。那年的美国总统选举的竞争在民主党的罗斯福和共和党的兰登之间展开。当时,美国的《文学摘要》杂志是预测总统大选结果的权威媒体机构,几乎准确预测了过去历届的选举结果。这次,他们依旧运用过去传统的做法——大规模的样本调查统计。

　　他们根据电话簿上的地址,发出了1000万封信,并回收200万封。样本的规模是空前的,花费了巨大的人力和物力。根据他们的调查统计结果,兰登将以57%的投票数结果战胜罗斯福。可是,最后的选举结果令人大跌眼镜,罗斯福以62%的票数大获全胜,连任总统。出现该结果的原因是样本选择范围的不均衡。20世纪30年代,能用得起电话的都是美国的中上流阶层,而他们大多是共和党的支持者。相反,绝大多数支持民主党的中下层选民却没有被杂志社纳入样本中,进而导致了预测失败。

　　企业如何不被消费者的谎言"糊弄"?观察消费者的决策行为,洞察其隐性需求。消费者会"撒谎",但其行为就是决策结果,具有可参考性。因此,关注消费者的购买决策,将消费者的行为结果与回答进行对比。如果两者相同,则证明消费者做出了诚实的回答;如果不一致,则以消费者的决策行为为准。

　　日本电通传播中心的策划总监山口千秋曾为三得利公司的罐装咖啡品牌WEST做市场调查,通过前期市场销售数据将WEST咖啡的目标人群定位为中年劳工,比如出租车司机、卡车司机、底层业务员等。当时品牌方对咖啡口味拿捏不准,不知道味道是微苦好,还是微甜好。按一般调查公司的做法,电通传播中心先是请一批劳工到办公室里,把微苦、微甜两种咖啡放在同样的包装里,请他们试饮,大部分人都表示喜欢微苦的。但山口千秋发现办公室并不是顾客日常饮用的场所。于是,他把两种口味的咖啡放到出租车站点、工厂等劳工真正接触的场景,发现微甜味咖啡被拿走的更多。这背后的真相是:被调查的劳工们害怕承认自己喜欢甜味后,会被别人嘲笑不会品味正宗咖啡。

四、找准消费者烦恼,戳中其痛点

　　人们对痛点往往很敏感,戳到痛点,离真相就不远了。心理学家表示,痛点、抱怨往往能够反映消费者真实的想法。因此,不管是直接问消费者还是找资料,都不要问正面的问题,因为当要求消费者正面描述某个产品或服务的时候,他往往无法真实表达。企业需要询问消费者对于产品和服务的不满,当这样问时,他们就会开始抱怨,而这种抱怨,最终会让企业找到想要的答案。

　　如果你是海飞丝市场部工作人员,直接问消费者,没头屑有什么好处,消费者会冷眼无语地看着你,因为即使他知道也很难表达出来。但是如果你问消费者,有头屑会有什么痛点和烦恼,消费者自然就会告诉你,最大的问题就是尴尬。特别是如果有头屑,别人靠近你的时候,你会感到相当尴尬,同时也从不敢穿黑衣服。所以,海飞丝早期的广告就戳中了消费者内心的心声——去除头屑和尴尬。这也催生了海飞丝许多广告的创意。

　　企业要以消费者视角,将自己带入与消费者相同的情境中。有的时候,调查人员自己就可以充当被调查者,将自己带入消费者角色去看待问题,这样也能挖掘到消费者内心的心声。如负责某二锅头品牌策划的创作部经理曾经遇到一个难题,即究竟如何将二锅头的品牌植入受众心中。他没有急着去调查,而是将自己带入,自己去亲身尝试产品,最后他发现二锅头这种烈酒喝起来就是痛快,自己那一刹那是快活的。同样的,"孤独的人总是晚回家"这句广告语曾经很火,其创作者本身就是一个孤独的人,他自己有意识地记录自己一天的行踪,结果发现自己一个星期几乎绝大部分时间是晚归的,后来他自己也清楚地认识到,确实是自己害怕每天下班面对空空的家,十分无聊,所以选择晚归。他有意识地观察与他同类的其他人,发现大家都有类似的习惯。因此"孤独的人总是晚回家"这句话成为一群孤独的人的真实写照。

(案例资料来源:http://www.boraid.cn/article/html/332/332799.asp。)

思考:

1.什么是市场调查?它对企业有何作用?

2.应如何进行市场调查?

任务一 市场调查概述

目标提示

· 掌握市场调查的目标与方法

学习内容

· 市场调查的目标、方法

知识要点

市场调查是指将与决策相关的数据进行计划、收集和分析并就分析结果同管理者沟通的过程。

一、市场调查的目标

市场调查是指将与决策相关的数据进行计划、搜集和分析并就分析结果同管理者沟通的过程。在开展调查前,调查者首先要做的是与管理者进行充分的沟通,确定市场调查的目标。市场调查的目标是企业管理者根据当前面临或即将面临的问题确定要调查的内容。这些调查目标,在管理者的头脑里可能是清晰明了的,但也可能只是一个初步的想法或是一些将要采取的决策,这时,市场调查人员应该把调查目标清楚地以调查者的角度表达出来,并且对于调查问题的定义既不要太宽也不要太窄。例如在2012年,《财商》杂志在信用卡使用的调查中,确定了如下调查目标:客户使用信用卡的主要原因;客户拥有信用卡的张数;客户信用卡消费的金额;客户每月的信用卡账单额;客户经常刷卡的商户类型;客户经常接触的广告媒体类型。

根据调查目标的不同,市场调查可分为三种类型。

一是探索性调查。探索性调查特别适用于调查人员对调查项目缺乏足够的了解时。

由于探索性调查还没有采用正式的调查计划和程序,因而其调查方法具有相当的灵活多样性。探索性调查有赖于调查人员的主观能动性,很少通过设计详细的调查问卷和制订详细的调查计划等调查方法来进行。除了发挥调查人员的主观能动性外,探索性调查还可以通过对二手资料的分析、专家采访、定性调查等方法进行,以便深化调查的主题。如一次探索性调查中,某家证券公司的调查内容为:顾客为什么不来我们公司开户?根据这个主题,证券公司邀请了行业的专家,随机选择5个客户进行调查,并到当地证监局查找了近期开户的情况,从而对公司面临的情况有了初步的了解。

二是描述性调查。它用以描述研究总体的特征或现状,这种研究方法的特征是对问题的描述清楚、假设具体和信息需求详细。它要求清楚地规定调查的6个要素(也称"6W"):谁(who)、什么(what)、何时(when)、何地(where)、为什么(why)、什么方式(how)。比如某银行在一次描述性调查中,调查的内容为:主要客户是谁?他们还在哪里存款?多长时间存取一次?一次是多少?为什么会到这里来?对理财产品及广告的态度如何?

三是解释性调查,也称因果关系调查,其目的是获取有关起因和结果之间联系的证据。它的研究方法主要是实验法。例如增加广告投放量会使保险产品销售额提升多大、为什么随车险不受客户的欢迎等问题均属该类调查。这种方法在应用时要注意两个问题:第一,确定哪些变量是自变量、哪些变量是因变量;第二,确定因变量与待预测的结果变量之间的相互关系的实质。

以上介绍了三种类型的市场调查,但在实际工作中经常要将这三类调查结合起来进行,以下三点原则供参考:(1)如对调查问题知之甚少,最好从探索性调查开始;(2)在做完探索性调查后,经常进行的是描述性调查或解释性调查;(3)当调查者对问题认识较清楚时,可以直接进行描述性调查或解释性调查。这些原则并不是固定不变的,有时也可先进行描述性调查或解释性调查后再进行探索性调查。

二、市场调查的方法

(一)一手资料调查法与二手资料调查法

按所搜集资料的性质划分,市场调查方法可分为一手资料调查法与二手资料调查法。

一手资料指根据当前调查目标而搜集的资料,二手资料指前人已搜集,但不一定和当前调查目标有关的资料。二手资料可从企业的内部文件和外部报刊等获得。二手资料使用得当,可节约大量的人力和资金,有助于明确探索性研究的主题,可以提供一些切实解决问题的方法和必要的背景信息以便使调查报告更具说服力。当然,二手资料也存在一定的缺点,例如有时调查中并不都有二手资料可查,有些二手资料缺乏准确性,这些是调查者在使用时应注意的问题。

一手资料的搜集方法主要有访谈调查法、观察法、实验法,这三种方法包括的具体方法如图4-1所示,三种调查方法的优劣势比较见表4-1。

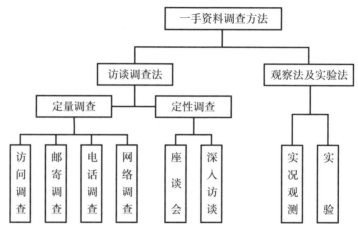

图 4-1 一手资料调查方法分类

表 4-1 各种调查方法的优劣势比较

	访谈调查	观察法	实验法
优点	(1)回答率较高; (2)可使用较复杂的问卷; (3)调查结果较为准确	(1)能通过观察直接获得资料,无需其他中间环节,因此获得的资料较为真实;(2)观察在自然状态下进行,因而能获得生动的资料;(3)具有及时性;(4)能搜集到无法用言语表达的信息	(1)可以使所研究对象处在所具备的实验条件中; (2)可以强化所研究对象的某些条件; (3)具有可重复性,可使实验现象有规律地重复出现
缺点	(1)调查成本高、周期长; (2)对调查人员难以控制; (3)被调查者有一定心理压力	(1)只有事实性的行为、公开场合才适合观察; (2)人们的行为习惯是逐渐改变的; (3)只有重复、频繁发生的,而且存在某种规律的行为才适合观察	实验环境下的行为与真实的环境下的行为有时可能会不一致

(二)全面调查、典型调查、重点调查、抽样调查

按所选择的调查对象的范围进行划分,市场调查方法可分为全面调查、典型调查、重点调查和抽样调查。

全面调查是对市场调查对象包括的全部单位都进行调查,如市场普查。

典型调查是在对市场现象进行总体分析的基础上,从市场调查对象中选择具有代表性的部分单位作为典型,进行深入、系统的调查,并通过对典型单位的调查结果来认识同类市场现象的本质及其规律性。

重点调查是从市场调查对象总体中选择少数重点单位进行调查,并用对重点单位的调查结果反映市场总体的基本情况。这里所说的重点单位是指其单位数在总体中占的比重不大,但其某一数量标志值在总体标志总量中占的比重却比较大,通过对这些重点单位的调查,就可以了解总体的基本情况。

　　抽样调查是按照随机原则从调查对象中抽取一部分单位进行调查,用调查所得指数值对调查对象相应指标数值作出具有一定可靠性的估计和推断的一种调查方法。抽样调查分为随机抽样和非随机抽样两类。

　　随机抽样包括简单随机抽样、类型抽样、等距抽样、整群抽样。

　　简单随机抽样又称纯随机抽样,是按照随机的原则直接从 N 个总体单位中抽取 n 个单位作为样本的调查方法。简单随机抽样最符合随机原则,在实践中经常采用抽签法、随机数字法进行抽样。

　　类型抽样又称分层抽样,是先将总体各单位按一定标志加以分类,然后再从各类中按随机原则抽取样本,由各类内的样本组成一个总样本的调查方法。

　　等距抽样又称机械抽样,就是先将总体各单位按一定标志排列起来,然后按照固定的顺序和一定的间隔来抽取样本单位的调查方法。

　　整群抽样是将总体划分为由总体单位组成的若干群,然后以群为抽样单位,抽取若干群作为样本,对群内所有单位进行抽样的方法。

　　非随机抽样是指抽样时不遵循随机原则,而是按照调查人员主观设立的某个标准抽选样本。非随机抽样方式主要有三种:任意抽样、判断抽样和配额抽样。

　　(1)任意抽样

　　任意抽样又称便利抽样,是根据调查者的方便性来抽取样本的一种抽样方法。"街头拦人法"和"空间抽样法"是任意抽样的两种最常见的方法。街头拦人法是在街上或路口任意找某个行人,将其作为被调查者进行调查。例如在街头向行人询问其对市场物价的看法,请行人填写某种问卷。空间抽样法是对某一聚集的人群,从空间的不同方向和方位对他们进行抽样调查,例如在机构的营业网点内向顾客询问对网点服务质量的意见,在劳务市场调查应聘人员对意外保险的认知情况。

　　任意抽样简便易行,能及时取得所需的信息资料,省时省力,节约经费,但抽样偏差较大,一般用于非正式的探测性调查,只有在调查总体各单位之间的差异不大时,抽取的样本才具有较高的代表性。

　　(2)判断抽样

　　判断抽样又称目的抽样,指凭调查人员的主观意愿、经验和知识,从总体中选择具有代表性的样本作为调查对象的一种抽样方法。

　　(3)配额抽样

　　配额抽样是非随机抽样中最流行的一种,配额抽样是首先将总体中的所有单位按一定的标志分为若干类(组),然后在每一类(组)中用便利抽样或判断抽样方法选取样本单位。

同步案例 4-1

企业对用户的随机抽样调查

　　某企业为了更好为用户服务,改进服务质量,决定对其用户进行一次随机抽样调查。该企业的用户数约为 10 万名,用等距抽样方法从中选取 5% 约为 5000 名进行调查。该企业首先通过电脑将用户电话号码按顺排列起来,然后用随机数表选出一个两位数,再由电脑打印出所有的被选中的用户的号码,最后将选中的号码分配给话务员,由她们根据规定的内容分别对这些用户进行电话访问。

(三)直接调查法、访问调查法、报表法、问卷调查法

按搜集资料的方法进行划分,可分为直接调查法、访问调查法、报表法和问卷调查法。

直接调查法是指调查人员到现场直接与被调查者进行面对面的接触而进行的调查方法。

(1)访问调查法是指派访问员向被调查者提问,根据其回答情况来搜集资料的一种调查方法。

(2)报表法是指由报告单位根据一定的原始记录,依据一定的格式及要求,由下及上报送资料的调查方法。

(3)问卷调查法是调查者运用统一设计的问卷向被选取的调查对象了解情况或征询意见的调查方法。问卷是根据调查目的设计,由一系列问题、答案、代码表组成的文件,是调查中常用的工具。根据不同场合使用的情况,可设计出不同类型的问卷,如电话调查问卷、网络调查问卷、面访问卷等,而且问卷在设计中可长可短,方便实用,所以使用频率很高。

一份完整的问卷,由开头、甄别、主体、背景资料四部分组成。

开头部分由问候语、填表说明、过程记录项目三个部分组成。问候语的主要目的是向被调查者说明调查的目的及意义,争取他们的帮助;填表说明则是对问卷中的各种问题的作答方法提出具体的要求;过程记录则由受访者资料、访问员资料等构成,目的是了解调查的过程,为数据的核查做好准备。

甄别部分主要是根据调查目的,排查出不符合要求的受访者,找出真正需要调查的受访者。

主体部分是整个问卷的重点,包括所要调查的主要问题及答案,这些问题要根据调查目的来确定。

背景部分通常放在问卷的最后,主要是有关被调查者的一些背景资料,研究者可根据背景资料对被调查者分类并进行比较分析。

同步案例 4-2

中国泰康人寿的调查方法

【案例背景】

中国泰康人寿保险股份有限公司为了进一步开拓市场,准备对现有保险产品进行整合,并推出新的保险产品,因此决定组织一次较大规模的市场调查。调查对象为城镇居民,采取入户访问方式。该公司为此设计了如下调查问卷:

中国泰康人寿用户调查问卷

受访者姓名:　　　　　地址:

问卷编号:

采访日期:　　　　　开始时间:　　　　　结束时间:

访问时间长度：　　　　访问员姓名：　　　　访问员编号：

尊敬的客户：

您好！

为了更好地服务客户,倾听您的建议,我公司正在进行一次用户的意见调查,您的意见对我们非常重要,希望占用您几分钟时间,访问结束后将赠送您一份小礼物,谢谢！

对于选择题,请在您认为适合的选项标号上画圈。

1.请说出您所知道的一些人寿保险公司的名称(简称)。

(1)　　　　(2)　　　　(3)　　　　(4)

(5)　　　　(6)不知道

2.您对中国泰康人寿保险股份有限公司有哪些了解？

(1)国务院批准的国有大公司

(2)全球500强企业

(3)连续7年在保费收入、资产总额、客户数量和市场占有率方面排名国内保险业第一位

(4)拥有最庞大的服务网络

(5)全国首家开通免费服务电话的保险公司

3.您是通过什么渠道了解保险的？

(1)广告　　　(2)街头咨询点　　　(3)熟人介绍　　　(4)业务推销　　　(5)其他

4.请问您家里是否买过保险？买过哪家保险公司的什么保险？

(1)没买过(跳至第6题)　　　　(2)买过,　　　公司　　　保险

5.请问您家里保险是为谁买的？买了几份？

(1)老人　　　(2)丈夫/妻子　　　(3)小孩　　　(4)其他

　　　　　份

6.您希望买什么保险？

7.请给我们公司提点建议：　　　　　

8.为了便于我们统计分析,请您填写个人有关情况：

姓名：　　　性别：　　　年龄：　　　电话：

家庭年收入：　　　　万元　　　家庭住址：

该公司选择了1000个家庭,派出调查员根据以上问卷进行了直接访问。调查员克服了各种困难,收集了所需要的信息,取得了较为满意的成果,为公司决策提供了可靠依据。

【分析讨论】

请你对以上的问卷进行评价,作为一份有效问卷,还应包括哪些内容？

小结

关键词：目标、方法

主要观点：

(1)调查目标可分为三种情况：探索性调查、描述性调查、解释性调查。

(2)市场调查的方法：①按所搜集资料的性质划分,可分为一手资料调查法与二手资

料调查法;②按所选择的调查对象的范围进行划分,可分为全面调查、典型调查、重点调查、抽样调查;③按搜集资料的方法进行划分,可分为直接调查法、访问调查法、报表法、问卷调查法。

任务二　市场调查内容

🔆 目标提示

· 掌握市场调查内容

🔆 学习内容

· 市场环境调查、需求调查、商品资源调查

🔆 知识要点

市场营销活动调查:围绕企业营销活动所进行的调查。

一、市场环境调查

(1)政治、法律环境的调查:针对会对市场产生影响和制约作用的国内外政治形势,国家规范市场的法律、法规、方针政策,以及有关管理机构和社会团体的活动的调查。

(2)经济环境的调查:对生产发展水平、规模,国民生产总值,国民收入,社会扩大再生产的方式、规模和发展速度,居民收入,消费总体水平,消费结构及其变化,物价水平,经济发展水平、速度、周期,经济基础设施等方面的调查。

(3)文化环境的调查:对教育水平、价值观、宗教信仰、生活习惯、审美观等方面的调查。

(4)自然环境的调查:对自然资源分布状况及其开发利用水平、环境保护、生态平衡等方面的调查。

(5)科技环境的调查:对科技发展水平、趋势,新技术、新材料、新品种、新能源的状况,技术指标,质量标准,以及国家科技政策等的调查。

二、市场需求调查

(1)市场商品和劳务需求总量调查。市场商品和劳务需求总量是一定时期某一区域的社会购买力的表现,包括居民购买力、生产资料购买力和社会集团购买力三部分。

(2)市场需求结构调查。这种调查是对购买力的持有者将其购买力投放在不同商品类别、不同地区、不同时间的比例及其变动进行的调查。

(3)需求转移的调查。需求转移即人们的购买力、需求层次、需求偏好等的改变。

三、市场商品资源调查

市场商品资源调查的调查维度包括以下三方面。

（1）国内市场社会商品供应总额：包括工业企业能向国内市场提供的产品量、农业能向国内市场提供的产品量、服务部门能向国内市场提供的服务量。

（2）国内市场供应的构成：包括农产品和工业产品的比例、农产品中粮食产品与经济作物产品的比例、工业产品中消费品与生产资料的比例、物质产品和劳务的比例。

（3）商品来源：包括国内生产部门提供的商品和服务部门提供的劳务产品等。

四、市场营销活动调查

现代市场营销活动是包括产品、定价、分销和促销在内的营销活动。市场营销活动调查是围绕企业营销活动进行的调查，主要包括：

（1）产品调查。包括产品质量的调查、产品市场寿命周期调查、产品的开发与改造调查和产品包装调查等。

（2）竞争对手状况调查。竞争对手状况是指对与本企业经营存在竞争关系的各类企业的情况。竞争对手调查的内容包括：直接或间接竞争对手数量，竞争对手的经营能力、经营方式、购销渠道，竞争对手生产经营商品的品种、质量、性能、价格、成本、服务等方面的情况，竞争对手的技术水平和新产品开发的情况，竞争对手的声誉和形象，竞争对手的宣传手段和广告策略，竞争现状及企业在竞争中所处的地位，潜在竞争对手状况等。

（3）品牌或企业形象的调查。包括品牌的知名度，企业的知名度，品牌的忠诚度，评价品牌或企业的指标，对品牌或企业名称、商标的印象及联想度等。

（4）广告调查。就是用科学的方法了解广告宣传活动的情况和过程，为广告主制定决策、达到预定的广告目标提供依据。广告调查的内容包括广告诉求调查、广告媒体调查、广告效果调查等。

（5）价格调查。从微观上看，价格调查内容主要有：①国家的物价政策；②企业商品的定价是否合理，怎样定价才能使企业增加盈利；③消费者对什么样的价格容易接受以及接受的程度；④商品供给和需求的价格弹性有多大，影响因素有哪些；等等。

（6）用户或客户调查。用户或客户是指同企业营销活动发生往来关系的企业或单位，既包括本企业原材料或劳务的供应商，也包括本企业产品的推销商。用户调查的内容包括用户的经营能力、用户的声誉的内容和资金等方面。

小结

关键词：市场环境调查　市场需求调查　市场商品资源调查　市场营销活动调查
主要观点：

（1）市场环境调查包括市场政治和法律环境调查、经济环境调查、文化环境调查、自然环境调查、科技环境调查。

（2）市场需求调查包括市场商品和劳务需求总量调查、市场需求结构调查需求转移的调查。

(3)市场营销活动调查包括产品调查、竞争对手状况调查、品牌或企业形象调查、广告调查、价格调查、用户或客户的调查。

任务三　市场调查流程

🔍目标提示

- 理解市场调查流程操作方法

🔍学习内容

- 市场调查流程的各个环节

🔍知识要点

市场调查流程：一个完整的市场调查流程可包括确定市场调查目标、探索性调查、设计调查方案、实验性调查、搜集数据资料、整理资料、分析资料、撰写调查报告等步骤。

一般地讲,一个完整的市场调查流程可包括确定市场调查目标、探索性调查、设计调查方案、实验性调查、搜集数据资料、整理资料、分析资料、撰写调查报告等步骤,具体流程见图4-2。

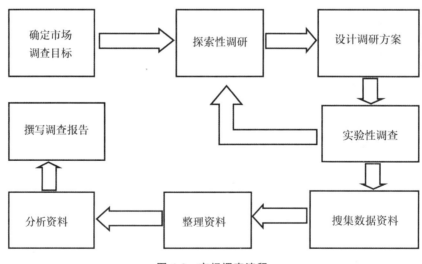

图 4-2　市场调查流程

(一)步骤一:确定市场调查的目标

确定调查目的要明确这样两个问题:一是调查所得信息是为了解决什么决策问题;二是在费用既定的情况下,调查所得信息要达到怎样的准确程度。要和决策者沟通交流,根据实际情况做出准确定义,以确定具体可行的市场调查目标。

(二)步骤二:探索性调查

探索性调查是根据确定的调查目标,对承载调查目标的调查项目进行初步的认识,提供对调查问题的理解和观察,为以后的问卷及调查方案的设计打下坚实的基础。探索性调查是非正式调查,在对调查问题的认识、内容与性质不够明确和了解时可进一步采用。

(三)步骤三:设计调查方案

调查方案是整个市场调查的行动纲要。当决定进行正式调查以后,就要设计正式的调查方案。设计调查方案包括确定调查目标、确定具体调查项目、选择调查方法、确定调查的具体时间、确定调查人员及经费安排、设计调查问卷等。

(四)步骤四:实验性调查

这项工作指在一次调查之前,先用小样本来验证调查方案是否可行以及是否存在漏洞。如果有问题的话,则可能要返回到探索性调查中,对调查项目及调查方案作重新修改。

以上四个阶段是市场调查的准备阶段,它们为将要进行的搜集和分析数据步骤指明了方向,我们习惯上将这四个阶段统称为调查企划。

(五)步骤五:收集数据资料

根据调查方案,具体实施调查。实施过程中,要注意资料来源渠道的选择和资料搜集方法的选择要与调查方案中拟定好的相一致,以确保资料的质量,控制调查的误差。

(六)步骤六:整理资料

对搜集来的资料要先进行审核,审核的内容主要看资料是否具备及时、准确、完整这三个特征。然后对审核后的资料进行编码,即把文字资料转化为计算机能识别的数字符号。最后,把资料录入计算机。

市场调查流程

(七)步骤七:分析资料

根据调查方案的要求,对数据进行处理。在这一过程中,最简单的是先作频数分析,接着可根据变量的特点进行多变量分析或是建立模型进行分析。

(八)步骤八:撰写调查报告

根据调查资料和整理结果撰写调查报告,提出问题的解决方案和建设性意见,为制订营销计划提供参考。调查报告具体包括调查目的、调查方法、调查结果及资料分析、对策建议和附录等。

 小结

关键词:流程

主要观点:

一个完整的市场调查流程可包括确定市场调查的目标、探索性调查、设计调查方案、实验性调查、搜集数据资料、整理资料、分析资料、撰写调查报告等步骤,只有把每个步骤认真完成,才能搜集到准确数据。

复习与思考

一、单选题

1.( )调查是指对于产品购买者在购买动力、购买行为模式、购买决策过程等方面所进行的调查活动。

  A.需求   B.欲望   C.购买动力   D.消费者

2.企业管理人员通过电话、传真、电子邮件、信件等发布调查问卷,进行某种产品的购买意向调查,属于( )。

  A.询问法   B.观察法   C.实验法   D.二手资料采集法

3.抽样调查的主要目的是( )。

  A.用样本指标来推算总体指标   B.对调查单位做深入研究

  C.计算和控制抽样误差   D.广泛运用数学方法

4.为了了解某工厂职工家庭收支情况,按该厂职工名册中名字的排列顺序,每50人抽取1人,对其家庭进行调查,这种抽样方法属于( )。

  A.简单随机抽样 B.等距抽样   C.类型抽样   D.整群抽样

5.根据商品市场价格与销售量之间的对应关系,通过调查获得它们之间的一组关系数据,以此确定价格与销量之间的关系,这属于( )。

  A.区分分析   B.一元回归分析 C.二元回归分析 D.相关分析

6.市场营销调查的第一步是( )。

  A.确定一个抽样计划   B.搜集信息

  C.进行调查设计   D.确定研究目标

7.( )调查是指对于产品购买者在购买动机、购买行为模式、购买决策过程等方面所进行的调查活动。

  A.需求   B.欲望   C.购买动机   D.消费者

二、判断题

1.面谈法是一种个人访谈方式,它的特点是成本低、见效快、询问深入。( )

2.观察法是调查者直接用眼看、手写的形式记录调查对象的行为、活动、反应,以获得资料的方法。( )

3.抽样推断的目的是通过对部分单位的调查来取得各项样本的指标。( )

项目五 消费者购买行为分析

💡 能力目标

- 了解消费者市场的含义与特点
- 理解消费者购买行为的模式
- 掌握影响消费者购买行为的主要因素
- 掌握消费者购买决策的过程

💡 素质目标

- 能够分析影响消费者购买行为的主要因素
- 能够分析消费者购买行为的主要类型
- 能够分析消费者的购买决策过程

💡 学习任务

- 任务一　消费者市场概述
- 任务二　影响消费者购买行为的主要因素
- 任务三　消费者的购买决策过程

📋 开篇案例

完美日记:抓住"Z世代"消费者的心

2020年"双十一",天猫完美日记再次成为平台首个预售破亿的国货彩妆品牌,周迅主推的完美日记新品小细跟口红售出超过45万支。

回顾过去的20年,市场上并不乏向欧莱雅等国际标杆品牌发力的国货美妆品牌,但一直反响平平,始终没有一个能真正地全面触动年轻消费者的心。完美日记的出现,如同一道惊雷划过被传统美妆巨头牢牢占据的角斗场。它不仅在2018年"双十一"率先实现天猫平台销售额破亿,更在2019年拿下天猫平台"双十一"彩妆类目第一名,赶超欧莱雅、美宝莲和魅可等传统品牌。一时间,完美日记成为最受资本圈瞩目的国货美妆品牌,2020年5月关于这个"独角兽"将IPO(initial public offering,首次公开募股)的消息更是接连不断。据时尚商业快讯的消息,完美日记将在美国上市,并选择高盛集团或摩根士丹利公司作为承销商。2020 年 9 月,科技类媒体 The Information 也表示,完美日记正在寻求新一轮 1 亿~2 亿美元的融资,若成功获得融资,该品牌的估值或达 40 亿美元。值得关注的是,完美日记于 2020 年 3 月初才完成新一轮 1 亿美元的融资,当时其估值约为 20 亿美元,这意味着在半年内该品牌估值就已翻倍,较 2019 年底第三季度 10 亿美元的估值更是猛涨 300%,成为近两年来国内一级市场中估值涨幅最大的一家"独角兽"企业。

根据业内的分析,完美日记之所以能够突破重重竞争出圈,很大程度上得益于其对消费者心智的全面占领。完美日记的消费者群体高度集中在"Z 世代"(指"95 后""00 后")年轻女性。在营销策略上,完美日记做到了抛弃大而全,只做专而精,用尽一切手段吸引"Z 世代"人群。这一年龄段的消费者具有很典型的时代特征,他们年轻有活力,崇尚个性与自由,热爱新事物,不在乎品牌来自中国或外国,只要喜欢就愿意花钱购买。有报告显示,逐渐成为消费主力军的"Z 世代"消费者对于自我的表达和认同感需求比前几代人要强烈,而与"80 后"追捧进口品牌不同的是,"95 后"消费者有更强大的文化自信和民族认同感,这正是完美日记瞄准的风口。

在我国,"Z 世代"人口数量约为 2.6 亿,占全国总人口的 27%。基数大弥补了这部分人群在个体消费能力上的不足,他们正逐渐成为我国的消费主力。完美日记采用的营销策略,完全迎合了他们的喜好。

一、营销方面

营销方面,完美日记利用新社交媒体对"Z 世代"进行全渠道覆盖。小红书、抖音、快手、B 站、微信、微博……完美日记的"种草"视频、图文铺天盖地、无处不在,而这些媒体正是"Z 世代"潜在消费者们聚集的地方。早在成立之初,完美日记就已经盯紧了这些新兴平台。2018 年,当其他品牌还在为一两个高人气 KOL(key opinion leader,关键意见领袖)的预算斤斤计较时,完美日记就已经嗅到小红书平台强大的种草潜力,开始大面积通过博主投放广告,目前完美日记在小红书上的官方账号拥有 198 万粉丝,全平台笔记数近 30 万条,总曝光量上亿,而欧莱雅官方账号的粉丝数是 28 万,YSL 圣罗兰官方账号粉丝数为 19 万,势头强劲的国货美妆品牌花西子的官方账号粉丝数不足 13 万。截至 2020 年 9 月底,完美日记在淘宝、微信、抖音等渠道积累的全网粉丝数已超过 4000 万。

二、代言人方面

在代言人方面,完美日记倾向于选择优质偶像,收割"Z 世代饭圈女孩"。在"饭圈女孩"集中的"Z 世代"中,偶像带货效果远超出我们的想象。完美日记在代言人的选择上完全契合了目标人群的喜好。

2018 年 8 月,完美日记公开宣布了首位支线代言人——从《偶像练习生》选秀节目成功出道的年轻偶像朱正廷。此消息一出立刻引来粉丝群体的积极回应,其官宣微博获得超 2 万条评论、超 5 万条点赞、超 100 万条转发。在 2018 年的"九九划算节"品牌大促中,由朱正廷主推的小黑钻口红迅速被粉丝清空库存,帮助完美日记在这次促销活动中获得支付金额、访客数和买家数三项行业冠军。此后,完美日记在"饭圈"偶像代言之路上越走越熟练。文淇、罗云熙、赖冠霖、许佳琪……他们或许不是当下认知度最广、热度最高的顶级明星,但对于 Z 世代"饭圈女孩"们来说,他们就是最有影响力的偶像。2020 年 10 月 19 日,完美日记宣布著名演员周迅为品牌首位全球代言人,未来将同其携手传递"美不设限"的主张,并发布由周迅出镜拍摄的广告大片。对于奥迪、香奈儿、万国等国际大牌的代言人周迅来说,这是她继丸美之后正式代言的第二个国内美妆品牌。

三、产品包装方面

产品包装方面,完美日记善用爆品策略,不断推出各大 IP 联名款。"Z 世代"消费者向往个性和自由,拥有属于自己的独特审美。为此,完美日记在产品包装方面巧下心思,不断推出 IP 联名的爆款产品。完美日记与 Discovery 频道联名推出探险家 12 色眼影,与《中国国家地理》杂志联名推出限定眼影,与大都会艺术博物馆联名推出皇家口红系列,这部分联名甚至超出大众的传统认知,但却符合年轻消费者的个性审美需求。如探险家眼影系列产品在天猫平台上线之后每秒售出 48 件,迅速成为天猫平台彩妆眼影品类第一。在 2020 年中秋、国庆双节长假到来之前,完美日记还联名中国航天科技集团的太空创想文创品牌推出了第二代动物眼影"玉兔盘"。完美日记与动漫《魔卡少女樱》联名的小樱美妆礼盒、与三利欧联名的散粉产品则主打可爱路线,能够俘获年轻女孩的心。在"闲鱼"等二手买卖平台上,仅仅是小樱礼盒的包装外盒,都有不少购买需求,消费者对此类联名十分买账。可见,完美日记不断以全新联名产品满足年轻人对于新的追求。

在"Z 世代"用户集中导向的营销策略下,完美日记不断取得惊人的成绩。

思考:

1."Z 世代"消费者有什么特点?

2.完美日记如何抓住"Z 世代"消费者完成锐变?

任务一　消费者市场概述

🔆 目标提示

- 了解消费者市场的含义和特征,掌握消费者购买行为模式理论

🔆 学习内容

- 了解消费者市场的含义及特征
- 掌握消费者的购买行为模式理论

🔆 知识要点

消费者市场:所有为了满足个人消费而购买产品和服务的个人和家庭所构成的市场。

现代营销观念提出,企业要想成功,则要能生产出适销对路的产品并且运用富有吸引力和说服力的方法将产品推销给消费者。管理大师彼得·德鲁克也说过:"企业要想获得

最大利润,他们需要去预期和满足消费者的需求。"因此,市场营销的核心是研究消费者的需求及购买行为,企业必须去调查了解消费者的所思、所想,才能促进营销目标的实现。

一、消费者市场的含义与特征

(一)消费者市场的含义

消费者市场是指所有为了满足个人消费而购买产品和服务的个人和家庭所构成的市场。消费是产品和服务流通的终点,一切企业都必须研究消费者市场,因为只有消费者市场才是商品的最终归宿,因此,消费者市场也称为最终产品市场。消费者市场有非常重要的地位,是其他市场存在的基础。与消费者市场对应的市场有生产者市场、中间商市场、政府市场。

(二)消费者市场的特点

(1)消费者市场交易范围广,购买者数量众多且较为分散。地球上有人存在的地方就有消费者存在,就有市场存在。

(2)消费者购买数量少,次数多。消费者市场以个人或家庭为购买和消费的基本单位,一般购买的批量较少、批次较多,特别是对日常生活消费品的购买比较频繁、随机性较大。

(3)需求多样性。不同消费者由于民族传统、宗教、年龄、性别、职业、社会地位、收入水平和文化教养等方面的差异,对不同商品或同种商品会产生多种多样的需求,购买方式也有所不同。随着生产技术的发展和消费水平的提高,消费者需求在总量、结构和层次上也在不断更新。这些需求上的差异,就表现为需求的多样性。

(4)购买非专业性。消费者的购买行为易受外界环境影响。尤其是对于某些技术性强、操作比较复杂的商品,消费者常常根据个人的感情和印象购买,易受商家广告宣传、促销等营销活动的影响。在一定条件下,企业经过精心设计的营销活动能引导、诱发或刺激消费者的需求,促使其产生购买行为。

(5)变化性及发展性。消费者的需求不会在一个水平上静止,一般是向前推进的。随着社会生产力的发展和消费者收入水平的提高,消费者对商品和服务的需求也在不断发展,一种需求被满足了,新需求还会不断产生,而且是永无止境的。

(6)伸缩性。消费者购买的商品的数量、品级、式样等往往会随着购买力水平的变化而变化,随着商品价格的高低而转移,这体现了在收入和价格作用下的需求弹性。一般来说,人们对日常生活必需品的需求弹性较小,对非必需品、高档商品等的需求弹性较大。当购买力水平提高或商品价格降低时,人们对消费品的需求会明显增加,反之就会减少。

(7)时代性。消费者购买行为常常受到时代精神、社会风俗习俗的引导,从而产生一些新的需要。时代不同,人们的消费需求也会不同。例如 APEC(亚太经济合作组织)会议以后,唐装成为时代的风尚,随之流行起来;又如社会对知识的重视,对人才的需求量增加,使人们对书籍等文化用品的需要明显增加。这些都显示出消费者购买的时代特征。

📋 同步案例 5-1

新消费洞察报告

曾几何时,消费市场是头部大品牌的天下;现如今,消费的变局正在发生。钟薛高、三顿半、元气森林、花西子、小仙炖、王饱饱等消费领域的一大批现象级新品牌悄然蹿红,表现十分亮眼。

随着中国消费市场走向精细化、个性化的时代,"90后""95后"逐渐成为消费主力军,古灵精怪的他们已经难以被传统的营销手段和方式取悦,这为新品牌的成长提供了空前的机遇和发展空间。同时,下沉市场也呈现出极大的消费潜力,促成了大量新品牌的诞生和发展。

一、下沉市场

有钱有闲的下沉市场人群逐渐成为电商红利的重要来源,新客流入及消费升级趋势均在下沉市场更为显著。2019年3月,淘宝和天猫平台与去年同期相比新增的超1亿年度活跃消费者中,有70%以上来自三线及以下城市;从2020年淘宝、天猫平台各品类的成交情况来看,有77%的品牌在下沉市场的成交额增速超过一、二线城市。

二、年轻一代:消费有实力,快乐要趁早

以"90后""95后"为主的年轻消费者逐渐成为新消费的主力人群,他们追求个性化,更拥有提前消费的意识,以提高生活品质和休闲娱乐为消费目标。"90后"和"95后"的消费金额不断增长,是新品牌的主要消费者。"95后"的新品牌消费规模近年来爆发增长,"95后"也因而成为新兴实力消费人群。

在新品牌购买数量上,越年轻的消费者购买的新品牌数量越多,体现出年轻消费者对新品牌强烈的好奇心。服装、美妆为"90后""95后"消费者占比最高的两个行业,美妆行业中更受"95后"追捧的大多为兼具口碑与性价比的国货彩妆。

消费者需求的变迁

二、消费者购买行为模式

要了解消费者市场,营销人员应分析消费者的购买行为。国外市场营销学家把消费者的购买动机和购买行为概括为"7W"和"7O",从而形成消费者购买行为研究的基本框架。

(1)购买者是谁(who)——购买者(occupants),指具体购买商品或服务的人。

（2）市场需要什么（what）——购买对象（objects）。消费者所购买的商品通常被划分为耐用品、非耐用品和劳务三大类。

（3）为何购买（why）——购买目的（objectives）。通过分析购买动机的形成机理，了解消费者的购买目的，采取相应的营销策略。

（4）有谁参与购买（who）——购买组织（organizations），即市场是由哪些人组成。这不仅涉及最终购买者，在形成购买决策的过程中，还有其他的影响者对购买决策产生影响。人们在购买决策过程中可能扮演不同的角色，包括发起者、影响者、决策者、购买者、使用者。

（5）如何购买（how）——购买行为（operations），即购买方式和付款方式。不同地区消费者的购买方式因为文化差异也有所不同。营销人员应分析不同类型消费者的特点，如经济型消费者对性能和廉价的追求，冲动型消费者对情趣和外观的偏好，手头拮据的消费者关注分期付款，工作繁忙的消费者重视购买的便利性和是否送货上门，等等。

（6）何时购买（when）——购买时机（occasions）。分析购买者对特定产品的购买时间的要求，把握时机，适时推出产品，如分析季节和传统节日对市场购买的影响程度等。消费者的购买时机首先取决于购买频率，不同国家的消费者的购买频率和他们的生活习惯、家庭规模都有很大的关系。其次，具体某一天的购买时间取决于卖方的营业时间。而自动售货机、24小时便利店和网络购物的兴起，甚至打破了人们购物时间的限制。最后，购买时间还取决于购买者的年龄和家庭生命周期的不同阶段。

（7）何处购买（where）——购买场合（outlets）。消费者的购买地点取决于市场的渠道结构和营销网络。不同国家的批发和零售之间有着巨大的差异，特别是零售业态，因此也造成消费者购买地点的不同。比如日本便利店的繁荣使日本的消费者更适应便利店而不是大型超市的购物方式。在中国，现在以淘宝为首的网络购物平台使很多消费者足不出户就可以方便购买商品。

研究消费者购买行为模式的理论中最有代表性的是行为心理学的创始人约翰·沃森[①]提出的"刺激—反应"原理。该原理指出，人类的复杂行为可以被分解为刺激和反应两部分。人的行为是受到刺激的反应。刺激来自两方面：身体内部的刺激和体外环境的刺激，而反应总是随着刺激而出现的。从营销者角度来看，各个企业的许多市场营销策略都可以被视作对购买者行为的刺激，如产品、价格、销售地点和场所、各种促销方式等。这些称为"市场营销刺激"，是企业有意安排的、针对购买者的外部环境刺激。除此之外，购买者还时时受到其他方面的外部环境刺激，如经济的、技术的、政治的和文化的等。所有这些刺激进入购买者的大脑后，经过其一系列的心理活动（这个过程被称作"黑箱"），产生了人们看得到的购买者反应：购买还是拒绝接受，或是表现出需要更多的信息。购买者一旦决定购买，其反应便通过其购买决策过程表现在购买者的购买选择上，包括产品选择、品牌选择、经销商选择、购买时间选择和购买数量选择。"刺激—反应"原理的机制如图5-1所示。

---

① 约翰·沃森（1878—1958年）：美国心理学家，行为主义心理学的创始人。

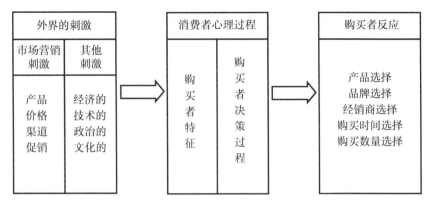

图 5-1　"刺激—反应"原理

在 2008 年全球金融危机之后,企业一方面大量削减营销费用,另一方面也积极促进新一轮营销方式的变革。传统的营销方式正在被新的更直接、更有效的营销方式所取代,其中最突出的是网络营销(包括网络广告、搜索引擎营销等)。世界著名广告公司日本电通集团根据最新调查数据,提出了一个全新的消费者行为模式框架,该模式是一种基于网络时代市场特征而重构的 AISAS 模式(见图 5-2)。

图 5-2　AISAS 模式

AISAS 模式是由电通公司针对互联网与无线应用时代消费者生活形态的变化而提出的一种全新的消费者行为分析模型。由于传播环境与生活方式的改变,针对消费者行为的探讨也随之变化。在全新的营销法则中,两个具备网络特质的"s"——search(搜索)、share(分享)的出现,指出了互联网时代下搜索(search)和分享(share)的重要性,不能一味地向用户进行单向的理念灌输,这充分体现了互联网对于人们生活方式和消费行为的影响与改变。

同步案例 5-2

李子柒现象

李子柒是微博知名美食视频博主、微博签约自媒体人,被誉为"东方美食生活家"。2016 年初,李子柒开始拍摄手作视频,前期视频的编导、摄像、出演、剪辑都由她自己完成。其作品题材来源于中国人古朴的传统生活,以中华民族引以为傲的美食文化为主线,围绕衣食住行四个方面展开。

李子柒作品中传达出的积极向上、热爱生活的态度,及其内容中结合人生经历传达出的独立自强的奋斗精神,曾被众多主流媒体称赞。截至 2018 年 1 月,李子柒全网粉丝数量近 2000 万,视频累计播放量近 30 亿,甚至火到国外,被誉为"2017 年第一网红"。

李子柒现象是如何产生的,下面根据 AISAS 模式进行分析:

(1)A(注意):对李子柒有初步的认识,明白理解她的视频、生活和三观并对她形成记忆;

(2)I(兴趣):对她产生兴趣,主动浏览和接受相关信息;

(3)S(搜索):深度了解李子柒的过程;

(4)A(行动):参与过程——与李子柒进行互动交流;

(5)S(分享):口碑传播,推荐给他人。

小结

关键词:消费者市场 "刺激—反应"原理

主要观点:

(1)消费者市场由为满足生活需要而购买货物和服务的一切个人和家庭组成。

(2)消费者市场的特点:交易范围广,购买者数量众多且较为分散;购买数量少,次数多;需求多样性;购买非专业性;变化性及发展性;伸缩性;时代性。

(3)研究消费者行为模式的理论有"7W"和"7O"模式、"刺激—反应"原理及 AISAS 模式。

任务二 影响消费者购买行为的主要因素

目标提示

· 了解消费者购买行为,掌握消费者购买行为的影响因素

学习内容

· 了解消费者购买行为的含义
· 掌握消费者购买行为的影响因素

知识要点

消费者购买行为:是消费者围绕购买生活资料所发生的一切与消费相关的个人行为,包括从需求动机的形成到购买行为的发生直至购后感受总结这一购买或消费过程中所展示的心理活动、生理活动及其他实质活动。

消费者的购买行为取决于他们的需要和欲望,而他们的需要和欲望受到许多因素的综合影响,这些因素有文化方面的、社会方面的、个人方面的和心理方面的,如图 5-3 所示。

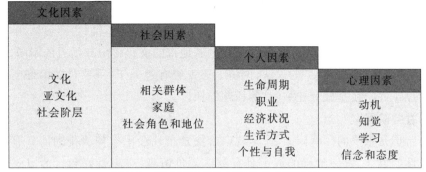

图 5-3　影响消费者购买行为的主要因素

一、文化因素

文化因素对消费者行为的影响最难以识别,但又是最广泛、深远的,而不同国家、地区消费者的购买行为又受到当地文化因素的影响,因而有所不同。购买者的文化、亚文化差异和所处的社会阶层直接影响其消费动机和行为,因此营销人员要了解不同国家或地区的文化差异和共性。

(一)文化

文化是人们在社会实践中形成的价值观,主要包括生活方式及共同遵守的信仰、行为规范、风俗习惯等。文化是人类欲望和行为最基本的决定因素。低级动物的行为主要受其本能的控制,而人类行为大部分是通过学习形成的,在社会中成长的儿童通过社会化过程学到了一系列基本的有关价值、知觉、偏好和行为的整体观念。文化通过对个体行为进行规范和界定进而影响家庭等社会组织。文化不同会导致消费者对同一产品持有不同态度,比如宝洁公司的佳美香皂在日本做广告时,广告中出现男人直接恭维女人外表的情景,这种表达方式不为日本男性所接受,文化冲突导致这款香皂在日本滞销。

(二)亚文化

亚文化是相对于主文化而言的次文化,又称集体文化或副文化,以特定的认同感和影响力将崇尚该文化的人们联系在一起,使之持有特定的价值观念、生活格调与行为方式。每一种社会和文化都包含若干亚文化群。亚文化群可分为四种:

(1)民族亚文化。每个国家都存在不同的民族,不同的民族有其独特的文化传统和风俗习惯。例如中国有 56 个民族,除汉族外,还有 55 个少数民族。对同一种产品,不同民族的消费者的购买心理和购买行为都有很大的不同。

(2)宗教亚文化。每个国家都存在不同的宗教。信仰天主教、基督教、伊斯兰教、佛教等不同宗教的群体有着不同的宗教信仰、行为倾向、戒律或禁忌,因此形成不同的宗教文化。

(3)种族亚文化。一个国家可能有不同的种族,不同的种族有不同的生活习惯和文化传统。比如,美国的黑人和白人相比,其购买的衣服、家具和香水较多,用于娱乐等的支出较少。虽然他们更重视价格,但是也会被商品的质量所吸引而进行挑选,不会随便购买。他们更重视品牌,更具有品牌忠诚性。美国的许多大公司如西尔斯公司、麦当劳公司、宝洁公司和可口可乐公司等非常重视通过多种途径开发黑人市场,还有公司专门为黑人开发特殊的产品和包装。

（4）地理亚文化。在不同国家、同一国家的不同地区，消费者的生活习惯、购物模式等都有着不同。比如我国的南北方、东西部和中原地带的文化传统有很大的不同，因此在饮食上有"东辣西酸，南甜北咸"的说法，网络上还曾经有过关于"豆浆是咸的好喝还是甜的好喝""甜豆花好吃还是咸豆花好吃"等话题的探讨。

(三)社会阶层

社会阶层是重要的影响因素之一，社会阶层是指社会中按等级排列的具有相对同质性和持久性的群体，每一阶层的成员具有类似的价值观、兴趣爱好和行为方式。具体地说，社会阶层有以下特点：一是相同社会阶层中人的行为要比两个不同社会阶层中人的行为更为相近；二是人们以所处的社会阶层来判断一个人的地位；三是某人所处的社会阶层是由职业、收入、财产、教育和价值取向等多种变量而不是由其中的一种变量决定的；四是个人可以改变自己所处的社会阶层，改变的难易程度与各社会阶层的森严程度相关。不同的国家阶级等级观念不同，但是都存在着社会阶层。因此，市场营销者可以通过对社会阶层的识别来进行市场细分，从中选择目标市场，并进行恰当的市场营销策略安排。

不同社会阶层消费者的行为在很多方面存在差异，比如支出模式上的差异、休闲活动上的差异、信息接收和处理上的差异和购物方式上的差异等。处于某一社会阶层的消费者会试图模仿或追求更高层次的生活方式。比如对于新闻媒体的选择，高阶层消费者与低阶层消费者相比更爱看报纸杂志。又如高阶层消费者喜欢各种时尚活动和戏剧，而低阶层消费者则乐于收听广播剧和玩猜谜游戏等。不同社会阶层的消费者由于在职业、收入、教育等方面存在明显差异，因此即使购买同一产品，其趣味、偏好和动机也会不同。另外，各阶层的语言风格也有所差别，广告商们为迎合各阶层消费者不同的语言风格，不得不在商业性电视广告中呈现各阶层偏好的广告文案。因此，企业开展营销活动时，要考虑提供的产品和服务是针对哪些人销售的，这些消费者处于社会的哪个阶层，从而有针对性地设计生产相应的产品，确定不同的价格水平，采用相应的促销方法。

📋 同步案例 5-3

4 分钟卖出 100 辆宝马的商业神话

2017 年 7 月 21 日晚，拥有 450 万粉丝的微信公众号"黎贝卡的异想世界"独家宣布与宝马汽车旗下的 MINI 品牌推出经典三门版"MINI YOURS"加勒比蓝限量版汽车，全中国限量 100 台，全球限量 300 台，运营该公众号的博主黎贝卡的粉丝可以率先开始预订。令人震惊的是，开售 4 分钟后，100 台车就被全部抢空，50 分钟内全部完成付款交易，后来者无法再进行购买。

这一次博主限量色汽车推广活动，被视作一次具有里程碑意义的合作，意味着中国时尚博主的合作对象不再仅限于奢侈时尚品牌，而是开始扩大到更广泛的奢侈消费品上，中国博主的影响力也受到空前关注。

博主卖汽车，远比卖手袋需要更多底气。作为国内"最具商业号召力时尚自媒体"之一，"黎贝卡的异想世界"背后的 450 万粉丝中已经有不少具有消费能力的粉丝。宝马

MINI 汽车一直因为时尚的外观而在女性消费者中大受欢迎,每次推出限量款都会引发抢购,可以说,这款车本身具有一定时尚度,并且目标群体就是女性。而黎贝卡的粉丝中有 90% 的女性,同时她们又都是关注时尚的女性,所以 MINI 的产品定位与黎贝卡的受众群体的特点与需求正好契合,这构成了消费者购买行为的基础。合作双方定位匹配,互相引流,提高曝光度,当宣传推广、销售和产品三个环节都匹配到位时,博主与品牌之间的合作很难不成功。

二、社会因素

消费者购买行为也受到如相关群体、家庭、社会角色与地位等一系列社会因素的影响。

(一)相关群体

相关群体又称参照群体,是指那些直接或间接影响消费者的看法和行为的所有群体。相关群体分为三个基本层次:第一层次是首要群体,首要群体是指与消费者直接、经常接触的一群人,一般都是非正式群体,如家庭成员、亲戚朋友、同事、邻居等;第二层次是次要群体,是对消费者影响较次一级的群体,但一般都是较为正式的群体,如个人所参加的各种社会团体;第三层次是崇拜性群体,是指消费者推崇的非成员群体,即消费者不属于其中的成员但又受其影响的群体,例如影视、体育明星等公众人物,他们往往成为消费者模仿的对象。市场营销人员可以通过找出目标消费者的相关群体来影响目标消费者,促进产品销售。

相关群体影响消费者的道德规范、审美意识、生活方式等,进而影响其购买行为。这种影响一般表现在以下四个方面:(1)相关群体为消费者提供一定的消费行为模式和生活模式;(2)使消费者改变原有的消费模式和产生新的购买行为;(3)影响消费者对某种商品的态度,促使其价值观或审美观改变;(4)相关群体潜移默化的作用,往往制约着消费者对产品品种、商标、品牌和使用方式的选择,引起人们的仿效和购买行为的一致化。

在某个相关群体中有影响力的人物称为意见领袖。意见领袖的行为会引起群体内追随者、崇拜者的仿效,成为某个群体的"消费偶像"。阿迪达斯公司就是这样的意见领袖。在国际体坛,人们常用"哪里有世界冠军,哪里就有阿迪达斯公司的产品"来形容阿迪达斯公司的影响力。

(二)家庭

家庭也是影响消费者购买行为的重要因素。一个人一般要存在于两个家庭中,一个是自己和父母构成的家庭,另一个是自己结婚后组建的家庭;个人受前者的影响是间接的,受后者的影响是直接的。家庭成员对购买者行为的影响,可因家庭类型和产品种类的不同而存在差异。

(三)社会角色与地位

每个人都担当着不同的社会角色,并有其相应的地位。社会角色是周围的人对一个人的要求或一个人在各种不同场合应起的作用。比如,某人在女儿面前是父亲,在妻子面前是丈夫,在公司是经理。每种身份都伴随着一种地位,反映了社会对他的评价。每一个角色及其相应的地位都不同程度地影响其购买行为。消费者做出购买选择时往往会考虑自己的身份和地位,因此,企业若把自己的产品或品牌变成某种身份或地位的标志和象征,将会吸引特定目标市场的顾客。

三、个人因素

个人因素是消费者购买决策过程最直接的影响因素。消费者购买决策受其个人特性的影响,特别是受其年龄、家庭生命周期阶段、职业、经济状况、生活方式、个性以及自我观念的影响。

(一)年龄与家庭生命周期阶段

年龄不同的消费者的需要与欲望是有很大不同的,即使相同,其需求量也有很大的差别。随着年龄的变化,人们对消费品的需求会发生变化,且不同国家和地区的相同年龄阶段的人的需求也有不同。比如西方国家的年轻人比较早离开家庭独立生活,可随意支配自己的收入和决定自己的购买行为;亚洲的一些国家的年轻人多和父母住在一起,其购买行为较多受到家人的影响。

消费者行为也会根据家庭生命周期不断演变,随家庭成员的年龄、性别、数量的改变而变化。家庭生命周期的不同阶段对消费者购买行为模式的影响如表 5-1 所示。

表 5-1　家庭生命周期不同阶段及消费者购买行为模式

家庭生命周期各阶段	消费者购买行为模式
单身阶段	几乎没有经济负担,新观念的带头人,追求自我价值; 购买一般的厨房用品和家具、新潮服装,选择度假
新婚阶段 (年轻、无子女)	经济状况较好,购买力强; 购买家用电器、汽车、耐用家具,选择度假
满巢阶段Ⅰ (年幼子女不到 6 岁)	家庭用品采购的高峰期,更注重产品的使用价值,对广告宣传敏感,购买大包装商品; 购买婴儿食品、玩具、学习用品、日常用品
满巢阶段Ⅱ (年长的夫妇和尚未独立的子女同住,户主仍在工作)	经济状况较好,对耐用品及日常用品的购买力强; 购买学习用品、教育、生活必需品、医疗保健用品,选择度假
空巢阶段 (年长的夫妇,无子女同住,户主仍在工作)	经济状况良好且有储蓄,对旅游、娱乐、自我教育感兴趣; 购买旅游用品、奢侈品,选择度假
鳏寡阶段 (退休)	收入减少,经济状况一般,对身体健康更加关注; 购买有助于健康、睡眠和消化的医用护理保健用品,家庭劳务;选择度假

资料来源:沈铖.全球营销学[M].武汉:武汉大学出版社,2004:138。

(二)职业

职业对消费的影响往往是显而易见的。蓝领工人与公司经理的消费是有很大差异的,比如蓝领工人会买工作服、工作鞋、午餐盒等,公司经理则会买昂贵的西服、奢侈品等。营销人员应设法找出那些对其产品有非同一般的需求兴趣的职业群体,并为这一特定职业群体生产某一产品或提供某项服务。

(三)经济状况

经济状况包括收入、储蓄、资产、债务、借贷能力以及对待消费与储蓄的态度等。经济因素是决定购买行为的首要因素,决定着能否发生购买行为以及发生何种规模的购买行为,决定着购买商品的种类和档次。消费者的经济状况既与个人能力有关,也与整个经济形势有关。收入高的消费者更重视产品款式、性能及特色,收入低的消费者比较注重产品的功能和实用性,对价格比产品品质更重视。营销人员应密切注意消费者收入、支出、储蓄和借款的变化,这些会影响消费者对价格敏感型产品的需求。

(四)生活方式

生活方式是德国政治经济学家和社会学家马克斯·韦伯提出的概念。生活方式反映了一个人花费时间和金钱进行的活动的类型及其兴趣和意见,也是影响个人行为的心理、社会、文化、经济等各种因素的综合反映。它具有五个特点:(1)是一种群体现象;(2)覆盖生活的各个方面;(3)反映了一个人的核心生活利益;(4)在不同人口统计变量上表现出差异;(5)随社会变迁而改变。来自相同的亚文化群、社会阶层甚至职业相同的人们,其活动、兴趣和观念可能均不相同,这体现了他们不同的生活方式。拥有不同的生活方式的群体对产品和品牌有不同的需求,市场营销人员应从多种角度区分他们的不同需求,从而为他们提供针对性的产品和服务。

(五)个性与自我

个性是指一个人经常的、稳定的、本质的心理特征的总和。一个人的个性通常可分为外向与内向、细腻与粗犷、稳重与急躁、乐观与悲观、独立与依赖等。不同个性的消费者具有不同心理和行为。例如,冒险个性的消费者更容易受到广告影响,成为新产品的早期使用者;自信或急躁个性的消费者的购买决策过程较短,而缺乏自信的购买者的决策过程较长。

自我概念是指一个人对自己的看法和所估计的他人对自己的看法。自我概念包括三种类型:实际自我概念(我现在是什么样)、理想自我概念(我想成为什么样)、他人自我概念(别人认为我是什么样的)。人总是力求保持一个较好的形象,不断完善自我,并通过自己的言行,向人们表达各种形象。表达自我形象的重要途径之一就是消费。人们往往通过自己购买的商品来反映自己所希望表现出的形象,因此,消费者的自我概念帮助他们选择商品,影响他们的购买行为。例如消费者购买服饰产品时往往非常注重品牌形象与自我概念的一致性,以通过服饰来塑造个人形象并使之尽可能理想化。一个人认为自己有学者风度,他便不会去购买所谓的奇装异服,而必然选择既端庄又有风度的服装。企业营销应使产品形象与人们追求的自我形象达到一致,从而使他们倾向于购买,因此就必须分析研究不同产品在不同消费者心中的印象,通过价格、包装、商标、广告等策略来创造并完善产品形象。

四、心理因素

在人类成功登上月球以后,一位西方的哲学家曾说:"虽然人类能征服远在天边的月球,但对近在咫尺的人类的心理,却仍然了解有限。"人类的心理是非常微妙而复杂的,而心理因素常常影响其购买行为。消费者的心理指消费者在满足需要的活动中的思想意识。心理因素包括动机、知觉、学习以及信念与态度。

(一)动机

消费者购买动机,是指消费者为了满足一定的需要而引起购买行为的欲望、意念,由需要驱使、刺激强化和目标诱导三种要素组成。

动机是人们为满足某种需要而采取行动的驱动力量。动机产生于未满足的某种需要,这时人们心理上就会产生一种紧张感,驱使人们采取某种行动以消除这种紧张感。行为科学认为,一般地说,最缺乏的需要常常是行为的主要动机。因此,关于消费者动机的研究主要集中地转为对需要的研究。关于人的需要、动机与激励的研究,已形成非常丰富的学术成果,并得到较为广泛的实践应用,其中包括马斯洛的"需求层次理论"、赫茨伯格的"双因素理论"和弗洛伊德的"潜意识理论"等。这些理论对市场营销人员都具有一定的借鉴意义。

美国心理学家马斯洛认为,人的需求是以层次的形式出现的,按其重要程度的大小,由低级需求逐级向上发展到高级需求,依次为生理需求、安全需求、社会需求、自尊需求和自我实现需求。一个人得首先使自己最重要的需求得到满足,一旦成功地实现了这一愿望,那时,这一最迫切的需求就不再是一个激励因素了,这个人也就会寻求下一个最重要的需求的满足。

赫茨伯格提出了双因素理论,这一理论区分了不满意因素(产生不满意情感的因素)和满意因素(产生满意情感的因素)。对满意与不满意是要严格加以区分的,他指出,"没有不满意"并不就是满意。满意可以起到激励作用,而"没有不满意"则不能。当我们把市场营销看作是一种激励过程的时候,这种区分就非常具有指导意义。举例来说,为促进产品销售,我们实行买产品送赠品的促销活动,若消费者对得到赠品感到满意,则可能会在受到激励后再次购买该产品,当促销活动结束后,购买该产品不再赠送赠品,消费者虽然"没有不满意",但他再次购买的欲望可能大打折扣。

弗洛伊德的潜意识理论是指影响人们行为的真正心理因素大多是无意识的。他看到人们在成长过程中和接受社会标准的过程中,往往得压制许多欲望,而这些欲望从未减少或者说只是得到了有效控制,在梦境中、脱口而出的话语中以及神经质的行为中常常会得到表现。弗洛伊德的潜意识理论应用于营销学上的最重要成果就是用下意识动机来解释消费者购买情况和产品选择。

(二)知觉

人通过视、听、嗅、味、触五种感官对刺激物的反应是感觉。随着感觉的深入,将感觉到的东西通过大脑进行分析综合,从而得到知觉。例如,顾客进入花店,眼看花的色泽和形状,鼻嗅清香,这些就是对花个别属性的不同感觉,顾客在此基础上对花的色、形、味等综合评价,得出花的整体印象,这就是知觉。

知觉对消费者行为的影响

知觉具有以下特点:

一是知觉的选择性。由于客观事物的多种多样,各人的背景、兴趣和经验不同,在一定的时间和环境的条件下,人们对客观事物往往不是全面吸收的,而是有所选择地把事物的少数方面作为知觉的对象。人们会更多注意那些与当前需要有关的刺激物,注意变化较大的刺激物,注意那些他们所期待的刺激物。比如美国人喜新,只有新、奇、特的产品广告才有可能引起美国人的注意,但是有些国家的人们却更注重传统,喜欢传统的消费方式。所以麦当劳之前把在美国播出的广告直接拿到不同国家的市场播放,得到的却是不同的效果,甚至影响到企业的形象和声誉。不同的人对同一刺激物(比如同一产品的同一广告内容)会产生不同的知觉、不同的印象、不同的评价、不同的看法,这是因为人们在听或看以及接受同一信息时,存在不同的选择性注意、选择性扭曲和选择性保留。

二是知觉的理解性。知觉不仅是对事物的感知,还包括对这一事物赋予的意义。人们往往用自己的知识、经验和需要来理解事物,因此,由此形成的知觉可能是正确的也可能是错误的。例如将产品的价格定价为 9.98 元而不是 10 元,就是利用知觉的理解性的一种定价技巧。

三是知觉的恒常性。人们一旦形成对某一事物的知觉,其后就会继续以这种知觉去认识这一事物。这种特点对建立顾客忠诚非常重要,一旦顾客对产品产生好印象,就会有继续购买产品的倾向。反之,若第一印象不好,以后再想让顾客对产品建立好印象就难上加难了。

(三)学习

学习是指由于经验而引起的个人行为的改变,是通过有意识或无意识的信息处理导致记忆和行为发生改变的过程。一个人的学习是通过驱使力、刺激物、诱因、反应和强化的相互影响而产生的。正强化或负强化激励人们重复某种行为或避免某种行为。由于市场营销环境不断变化,新产品、新品牌不断涌现,消费者必须经过多方搜集有关信息之后,才能做出购买决策,这本身就是一个学习过程。

(四)信念与态度

信念与态度是同价值观念紧密相关的概念。信念是指一个人对某些事物所特有的描述性思想。人的行为通常以信念为依据,如果存在错误的信念,就会影响消费者的购买行为,营销人员应该通过营销活动来纠正这些信念。比如工业发达国家的消费者一般对国产货评价较高,而发展中国家的消费者则更喜欢进口货,因此发展中国家的企业经常开展提倡购买国货的宣传活动。

态度是指一个人对某些事物或观念长期持有的好或坏的认识上的评价、情感上的感受和行动倾向。态度是由许多相关的信念所构成的,所以它比信念更复杂、更持久。消费者对某种商品或服务的态度,不像有的动机那样先天就存在,而是学习而来的。文化、社会阶层、相关群体、后天经验等因素都会对态度产生影响。

消费者的信念和态度是难改变的。因此,企业应根据消费者的信念和态度设计和改进产品,使产品更好地符合他们的要求,或者应利用促销手段不断创造有利于本企业产品销售的消费者信念和态度。

综上所述,消费者的购买行为是文化因素、社会因素、个人因素和心理因素之间相互影响和作用的结果。这其中有些因素是营销人员无法改变的,但对于营销人员识别那些对产品有兴趣的购买者很有用处。有些因素则受到企业营销活动的影响,企业可以借助有效的产品、价格、渠道和促销策略,诱发消费者的购买行为。

 小结

关键词:文化因素　社会因素　个人因素　心理因素

主要观点:

(1)消费者购买行为的选择深受不同文化因素、社会因素、个人因素和心理因素组合的影响。

(2)社会阶层是指社会中按等级排列的具有相对同质性和持久性的群体,每一阶层的成员具有类似的价值观、兴趣爱好和行为方式。

(3)消费者购买行为也受到如参照群体、家庭、社会角色与地位等一系列社会因素的影响。相关群体又称参照群体,是指那些直接或间接影响消费者的看法和行为的所有群体。

(4)个人因素是消费者购买决策过程最直接的影响因素。消费者购买决策受其个人特性的影响,特别是受其年龄、家庭生命周期阶段、职业、经济状况、生活方式、个性以及自我观念的影响。

任务三　消费者的购买决策过程

目标提示

· 了解消费者购买决策的参与者,掌握消费者购买行为的主要类型,掌握消费者的购买决策过程

学习内容

· 了解消费者购买决策的参与者
· 掌握消费者购买行为的主要类型和消费者的购买决策过程

知识要点

消费者购买决策:消费者谨慎地评价某一产品、品牌或服务的属性并进行选择、购买能满足某一特定需要的产品的过程。

市场营销者在分析了影响消费者购买行为的主要因素后,还需了解谁做出购买决策、消费者购买行为的类型以及消费者购买决策过程的具体步骤。

一、谁参与消费者的购买决策过程

人们在购买决策过程中可能扮演不同的角色:(1)发起者,即首先提出或有意向购买

某一产品或服务的人;(2)影响者,即其看法或建议对最终决策具有一定影响的人;(3)决策者,即对是否买、为何买、如何买、何处买等方面的购买决策做出完全或部分最后决定的人;(4)购买者,即实际采购人;(5)使用者,即实际消费或使用产品和服务的人。

在现实当中,有些购买活动,可能只由一个人担任五种不同的角色,而有些购买活动可能由不同人担任这五种不同的角色。企业所提供的产品不同,相关的决策者也可能有所不同。因此,企业的广告宣传和促销活动主要是根据决策者来设计的,当然也不可能完全忽视其他角色的作用。

家庭结构与购买决策者有很大关系,传统家庭里面年长的男性在重要物品的购买决策方面有重要的发言权,女性则在日常生活用品方面有主要的决策权。按购买决策者进行分类,可以将家庭分为以下五种类型:(1)各自做主型。每个家庭成员都可以相对独立地做出购买决定。(2)丈夫支配型。丈夫掌握购买决策权,特别是对人身保险、汽车、摩托车、自行车、电视机、冰箱、烟酒等商品的购买有较大的决策影响力。(3)妻子支配型。妻子掌握购买决策权,特别是对衣服、洗衣机、餐具、吸尘器等商品的购买有较大的决策影响力。(4)共同支配型,也称调和型。多数购买决策由家庭成员共同协商做出,包括住宅、家具、旅游、某些娱乐活动。(5)子女支配型。由一个家庭的子女做出购买决策。伴随着社会教育水平增高和妇女就业人数的增多,妻子在购买决策中的作用越来越大,许多家庭由丈夫支配型转变为妻子支配型和共同支配型。

二、消费者购买行为的主要类型

(一)根据消费者购买行为的复杂程度和所购产品的差异程度进行划分

消费者购买行为随其购买决策类型的不同而变化。较为复杂和支出多的决策往往凝结着购买者的反复权衡和众多人的参与。阿萨尔根据参与者的投入程度和品牌间的差异程度,将消费者购买行为分为四种,如表 5-2 所示。

表 5-2　消费者购买行为类型

品牌特点	投入情况	
	高投入	低投入
品牌之间有明显差别	复杂的购买行为	寻求多样化的购买行为
品牌之间有较小差别	化解不协调的购买行为	习惯性购买行为

(1)习惯性购买行为。对于价格低廉、经常购买、品牌差异小的产品,消费者不需要花时间进行选择,也不需要经过收集信息、评价产品特点等步骤,因而其购买行为最简单。如经常购买日常消费品的消费者只是被动地接收信息并购买,也不一定进行购后评价。这类产品应采取的主要营销策略是:第一,通过大量的、重复性的广告来加深消费者印象,消费者一般凭印象购买的可能性很大。第二,利用合理的价格、展销、示范、赠送、有奖销售等形式吸引消费者。第三,增加品牌的差异性,比如在产品的功能、价格、使用方便性上等。

(2)寻求多样化的购买行为。有些产品品牌差异明显,但消费者并不愿花费长时间来选择和估价,而是不断变换所购产品的品牌,这样做并不是因为对产品不满意,而是为了寻求多样化,如购买饼干等零食。针对这种购买行为类型,市场营销者可以根据企业不同的市场地位采取不同营销策略。例如市场领导者可采用占据有利货架位置和发布提醒购买的广告等办法保障供应,鼓励消费者形成习惯性购买行为;市场挑战者及市场追逐者则可采用降价、折扣、送赠品等销售促进方式来鼓励消费者改变习惯性购买行为。

(3)化解不协调的购买行为。有些产品品牌差异不大,消费者不经常购买,而购买时又有一定的风险,所以消费者一般要比较、看货,只要价格公道、购买方便、机会合适,消费者就会决定购买。购买以后,消费者也许会感到有些不协调或不够满意,在使用过程中,会了解更多情况,并寻求种种理由来减轻、化解这种不协调,以证明自己的购买决定是正确的。例如家具、装修材料、服装等产品,经过由不协调到协调的过程,消费者会有一定的心理变化。针对这种购买行为类型,市场营销者应注意:一方面,通过广告宣传等向消费者提供本企业产品信息;另一方面,运用价格策略、人员推销策略,选择最佳销售地点,并向消费者提供有关产品评价的信息,做好售后服务,使其在购买后相信自己做了正确的决定。

(4)复杂的购买行为。当消费者购买一件贵重的、不常买的、有风险的但又非常有意义的产品时,由于产品品牌差异大,消费者对产品缺乏了解,因而需要一个学习过程,广泛了解产品性能、特点,从而对产品产生某种看法,最后决定购买,比如汽车、房产等耐用品的消费。对于这种复杂购买行为,市场营销者应采取有效措施帮助消费者了解产品性能及其相对重要性,并介绍产品优势及其给购买者带来的利益,从而影响购买者的最终选择。

(二)根据消费者购买目标确定程度进行划分

(1)全确定型。这类消费者在购买商品以前,已经有明确的购买目标,对商品的名称、型号、规格、颜色、式样、商标以至价格的幅度都有明确的要求。这类消费者进入商店以后,一般都是有目的地选择,主动地提出所要购买的商品,并对所要购买的商品提出具体要求,当商品能满足其需要时,则会毫不犹豫地买下商品。

(2)半确定型。这类消费者在购买商品以前,已有大致的购买目标,但具体要求还不够明确,最后的购买需经过选择比较才完成。如购买计算机是消费者原先计划好的,但购买什么牌子、规格、型号、式样等消费者还没决定。这类消费者进入商店以后,一般要经过较长时间的分析、比较才能完成其购买行为。

(3)不确定型。这类消费者在购买商品以前,没有明确的或既定的购买目标。这类消费者进入商店主要是参观,漫无目标地看看商品或随便了解一些商品的销售情况,有时会对商品有兴趣,有合适的商品则会购买,有时则观后离开。

(三)根据消费者购买态度与要求进行划分

(1)习惯型。这类消费者由于对某种商品或某家商店的信赖、偏爱而产生的经常、反复的购买。由于经常购买和使用,他们对这些商品十分熟悉,体验较深,再次购买时往往不再花费时间进行比较选择,注意力稳定、集中。

(2)理智型。这类消费者在每次购买前对所购的商品要进行较为仔细的研究比较,其购买行为的感情色彩较少,头脑冷静,行为慎重,主观性较强,不轻易相信广告、宣传、承诺、促销方式以及售货员的介绍,主要根据商品质量、款式进行判断。

(3)经济型。这类消费者购买时特别重视价格,对于价格的反应特别灵敏。无论是购买高档商品,还是中低档商品,他们首选的是价格,对"大甩卖""清仓""血本销售"等低价促销最感兴趣。一般来说,这类消费者做出的选择与自身的经济状况有关。

（4）冲动型。这类消费者容易受商品的外观、包装、商标或其他促销活动的刺激而产生购买行为。购买一般都是以直观感觉为主,从个人的兴趣或情绪出发,喜欢新奇、新颖、时尚的产品,购买时不愿做反复的选择比较。

（5）疑虑型。这类消费者具有内倾性的心理特征,购买时小心谨慎和疑虑重重。购买行为一般缓慢、费时,常常是"三思而后行",常常会因犹豫不决而中断购买,购买后还会疑心是否上当受骗。

（6）情感型。这类消费者的购买行为多属情感反应,往往以丰富的联想力衡量商品的意义,购买时注意力容易转移,兴趣容易变换,对商品的外表、造型、颜色和命名都较重视,以是否符合自己的想象作为购买的主要依据。

（7）不定型。这类消费者的购买行为多属尝试性,其心理尺度尚未稳定,购买时没有固定的偏爱,在上述五种类型之间游移,这种类型的购买者多数是独立生活不久的青年人。

(四)根据消费者购买频率进行划分

（1）经常性购买行为。经常性购买行为是购买行为中最为简单的一类,指购买人们日常生活所需、消耗快、使用频繁、价格低廉的商品,如油盐酱醋茶、洗衣粉、牙膏、肥皂等。购买者通常对商品比较熟悉,加上价格低廉,因此往往不必花很多时间和精力去收集信息和进行商品的选择。

（2）选择性购买行为。消费者选择性购买的消费品一般单价比日用消费品高,多在几十元至几百元之间;购买后使用时间较长,购买频率不高,不同的品种、规格、款式、品牌之间差异较大,购买时往往会花较多的时间进行比较选择,如服装、鞋帽、小家电产品、手表、自行车等等。

（3）考察性购买行为。消费者购买价格昂贵、使用期长的高档商品多属于这种类型,如购买轿车、商品房、成套高档家具、钢琴、电脑、高档家用电器等。消费者购买该类商品时十分慎重,会花很多时间去调查、比较、选择。消费者往往很看重商品的商标品牌,大多是认牌购买;已购消费者对商品的评价对未购消费者的购买决策影响较大;消费者一般在大商场或专卖店购买这类商品。

三、消费者购买决策过程

消费者的购买决策过程由一系列相互关联的活动构成,它们早在实际购买发生之前就已经开始,而且一直延续到实际购买之后。研究消费者的购买决策过程的阶段,目的在于使市场营销人员针对购买决策过程的不同阶段的主要特征,采取不同的促销措施。消费者购买决策过程一般由五个阶段构成,如图5-4所示。

图 5-4 消费者购买决策过程

(一)确认需要

购买者的需要往往由两种刺激引起,即内部刺激和外部刺激。例如当口渴时就会产生找水解渴的动机,又如当看到橱窗中展示的服装非常好看,禁不住驻足细看,甚至产生想买下来的念头。碰到这些情形,消费者都会在头脑中对需要和欲望加以整理、确认,以决定是否采取和如何采取行动。针对这个阶段,首先要了解消费者的需求类型和需求产生的原因,研究如何加强对消费者的刺激,以激起消费者购买的动机和欲望,并要注意两方面的问题:一是那些与本企业的产品实际上或潜在上有关联的驱使力;二是消费者对某种产品的需求强度会随着时间的推移而变动,并且会被一些诱因所触发。在不同的国家和地区,需求产生的诱因可能不一样,企业应该针对不同的目标市场进行市场调查。

(二)搜集信息

一般来讲,产生的需要不是马上就能被满足的,特别是购买不了解或者不太了解的商品时,消费者需要寻找某些信息。消费者信息来源主要有个人来源(家庭、朋友、邻居)、商业来源(广告、推销员、经销商、产品包装、展览会与展示)、公共来源(大众媒体、消费者评比机构)和经验来源(处理、检查和使用产品)等。

从信息来源来看,商业来源最多,其次是公共来源和个人来源,经验来源最少。从消费者对各种信息来源的信任程度来看,经验来源和个人来源最高,其次是公共来源,最后是商业来源。商业来源在影响消费者决定时只起告知作用,个人来源起评价作用,比如消费者购买空调,会从广告中得知有哪些品牌,而评价不同品牌的优劣时,就向朋友或者熟人打听。在互联网经济时代,消费者的个人来源这一信息来源渠道的数量增多。比如消费者在淘宝网站购物的时候就可以直接查看已经购买商品的用户的评价,借此来评判商品页面所提供的信息是否可靠,该商品是否满足自身的需要。

搜集的信息包括产品的质量、功能、价格、品牌、已购买者的评价等。针对这个阶段,企业营销的关键是要能掌握目标消费者在搜集信息时会求助于哪些信息源,并能通过这些信息源向消费者施加影响力,扩大本企业产品的信息传播范围。有越来越多的企业意识到经验来源和个人来源的重要性,开始通过合理利用顾客对其正面的评价来影响更多的消费者,比如现在许多企业都会运用社交媒体"分享"这项功能进行产品推广。

同步案例 5-4

一年就蹿红的小红书:用户怎么来

随着消费升级和生活方式的改变,海外购物逐渐成为人数逐步增多的新中产人群青睐的生活方式,由此产生了新的消费形态和电商形态。据中华人民共和国国家外汇管理局的数据,2014 年海外消费额增长至 1650 亿美元。2015 年 6 月 11 日,埃森哲发布报告预测未来几年全球 B2C 电商市场将保持 15% 的年均增速,2020 年全球跨境电商交易额将达到 9940 亿美元,中国有望成为全球最大的跨境 B2C 消费市场。但由于信息不对称,很多用户在海淘时很难获得全面的购物资讯,当然可能也没足够的精力和时间淘商品。基于这样的痛点,小红书 App 以分享购物指南信息起家,打造了一个全用户生成内容(UGC)的购物信息平台,用户可以在这里发现全世界的好东西。小红书将线下的购物场景搬到了线上,并加入了真实的购买用户的背书,用户上传与商品相关的内容,有海外购物需求的用户可以在小红书获得详尽的购物攻略。

小红书从 2013 年 10 月推出的具有攻略性质的"小红书出境购物攻略"转型到社区性质的"小红书购物笔记",在"福利社"板块上线后,小红书便又从社区升级为社区型电商。2015 年,小红书的电商表现远超各方预期。在"6·6"两周年大促时一炮打响提升知名度;11 月底的"红色星期五"大促期间,小红书 App 下载量在 iOS 总榜排名蹿升到第一。3 年的时间积累了 2400 万用户,小红书成了上海发展最快的互联网公司。小红书的用户是怎么来的?

1.抓住时机,获取首批种子用户

2013 年 10 月"小红书出境购物攻略"应运而生,它是一个覆盖了美国、日本、韩国等多个热门旅游地的基础购物指南,这些都是由公司创始人找当地购物达人编写而成的,里面既有性价比高、特色鲜明的品牌和商家介绍,也有商圈专题,随着 2013 年圣诞节的到来,人们的海外购物需求越发强烈,小红书在合适的时机快速地获取了一批有海外购物需求的人们成了自己的第一批种子用户。

2.社交媒体

社交媒体是小红书"引爆"话题的联系员,如微信、微博等社交软件是小红书最好的联系员。小红书的目标消费者都是一些 85 后、90 后的个性化女性消费者,因此小红书没有花费大量的成本进行大众传播,而是利用社交媒体进行精准化的营销。例如 2015 年 6 月 6 日的两周年庆活动,小红书利用小鲜肉的吸引力提升影响力,"肌肉男上门送货"的照片刷屏朋友圈。通过社交平台的扩散让事件在网络环境中"发酵",从而获取更加广泛的关注,制造更多话题,利用用户资源,使其成为传播者,最广泛地向外部散布消息。

3.小红书社区

从小红书购物攻略到小红书购物笔记,标志着小红书社区内部的人变成了千千万万个海外购物经验分享者。对社区外部人士来说他们都是意见领袖、专家,能够向大家传播更多海外购物的知识。而在社区内部,小红书鼓励去中心化的方式,重的是内容,轻的是背后分享的人,并没有严格区分用户权重,也没有所谓的红人机制,让每个人都能发表自己的意见,每个人都有机会把好的内容带给大家,正是这些内行人士让小红书更加的有价值。

(三)备选产品评估

通过搜集信息,消费者逐步缩小了对将要购买的商品进行品牌选择的范围,余下可供选择的品牌进入产品评估的阶段,消费者对几种备选的品牌进行评价和比较,从中确定其所偏爱的品牌。在评估过程中,消费者常常要考虑多种因素。因此,企业如果能够明晰消费者在评估诸因素时的侧重点,通过营销手段强化消费者看重的因素,弱化次要因素和消极因素,就可能更多地取得消费者的青睐。

并没有一个所有消费者都适用的统一的评估模式或者评估过程。不过一般而言,消费者在评价时都会注意以下几个因素:(1)产品属性,即商品有哪些消费者感兴趣的属性;(2)属性的重要性程度;(3)品牌信念;(4)效用要求。

(四)决定购买

在产生购买意图和决定购买这两个阶段之间,有两种因素会起作用:一是他人的态度,二是意外情况。比如家人不同意,或者消费者了解到更多的信息、更满意的产品,又或者消费者突然经历失业、收入意外变动、产品意外涨价等因素,都可能导致消费者决定不购买。市场营销人员必须了解引起消费者有风险感的那些因素,进而采取措施来减少消费者的可觉察风险。另外,还可以加强广告宣传活动,增强消费者对本企业产品的信心,加强促销力度,吸引消费者购买。

(五)购后行为

这是指消费者在购买某种商品并使用一段时间后,会形成对产品的购后评价并决定是否再次购买。消费者购买以后,可能获得满足,这将鼓励他今后重复购买或向别人推荐该产品。如果不满意,则会尽量减少不和谐感,因为人的机制存在着一种在自己的意见、知识和价值观之间建立协调性、一致性或和谐性的驱使力。具有不和谐感的消费者可以通过放弃不用、退货、诉诸法律、四处抱怨等做法来发泄心中的不满,减少不和谐感。企业在进行市场营销的过程中应采取有效措施尽量减少购买者购买后的不满意程度。

总之,在进行营销活动的过程中,了解消费者的购买决策过程,针对消费者不同的购买类型和决策制定相应的营销策略,才能达到企业市场营销的目的,这对企业进行市场营销活动有着至关重要的意义。

 ## 小结

关键词:消费者购买决策的参与者 购买决策

主要观点:

(1)人们在购买决策过程中可能扮演不同的角色,包括发起者、影响者、决策者、购买者和使用者。

(2)根据消费者购买行为的复杂程度和所购产品的差异程度的不同,可将消费者购买行为划分为习惯性购买行为、寻求多样化的购买行为、化解不协调的购买行为和复杂的购买行为。

(3)消费者的购买决策一般会经过确认需要、收集信息、备选产品评估、决定购买和购后行为五个阶段。

 ## 理论前沿

消费模仿

(1)模仿是指仿照一定的榜样做出类似动作和行为的过程。消费模仿是指当消费者对他人的消费行为认可并羡慕、向往时,便会产生仿效和重复他人行为的倾向,从而形成消费模仿。在消费活动中,经常会有一些特殊消费者(如名人、消费专家等)做出示范性的消费行为。这些特殊消费者的示范性行为会引起其他消费者的模仿,模仿者也以能仿效他们的行为而感到愉快。

(2)在消费心理领域,消费模仿是一种常见的社会心理现象。从外在的表现上看,是在非强制因素作用下仿照某参照对象产生相同或类似行为的活动。从内在本质看,是一种学习的方式,是一个学习的过程。

 课外延伸

把握亚文化 读懂年轻人

 复习与思考

一、单选题

1.消费者市场人数众多,个体在年龄、职业、收入、受教育程度、居住区域、民族、宗教信仰等方面的差异性大,决定了消费者市场需求的( )。

    A 多样性 B 层次性 C 可诱导性 D 伸缩性

2.社会发展中的某些因素引起消费者观念和消费行为的重大变化,从而使消费者对某些商品需求产生很大的变化,此为消费者行为的( )。

    A 季节性 B 时代性 C 流动性 D 层次性

3.对消费者行为的影响最难以识别,但又最广泛、最深远的因素是( )。

    A.文化因素 B.社会因素 C.个人因素 D.心理因素

4.消费者个人对于消费品的态度和动机等都会影响其对消费品的购买,因此,企业必须了解目标消费者的上述信息,这是( )对于消费的影响。

    A.经济因素 B.文化因素 C.社会因素 D.心理因素

5.有些产品品牌差异明显,但消费者并不愿花费长时间来选择和估价,而是不断变换所购产品的品牌,这种购买行为属于( )。

    A.习惯性购买行为 B.寻求多样化购买行为
    C.化解不协调购买行为 D.复杂购买行为

二、多选题

1.消费者市场的特点包括( )。

    A.交易范围广,购买者数量众多且较为分散
    B.购买数量少,次数多

C.需求多样性

D.购买非专业性

E.变化性及发展性

F.伸缩性

G.时代性

2.影响消费者购买行为的主要因素包括(　　　)。

　A.文化因素　　　　　B.社会因素　　　　　C.个人因素　　　　　D.心理因素

3.每一种社会和文化都包含若干亚文化群,亚文化群包括(　　　)。

　A.民族亚文化群　　B.宗教亚文化群　　C.种族亚文化群　　D.地理亚文化群

4.以下说法正确的是(　　　)。

　A.不同社会阶层消费者的行为在很多方面存在差异

　B.不同国家的批发和零售之间没有差异

　C.相关群体影响消费者的道德规范、审美意识、生活方式等,进而影响其购买行为

　D.个人因素是消费者购买决策过程最直接的影响因素

　E.消费者购买价格昂贵、使用期长的高档商品大多属于选择性购买行为

5.消费者的购买决策过程由一系列相互关联的活动构成,包括(　　　)。

　A.确认需要　　　　B.收集信息　　　　C.备选产品评估　　　D.决定购买

　E.购后行为　　　　F.继续购买

三、判断题

1.消费者购买信息主要来源于自己的购买的经验。(　　　)

2.影响消费者购买行为的心理因素主要是消费需求。(　　　)

3."意见领袖"的行为会引起群体内追随者、崇拜者的仿效,从而使其成为某个群体的"消费偶像"。(　　　)

4.只要产品合适,就不必为市场营销担心。(　　　)

5.每一位购买者都是消费者,营销人员就要像对待上帝一样,满足购买者的消费需求。(　　　)

项目六　目标市场营销战略

💡 能力目标

- 理解几种常见的市场细分方法
- 能够进行目标市场选择
- 掌握目标市场定位方法

💡 素质目标

- 掌握市场细分方法
- 掌握如何根据市场细分方法进入目标市场

💡 学习任务

- 任务一　市场细分策略
- 任务二　目标市场策略
- 任务三　市场定位策略

📋 开篇案例

九牧公司：用文化燃爆科技

2013 年，高晓松创作《生活不止眼前的苟且》，里面有句歌词是这样的：生活不止眼前的苟且，还有诗和远方的田野。谁也没有想到，五年后发生了一件"戏剧性"的事情。

2018 年 4 月 8 日，原国家文化部和国家旅游局进行职责整合，新组建的国家文化和旅游部正式挂牌成立，网友称"诗和远方终于走在了一起"。

既然文化和旅游可以结合，那么它还可以与什么结合？作为行业风向标的九牧，提出了自己的思考。

九牧品牌副总裁严桢带领团队在 100 天内做了一次的大胆实验，他们在故宫、颐和园、布达拉宫与大昭寺，把文化与科技进行融合。大家都想知道，科技赋能文化，究竟会产生何种反应呢？

1.小牧优品崭露头角

2020年5月14日,由九牧公司及中国文物保护基金会罗哲文基金管理委员会共同发起的"中国古建筑文化匠心传承"公益活动,在北京盛大揭幕。

为完善游客体验,守护历史古迹,传承中国文化,九牧旗下的小牧优品决定向北京颐和园捐赠一批专属定制的高品质卫浴产品,助力古建筑园林的厕所改造。

由九牧发起的"厕所革命"早已闻名业界。在历史悠久的名胜古迹推出这项活动,可见九牧人的创意已经超越了时间和空间,把科技和文化融于一体同框呈现,让人拍案叫绝。

厕所是古建筑的重要设施,小牧优品以创新科技力量推动文化传承,在此次项目中为颐和园定制开发了一系列具有古建筑特色元素的健康、节能、环保的卫浴产品,因地制宜地悉心呵护颐和园这座凝聚着中华智慧的文化遗珍。

此次活动迅速在业界掀起狂风热浪,新华社、人民网、半月谈、光明日报、凤凰视频等100多家有影响力的媒体纷纷关注和报道。

"颐和园是我们中华古建筑的一张瑰丽名片,也是向世界人民展示中国魅力的窗口。我们希望通过这一地标项目,让世界感受到中国品牌的智慧力量。"九牧副总裁、小牧优品创始人林晓伟认为,从跟跑到领跑,中国品牌的完美蜕变,离不开创新,也离不开工匠精神。

2.在故宫赋能九牧科技

入驻颐和园只是第一步。2020年7月30日,由九牧与中国文物保护基金会罗哲文基金管理委员会联合主办的中国古建筑文化匠心传承公益行动暨故宫厕所改造公益捐赠项目签约仪式在故宫举行。

建筑是凝固的文化,600年的故宫早已成为中国文化的独特符号,是保护和传承人类文明的重要殿堂,也是连接过去、现在以及未来的重要桥梁。

九牧进驻故宫获国家文旅部部长、故宫博物院三任院长的共同支持,这无疑是一个轰动卫浴行业的标志性事件,意味着中国智造、民族品牌影响力迈入了新的阶段。本次事件在全网的曝光量超过2亿次。

九牧董事长林孝发事后这样展望:"九牧作为'国货之光',以民族品牌责任担当,以科技之力量,进一步挖掘与弘扬故宫文化宝藏,助力健康故宫的建设,共同推动文化传承,必定可以用爱国情怀开启新国潮、新征程、新未来!"

3.国潮系列燃爆"8·15"

有了两次文化公益活动作为铺垫,检验九牧的时刻到了,那就是九牧"8·15"卫浴直播节。

2020年8月15日,九牧全渠道销售额突破10亿,全平台观看量超800万人次,全网总曝光量超3亿,刷新了卫浴行业直播销售记录,再创行业神话。

九牧董事长林孝发化身最强代言人,亲自上阵讲解产品:"全管道覆盖九牧自洁釉面、强劲的冲刷系统及创新魔力泡润滑配方,三大创新技术有效防止溅水、杀菌、除臭、防粘堵等用户痛点问题。"

林孝发在演示i4Pro魔力泡智能马桶拆解实验时娓娓道来、如数家珍,也让i4Pro魔力泡智能马桶成为直播间的第一个爆款。

随着直播进程的推进，S1硅胶易洁淋浴器、除菌除螨智能晾衣机等一众单品一一亮相，均受到消费者追捧，成为爆款产品。

本次直播节最受瞩目的"国潮系列"作为"重头戏"压轴首发。九牧探索中国传统文化瑰宝，从故宫、颐和园元素中吸收灵感，将传统文化和现代科技、艺术融合，锻造出"潮庭"套系卫浴（见图6-1）独一无二的气质。产品发布后引发网友刷屏，这是国人对国潮的喜爱，也是民族自信和民族审美的回归。

图6-1　九牧"潮庭"套系卫浴

值得一提的是，当晚九牧旗下民生品牌小牧优品联合享誉世界的皇家园林博物馆——颐和园推出的"颐和清风"国潮系列套间（见图6-2）也在现场惊艳亮相。

图6-2　九牧"颐和清风"套系卫浴

"我们用传承千年的匠心和引领行业的技术与设计,奉献了这套集大成的'潮庭'套系,让令人叹为观止的故宫之美走进生活,点石成金,传承经典,致敬永恒。"在九牧副总裁、小牧优品创始人林晓伟看来,创新是民族文化的自信之源,当中国文化遇见中国智造,必将掀起新一轮的国潮巨浪。

4.九牧进驻西藏双地标

九牧古建筑文化匠心传承公益行动步履不停,继进驻颐和园和故宫后,2020年8月25日—26日,九牧先后与西藏两大古建地标——布达拉宫及大昭寺正式签约厕所改造公益捐赠项目,让科技之光照亮这片遗落人间的净土。国家文物局原副局长、中国文物保护基金会罗哲文基金管理委员会顾问张柏对九牧的民族担当表示高度赞扬,直言九牧进藏之举是"文物界的新起点"。

九牧积极响应号召,心怀虔诚,将前沿健康卫浴产品带进布达拉宫和大昭寺,用科技赋能佛教圣地,希望助推这两座西藏地标级古建筑的千年卫浴换新,为促进民族融合、改善当地民生贡献一份力量。

5.九牧新国潮引发的思考

如何定义"新国潮"? 九牧品牌副总裁严桢有独到见解:"深入挖掘中国传统文化特色,在把握中国传统文化内核的基础上,充分发挥九牧科技创新能力、国际顶尖设计能力,将传统文化和现代科技、现代艺术融合,这就是九牧特色的'新国潮'。"

九牧每年投入大量的人力物力到技术研发和产品创新中,并将自主创新作为九牧发展的源动力。九牧凭借引领行业的工业设计,已累计获得包括国际设计领域两大重量级奖项——iF设计奖和红点设计大奖在内的共68项大奖,以顶尖和卓越的设计实力闪耀世界舞台。

借助科技创新的力量,九牧的产品和品牌不仅赢得了消费者的认可,也得到诸多中国高端工程的青睐。世界级中国地标建筑——鸟巢、中国新国门——北京大兴国际机场的建设均代表了中国制造、中国技术、中国质量的最高水平,九牧成为国家工程的民族卫浴品牌独家供应商,打破了国际品牌对高端工程的垄断,向世界展示了中国智造的力量。

2020年九牧着手布局故宫、颐和园、布达拉宫等中国古建筑,希望在推动文化传承和民族自信的道路上也有九牧的身影。科技赋能传统文化,重新定义新国潮——这是九牧百日行动的底层逻辑。

从颐和园、故宫到"8·15"卫浴直播节,看似毫无关联,其实是大事件营销的一系列动作,就像耍太极般,在一招一式之间一气呵成地完成所有事情,也在"8·15"卫浴直播节为百日行动画上了完美的一笔。

九牧坚持将品牌定位与民族自信、文化自信深度绑定,秉持抢占最热资源、获取最强背书、领先布局、赢得先机的策略,打出一系列品牌营销组合拳,推动九牧品牌价值不断突破新高,为九牧快速建立起厨卫行业"民族高端卫浴领导者"的形象。

"品牌是多维度的,可以是质量、技术、服务、体验。消费者对品牌的感知也是多维度的,可以是产品、广告、新闻,也可以是公益。越来越多的企业投入公益事业,承担企业社会责任的同时,向大众传递更多元的品牌信息,这是件多赢的好事。"严桢如是说。

通过和中国文物保护基金会罗哲文基金管理委员会合作发起的中国古建筑文化匠心

传承公益行动,九牧在展现作为民族品牌领导者的担当,助力古建文化、传统文化焕新的同时,顺势而为,借势故宫、颐和园等强势文化 IP,让消费者在推动文化传承和民族自信的道路上看到九牧的身影,进一步巩固了品牌形象。

2020 年 8 月 5 日,"2020 年中国 500 最具价值品牌排行榜"发布,九牧的品牌价值为402.65 亿,蝉联行业第一。

2020 年 4 月 28 日,2020 年中国陶瓷创新力高峰论坛暨第 16 届新锐榜颁奖盛典在广东佛山隆重举行,九牧荣获"卫浴领军品牌""智能卫浴标杆企业""传播大奖金奖"等多项重量级奖项,更是卫浴行业唯一荣获"科技创新奖"的企业。

(案例资料来源:https://t.cj.sina.com.cn/articles/view/6065772489/1698c57c90190
19011? from=tech。)

思考:

1.九牧公司是如何对市场进行细分的?

2.市场细分对于九牧公司的企业经营活动带来什么帮助?

任务一　市场细分策略

🎯 目标提示

- 掌握市场细分方法

🎯 学习内容

- 市场细分的标准、方法、细分程序、一般原则

🎯 知识要点

市场细分:根据消费者需求的差异,把某一产品的整体市场划分为若干个在需求上具有某种相似特征的消费者群,从而形成各种不同细分市场的过程。

通过市场调研与分析,企业会发现许多市场机会。由于企业在一定时期内的人力、物力、财力是有限的,不可能利用全部市场机会满足所有顾客的需要,所以企业必须在众多的市场机会中选择最能发挥自己资源优势、能为消费者提供最佳服务的一个或若干个市场机会进行营销活动,即采用目标市场营销模式。

一、市场细分概述

(一)市场细分的概念

市场细分是由美国市场营销学家温德尔·史密斯 1956 年提出来的市场营销概念。市场细分是企业通过市场调研,根据消费者需求的差异性,把某一产品的整体市场划

分为若干个在需求上具有某种相似特征的消费者群,从而形成各种不同细分市场的过程。每一个消费者群就是一个细分市场,亦称"子市场"或"亚市场",每一个细分市场都是由在需求上具有某种相似特征的消费者构成的消费者群。

企业进行市场细分的目的是选择和确定目标市场,并在此基础上,运用各种可控因素,实现最优化组合,以达到企业市场营销战略目标。因此,市场细分是目标市场营销的起点和基础,是企业市场营销战略的平台。企业的一切市场营销战略,都必须从市场细分出发。没有市场细分,企业就无法确定目标市场,也就无法在市场竞争中找到市场定位。

(二)市场细分的实质

市场细分的实质是细分消费者的需求。企业进行市场细分,就是要发现不同消费者需求的差异性,然后把需求基本相同的消费者归为一类,这样就可以把某种产品的整体市场划分为若干个细分市场。

(1)市场细分不是对产品分类,而是就对同种产品需求各异的消费者进行分类。消费者的需求、欲望、购买行为及购买习惯等的差异性,是市场细分的重要依据。

(2)市场细分是一种存大异求小同的市场分类方法。由于所处的社会、经济、自然条件等因素的不同,以及性别、年龄、文化、职业、爱好、经济条件、价值观念的不同,消费者的需求、欲望、购买行为具有明显差异。但对某种产品来说,各种不同的消费者组成了对该产品的某个特性具有偏好的特定群体。

(3)市场细分是一个聚集的过程,而不是分解的过程。市场细分在存大异求小同的基础上,把对某种产品的特色最易做出反应的消费者根据多种变量连续进行集合,直到形成企业的某一细分市场。

(三)市场细分的发展阶段

1.大量市场营销阶段

19世纪末20世纪初,西方经济发展的中心是速度和规模,企业进行市场营销的基本方式是大量市场营销。大量市场营销是指企业大量生产某种产品,并通过众多的渠道大量分销,以求用一种产品吸引市场上所有的购买者。在当时的情况下,企业通过大量市场营销可大大降低生产成本和产品价格,挖掘最大的潜在市场,获得更多利润。

2.产品差异市场营销阶段

20世纪30年代,随着科学技术的进步、科学管理和大规模生产条件的应用,产量迅速提高,爆发了震撼世界的资本主义经济危机,产品过剩严重,企业竞争激烈,推销观念逐渐成为企业营销观念的主流,这时,企业纷纷转向产品差异市场营销。产品差异市场营销是指企业向市场提供多种外观、式样、质量和型号的产品。但这些差异产品不是建立在市场细分基础上的,也不是为了满足消费者的需要,而是为了与其他竞争者进行更有效的竞争。

3.目标市场营销阶段

20世纪50年代以来,买方市场的态势越来越明显,企业大都奉行目标市场营销观念,开始进入目标市场营销时代。在目标市场营销的过程中,企业首先要进行市场细分,然后选择其中一个或几个细分市场为目标市场,制定有针对性的营销战略和策略,以满足目标市场的需求。由此可见,目标市场营销与大量市场营销和产品差异市场营销有着本质的区别,它对市场营销思想和实践的发展具有重要的推动作用。

市场细分理论的发展经历了一个不断完善的过程。最初,人们认为把市场分得越细越好,但到了 20 世纪 70 年代末,由于能源危机和整个资本主义市场不景气,营销者认识到市场分得过细会导致成本上升,带来规模上的不经济。因此,西方企业界提出了"市场同合化"理论,主张从成本和收益比较出发适度细分,使市场细分理论又有了新的发展。

二、市场细分的标准

(一)消费者市场细分的标准

消费者市场细分的标准,因企业经营产品的差别而各异。但企业在细分市场时存在一些共同的标准,这就是消费者市场细分的一般变量,主要包括地理环境变量、人口变量、心理变量和消费行为变量四大类。

1.地理环境变量

指企业按照消费者所在地理位置、自然环境来细分市场。地理环境变量由城市、农村、城市规模、人口密度、气候、地形、交通运输等变量组成。

用地理环境变量细分消费者市场是传统和最简单的方法。其理论依据是处在不同地理位置的消费者,对于同一种产品会有不同的需求和偏好,对价格策略、分销渠道策略、促销策略等的反应也有所差异。按照地理环境变量细分市场,不仅有利于企业研究不同地区消费者需求特征、需求总量及其发展变化趋势,也有利于企业开拓区域市场,使企业将有限的资源投放到最能发挥自身优势的区域市场中去。但地理环境变量是一种静态因素,它忽视了由于消费者经济收入、年龄、个性等不同而造成的同一地理区域内消费者在需求和消费心理上的差异性。因此,企业在进行市场细分时,不能单纯使用地理环境变量,还需要考虑其他因素。

2.人口变量

指按照人口统计变量来细分消费者市场。人口变量包括年龄、性别、收入、职业、教育水平、家庭规模、家庭生命周期、宗教、种族和国籍等。

人口细分的理论依据是消费者的欲望、偏好和使用率往往与人口变量有一定的因果关系,人口变量比其他变量更容易测量。

(1)年龄和家庭生命周期。消费者的需求和购买行为是随年龄的不同而变化的。索尼公司不仅为青少年和成年人生产随身听,还为儿童生产一种随身听,其颜色为红黄相间,外壳是坚硬的塑料,不易摔裂,极符合儿童这一年龄段的特点,从而受到了广大儿童的欢迎。

(2)性别。在服装、美发、化妆品和杂志的营销中,人们很早就使用性别来细分市场,随着职业女性的日益增多,更多的企业使用性别对市场进行细分。例如"金利来,男人的世界""太和时装,女人的世界"。

(3)收入。在汽车、服装、化妆品和旅游等产品或服务的营销中广泛使用收入这一变量。

用人口变量细分市场也存在局限性。这是因为消费者的需求不仅受人口变量的影响,有时还要受心理变量、行为变量等其他因素的影响,因此,如果单纯使用人口变量,即使是多变量细分也不一定完全准确可靠。

3.心理变量

心理变量细分就是按照消费者的生活方式、个性等心理变量来细分消费者市场。企业常常发现按照地理变量和人口变量细分出来的同一消费者群体中的人们对同类产品的偏好和态度仍有所不同,在欲望、需求和购买行为上也存在差异,这主要是心理因素发生作用的结果。心理因素十分复杂,包括社会阶层、生活方式、个性、购买动机、价值观念等变量。

生活方式指一个人在生活中表现出来的有关活动、兴趣和看法的模式。人们追求的生活方式不同,对产品的偏好和追求也不同。现代企业越来越多地运用生活方式来细分消费者市场。为了进行生活方式细分,企业可从三个方面对消费者的生活方式进行测量:(1)活动,如消费者的工作、业余消遣、休假、购物、体育、社交等活动;(2)兴趣,如消费者对服装的流行款式、食品、娱乐等的兴趣;(3)意见,如消费者对社会、政治、经济、产品、文化教育、环境保护等问题的意见。企业测量消费者生活方式的活动、兴趣和意见的尺度被称为"AIO尺度"。

4.消费行为变量

指按照消费者不同的购买行为来细分消费者市场。消费行为变量包括购买时机、消费者追求的利益、使用者状况、使用率、对品牌的忠诚程度等变量。

(1)购买时机。根据消费者产生需要、购买或使用产品的时机,将他们划分为不同的群体。这种细分可以帮助企业扩展产品的使用范围。如在节假日期间,企业可以抓住时机大力促销,以增加产品的销量。

(2)消费者追求的利益。这是根据消费者在购买特定商品时追求的利益来细分市场。如以购买香皂为例,消费者购买舒肤佳是因为其杀菌的功效。现代企业可以根据自己的条件,选择追求某种利益的消费者群为目标市场,为其设计和实施一整套营销组合策略,进行有针对性的营销。

(3)使用者状况。可以根据使用者状况,将市场细分为从未使用者、曾经使用者、潜在使用者、首次使用者和经常使用者等顾客群。大企业实力雄厚,市场占有率高,为了拓展市场的需要,一般注重吸引潜在使用者;小企业资源有限,大多对吸引经常使用者感兴趣。

(4)使用频率。消费者使用商品的频率也是市场细分的变量之一。按照使用频率可把消费者划分为大量使用者、中量使用者和少量使用者三类顾客群。大量使用者可能在整个目标市场中所占比例不大,但却是企业的主要营销对象。

(5)对品牌的忠诚程度。企业可以根据消费者的忠诚程度对市场进行细分。根据消费者对品牌的忠诚程度,可将消费者划分为以下四种类型。

第一,绝对忠诚者。指任何情况下只买一种品牌的消费者,其购买模式为"A,A,A,A,A",该类消费者也称为专一品牌忠诚者。

第二,动摇忠诚者。指同时忠诚于两个或三个品牌的购买者。其购买模式为"A,A,B,B,A",该顾客只忠诚于A、B两种品牌,这类顾客群目前在我国发展很快。

第三,转移型忠诚者。指从偏爱一种品牌转移到偏爱另一种品牌,即从一种品牌的绝对忠诚者转变为另一种品牌的忠诚者,其购买模式为"A,A,A,B,B"。

第四,非忠诚者。指不对任何品牌表示忠诚的消费者,其购买模式为"A,C,B,E,D"。

不忠诚于任何品牌的购买者喜欢讨价还价,愿意购买差异性的产品。

企业通过分析市场内顾客对自己品牌的忠诚程度可以搜集到大量的信息,从而准确地在目标市场上选择定位。通过对动摇忠诚者的分析,企业能够确认本企业的最大竞争者,可以采用行之有效的应对战略和策略。通过对转移型忠诚者的分析,企业可以发现自己的营销弱点,使企业少走弯路。

(6)购买准备阶段。市场上的顾客总是处于不同的购买准备阶段。对于一种产品,有些顾客可能一无所知,有些或许了解一点,有些却很清楚,有些只是感兴趣,有些正打算购买。掌握处于不同准备阶段的顾客人数对于制订营销计划十分重要。

(二)企业市场细分的依据

细分消费者市场的一些变量在细分企业市场时也可选用,如地理变量等。但由于企业市场的特点,在进行企业采购者市场细分时,还需要使用一些特殊变量,包括最终用户、用户规模等。

(1)最终用户。企业市场最终用户追求的利益存在很大差异,这在客观上决定了企业必须使用不同的营销组合满足其需要,也就是要根据最终用户对产品的不同要求进行市场细分。

(2)用户规模。企业购买者的规模决定着购买企业用品的数量,它是细分企业市场的一个重要标准。大客户数量少但购买量大,小客户则相反。

三、市场细分的一般方法

市场细分的一般方法有完全细分法、一元细分法、多元细分法、系列变量细分法。

(一)完全细分法

完全细分法就是对某种产品整体市场所包括的消费者进行最大限度细分的方法。每一个消费者都是一个细分市场。完全细分法是市场细分极端化的方式,同时也是最理想的方式,即企业向每一个消费者提供不同的市场营销组合策略。服装店为消费者定制服装,家具厂为消费者定做家具等就是完全细分法的典型表现形式。在现代市场营销实践中,由于考虑到经济规模效益,不能将整体市场分得过细,所以当完全细分法带来消极影响时,就应当实施反细分化策略,即减少细分市场的数目。

(二)一元细分法

一元细分法就是对某种具有替代性较大、挑选性强的产品的整体市场,根据一个标准细分市场的方法。

(三)多元细分法

多元细分法就是对某种产品的整体市场,根据两个或两个以上的标准细分市场的方法。企业选择哪些因素作为细分市场的依据,应具体问题具体分析,而且细分市场的依据也要随市场营销环境的变化而变化,以便寻找新的、更有利可图的细分市场。

(四)系列变量细分法

根据企业经营的特点并按照影响消费者的诸因素,由粗到细地进行市场细分。这种方法可使目标市场更加明确而具体,有利于企业更好地制定相应的市场营销策略。

四、市场细分程序

美国市场营销学家麦卡锡提出市场细分的一整套程序,这一程序包括七个步骤。

(1)选定产品市场范围,即确定进入什么行业,生产什么产品。产品市场范围应根据消费者的需求而不是产品本身特性来确定。

(2)列举潜在消费者的基本需求。

(3)了解不同潜在消费者的不同需求。对于列举出来的基本需求,不同消费者的侧重点可能会存在差异。

(4)以潜在消费者的特殊需求作为细分标准。

(5)根据潜在消费者基本需求上的差异性,将其划分为不同的群体或细分市场,并赋予每一个细分市场一定的名称。

(6)进一步分析每一细分市场需求与购买行为特征,并分析形成差异的原因,以便在此基础上决定是否可以对这些细分市场进行合并,或做进一步细分。

(7)估计每一细分市场的规模。在市场调研的基础上,估计每一细分市场的消费者数量、购买频率、平均每次的购买数量等,并对细分市场上产品竞争状况及发展趋势做出分析。

五、市场细分的一般原则

企业在实施市场细分时,必须关注市场细分的实用性和有效性,应当遵循市场细分的一般原则。

(一)差异性原则

差异性原则是指市场细分后,各个细分市场消费者需求应具有明显差异性,而且细分市场对企业市场营销组合策略中任何要素的变化都能做出迅速、灵敏的差异性反应。如果各个细分市场消费者需求不具有差异性,即各个细分市场对企业市场营销组合策略中任何要素的变化都做出相同或相似的反应,那细分市场就是同质市场,就没有市场细分的必要。遵循差异性原则的目的是确保企业产品开发和价格策略的针对性,向消费者提供差异化、个性化的产品。

(二)可衡量性原则

可衡量性原则是指细分市场必须是可以识别和可以测量的,亦即细分市场不仅应范围明确,并且其容量大小也是能被做出大致判断的。例如细分市场中消费者的年龄、性别、文化、职业、收入水平等都是可以衡量的,而要测量细分市场中有多少具有依赖心理的消费者,则相当困难,以此为依据细分市场,将会导致无法识别、衡量且难以描述,市场细分也就失去了实际操作意义。可衡量性原则的应用在于确保清晰地区分细分市场的消费者群。

(三)可进入性原则

可进入性原则是指细分市场应该是企业市场营销活动能够到达的市场,即企业通过市场营销活动能够使产品进入并对消费者施加影响的市场,这主要表现在三个方面:首先,企业具有进入某个细分市场的资源条件和竞争实力;其次,企业有关产品的信息能够通过一定传播途径顺利传递给细分市场的大多数消费者;最后,企业在一定时期内能将产品通过一定的分销渠道送达细分市场。

(四)可营利性原则

可营利性原则是指细分市场消费者需求的容量和规模必须大到足以使企业实现其利润目标。进行市场细分时,企业必须考虑细分市场上消费者的数量、消费者购买产品的频率以及消费者的购买力。企业进入某细分市场应能够获得预期利润,如果某细分市场的规模过小,达不到企业预期的利润目标,就没有必要进入该细分市场。

(五)相对稳定性原则

相对稳定性原则是指细分市场必须具有一定的稳定性,在可以预见的一定时期内不会发生剧烈的变化。如果目标市场变化过快、变动幅度过大,必然会带来市场营销策略的调整及营销成本的增加,甚至会给企业带来经营风险和损失。细分市场的相对稳定性并不是指细分市场一定是一成不变的,而是指随着企业市场营销环境的变化,企业也可以放弃现有的细分市场,选择新的富有吸引力的细分市场。只有这样,企业的市场营销活动才能适应变化的市场营销环境。

六、市场细分的作用

企业进行市场细分的作用,主要表现在以下五个方面。

(1)有利于发现市场机会。市场机会是市场上客观存在的未被满足的消费需求。通过市场细分,企业可以了解各种不同消费者的需求情况和满足程度,发现哪些需求没有得到满足,进而结合企业资源条件,开发出相应的产品,迅速占领这一市场。

(2)有利于掌握目标市场的特征。企业营销策略的选择、营销方法和手段的运用都要依据目标市场的特征来决定,而目标市场的特殊性只有通过市场细分才能被企业发现。

(3)有利于提高企业的竞争能力。企业无论大小都有优势和劣势,成功经营的关键是扬长避短,即充分发挥优势,有效避开劣势。市场细分为企业提供了这一可能。在市场细分的基础上,企业可根据自己的条件选择最合适的目标市场,从而能做到扬长避短,在竞争中赢得优势。

(4)有利于提高企业经济效益。在市场细分的基础上,企业可以把有限的资源集中用于一个或几个细分市场上,开展有针对性的营销,从而事半功倍。这一点对中小企业尤为重要。中小企业实力薄弱,无法与大企业进行全方位竞争,但可以通过集中全部资源服务于一个较小的目标市场,把整体劣势变成局部优势,充分发挥资源的潜力,提高资源的使用效率。

(5)有利于实现企业营销战略目标。企业在未细分的整体市场上,一般只会采取一种市场营销组合策略。由于整体市场上的消费者需求差异性较大,使企业市场营销活动往往不能得令人满意的效果,而且由于整体市场需求变化较快、较复杂,企业难以及时掌握,致使企业的市场营销活动缺乏时效性。而市场细分后,某个细分市场的消费者需求基本相似,企业能密切注意细分市场消费者需求变化,并迅速地制定和调整市场营销组合策略,从而顺利实现企业市场营销战略目标。

小结

关键词:市场细分的标准

主要观点:

(1)市场细分是企业通过市场调研,根据消费者需求的差异性,把某一产品的整体市场划分为若干个在需求上具有某种相似特征的消费者群,从而形成各种不同细分市场的过程。

(2)市场细分的标准:地理环境变量、人口变量、心理变量和消费行为变量。

任务二 目标市场策略

目标提示

· 掌握如何进行目标市场评估和目标市场营销战略的选择

学习内容

· 目标市场评估及影响目标市场营销战略选择的因素

知识要点

目标市场:企业决定要进入的细分市场部分,也就是企业拟投其所好,为之服务的特定顾客群。

市场细分为企业目标市场决策提供了依据,使企业能够把有限的资源用到最有吸引力的市场机会上。目标市场策略主要包括目标市场评估和目标市场营销战略选择两方面的内容。

一、目标市场的概念

目标市场,就是企业决定要进入的细分市场部分,也就是企业拟投其所好、为之服务的特定顾客群。企业在选择目标市场时主要有以下五种模式可供参考。

(1)市场集中化。这是一种最简单的目标市场涵盖模式,即企业只选取一个子市场作为其目标市场,然后集中人、财、物等资源只生产一种产品满足其需要。例如某服装厂只生产儿童服装,满足儿童对服装的需要。选择市场集中化模式,一般基于以下考虑:①企业具备在该细分市场从事专业化经营或取胜的优势条件;②限于资金能力,只能经营一个细分市场;③该细分市场中没有或者仅有少数几个竞争对手;④企业准备以此为出发点,待取得成功后再向更多的细分市场扩展。

(2)产品专业化。企业以一种产品向若干个子市场出售。如冰箱生产厂同时向家庭、科研单位、饭店、宾馆销售不同容积的冰箱。这种模式既有利于发挥企业生产、技术潜力,分散经营风险,又可以提高企业声誉。该模式的不足之处是科学技术的发展对企业威胁较大,一旦在这一生产领域出现全新技术,市场需求就会大幅下降。

（3）市场专业化。企业面向某一子市场,生产多种产品满足其需要。如一些电器企业,同时生产家用电冰箱、电视机、录像机、洗衣机等,以满足家庭对各种电器的需要。这一模式可充分利用企业资源,扩大企业影响,分散经营风险。不过,一旦目标顾客购买力下降或减少购买支出,企业收益就会明显下滑。

（4）选择专业化。企业选择若干个子市场作为其目标市场,并分别以不同的营销组合策略满足其需要。选择专业化实际上是一种多角化经营模式,它可以较好地分散经营风险,有较大的回旋余地,即使在某个市场上失利,企业也不会陷入绝境,但该模式需要企业具备较强的资源和营销实力。

（5）市场全面化。企业用一种或多种产品满足市场上各种需要,以达到占领整体市场的目的。

二、目标市场评估

企业所选择的目标市场必须具备以下几个条件。

（1）市场、技术和产品三者密切关联。以生态营销观念为指导,企业所选择的目标市场,应能充分发挥企业的技术特长,生产符合目标市场需求的产品。

（2）遵循企业既定的发展方向。目标市场的选择应根据企业市场营销战略目标的发展方向来确定,不能偏离既定的发展方向。

（3）能够发挥企业的竞争优势。应选择能够突出和发挥企业特长的细分市场作为目标市场。这样才能利用企业的相对竞争优势,使企业在竞争中处于有利的地位。

（4）获得乘数效应。新确定的目标市场不能对企业原有的产品带来消极的影响。新、老产品要能互相促进,实现同时扩大销售量和提高市场占有率的目的,从而使企业所拥有的人才、技术、资金等资源都能有效地被利用,使企业获得更好的经济效益。

企业通过对不同细分市场的评估,就可确定一个或几个细分市场作为其目标市场,进而确定企业的目标市场营销战略。

三、目标市场营销战略

有三种不同的目标市场营销战略供企业选择,分别是无差异市场营销策略、差异市场营销策略、集中市场营销策略。

(一)无差异市场营销策略

无差异市场营销策略就是企业不考虑市场的差异性,把整体市场作为目标市场,对所有的消费者只提供一种产品,采用单一市场营销组合的目标市场策略,如图 6-3 所示。

图 6-3　无差异市场营销策略

采用无差异市场营销策略的企业一般具有大规模、单一、连续的生产线,拥有广泛或大众化的分销渠道,并能开展强有力的促销活动,投放大量的广告,进行统一的宣传。无差异市场营销策略适用于少数消费者需求同质的产品,消费者需求广泛、能够大量生产、大量销售的产品,探求消费者购买情况的新产品,某些具有特殊专利的产品。

无差异市场营销策略的优点是有利于标准化和大规模生产,有利于降低单位产品的成本费用,获得较好的规模效益。因为只设计一种产品,所以产品容易标准化,能够大批量地生产和储运,可以节省产品生产、储存、运输、广告宣传等费用;由于不进行市场细分,也相应减少了市场调研、制定多种市场营销组合策略所需要的费用。无差异市场营销策略的缺点是不能满足消费者需求的多样性,不能满足其他较小的细分市场的消费者需求,不能适应多变的市场形势。因此,在现代市场营销实践中,无差异市场营销策略只有少数企业采用,而且对于一个企业来说,一般也不宜长期采用。

(二)差异市场营销策略

差异市场营销策略是企业在市场细分的基础上,以两个以上乃至全部细分市场为目标市场,分别为之设计不同产品,采取不同的市场营销组合,满足不同消费者需求的目标市场策略,如图 6-4 所示。

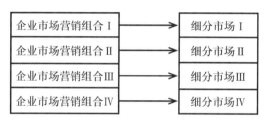

图 6-4　差异市场营销策略

差异市场营销策略适用于大多数异质的产品。采用差异市场营销策略的企业一般是大企业,有雄厚的财力、较强的技术力量和较高素质的管理人员,这些是实行差异市场营销策略的必要条件。

差异市场营销策略的优点是能扩大销售,降低经营风险,提高市场占有率。因为多品种的生产能分别满足不同消费者群的需要,扩大产品销售。如果企业在数个细分市场都能取得较好的经营效果,就能树立企业良好的市场形象,提高市场占有率。但是,随着产品品种的增加,分销渠道的多样化,以及市场调研和广告宣传活动的增加,生产成本和各种费用必然大幅度增加。

(三)集中市场营销策略

集中市场营销策略是企业以一个细分市场为目标市场,集中力量,实行专业化生产和经营的目标市场策略,如图 6-5 所示。

图 6-5　集中市场营销策略

集中市场营销策略主要适用于资源有限的中小企业和初次进入新市场的大企业。中小企业由于资源有限,无力在整体市场或多个细分市场上与大企业展开竞争,而在大企业无暇顾及而自己又力所能及的某个细分市场上全力以赴,则往往容易取得成功。实行集中市场营销策略是中小企业变劣势为优势的最佳选择。

集中市场营销策略的优点是目标市场集中,有助于企业更深入地注意、认识目标市场的消费者需求,使产品适销对路,有助于提高企业和产品在市场上的知名度。集中市场营销策略还有利于企业集中资源,节约生产成本和各种费用,增加盈利,取得良好的经济效益。集中市场营销策略的缺点是企业会有较大的经营风险。由于目标市场集中,一旦市场出现如较强大的竞争者加入、消费者需求的突然变化等状况,企业就有可能因承受不了短时间的竞争压力而立即陷入困境。因此,采用集中市场营销策略的企业,要随时密切关注市场动向,充分考虑企业对未来可能的意外情况的各种对策和应急措施。

企业可通过考量以下因素来判断应采取同种目标市场营销战略。

(1)企业资源。如果企业资源实力雄厚,可以考虑实行无差异市场营销策略或差异市场营销策略,否则应实行集中市场营销策略。

(2)产品同质性。产品同质性是指产品在性能、特点等方面的差异性大小。对于同质产品或在满足消费者需求上共性较大的产品,一般应实行无差异市场营销策略;反之,对于异质产品,则应实行差异市场营销策略或集中市场营销策略。

(3)市场类同性。如果消费者的需求、偏好较为接近,并且对市场营销刺激的反应差异不大,则应实行无差异市场营销策略;反之,如果市场需求的差异较大,则应采用差异市场营销策略或集中市场营销策略。

(4)产品的市场生命周期阶段。处在引入期和成长期的产品,市场营销的重点是开发和巩固消费者的偏好,最好实行无差异市场营销策略或针对某一特定子市场实行集中市场营销策略;当产品进入成熟期后,市场竞争激烈,消费者需求日益多样化,可改用差异市场营销策略来开拓市场,满足需求,延长产品生命周期。

(5)竞争对手战略。一般来说,一个企业的目标市场营销战略应与竞争者有所区别,反其道而行之。如果强大的竞争对手实行的是无差异市场营销策略,则企业应实行集中市场营销策略或更深一层的差异市场营销策略;如果企业面临的是较弱的竞争者,必要时可采取与之相同的战略,凭借实力击败竞争对手。

 小结

关键词:目标市场营销战略

主要观点:

(1)目标市场就是企业决定要进入的细分市场部分,也就是企业拟投其所好、为之服务的特定顾客群。

(2)企业选择目标市场时可参考的五种模式:市场集中化、产品专业化、市场专业化、选择专业化、市场全面化。

任务三　市场定位策略

💡 **目标提示**

　　• 掌握市场定位的方法

💡 **学习内容**

　　• 市场定位的方法、策略、程序

💡 **知识要点**

　　市场定位：根据竞争者现有产品在细分市场上所处的地位和顾客对产品某些属性的重视程度，塑造出本企业产品与众不同的鲜明个性或形象并传递给目标顾客，使该产品在目标市场上占据强有力的竞争市场位置。

一、市场定位的概念

　　市场定位的概念是 20 世纪 70 年代由美国的艾·理斯和杰克·特劳特首先提出的。

　　市场定位也被称为产品定位或竞争性定位，是根据竞争者现有产品在细分市场上所处的地位和顾客对产品某些属性的重视程度，塑造出本企业产品与众不同的鲜明个性或形象并传递给目标顾客，使该产品在目标市场上占据强有力的竞争位置。市场定位的实质是使企业与其他竞争性企业严格区分开来，使顾客明显觉察和认识这种差别，从而在顾客心目中占有特殊位置，使顾客建立起对企业和企业产品的偏好。

　　市场定位与产品定位、竞争性定位的区别：市场定位强调企业在满足市场需求方面与竞争者比较应当处于什么位置，使顾客产生何种印象和认识；产品定位是就产品属性而言的，强调企业与对手的现有产品应在目标市场上各自处于什么位置；竞争性定位突出在目标市场上，和竞争者的产品相比较，企业应当提供何种特色的产品。

二、市场定位的方法

　　企业的每种产品都需要准确的市场定位，以达到与目标市场的有效沟通。准确的市场定位，要有科学的定位方法作为保证，以下是十二种市场定位方法。

(一)首席定位

　　首席定位即强调自己在同行业或同类产品中的领先地位。企业在广告宣传中使用"第一家""市场占有率第一""销售量第一"等口号就是首席定位策略的运用，如波司登羽绒服的广告词"连续八年全国销量第一"。在现今的信息社会里，各种品牌广告多如牛毛，消费者对大多数信息毫无记忆，但对"第一"的印象却很深刻，因此，首席定位能使消费者在短时间内记住该品牌。

(二)比附定位

比附定位就是通过攀附名牌、比拟名牌来给自己的产品定位,以沾名牌之光而使自己的品牌生辉。运用这种定位方法的企业大多采用"攀龙附凤"的策略,就是明确承认同类产品中有最负盛名的品牌,本品牌虽自愧不如,但在某地区或在某一方面还可与这些最受消费者欢迎和信赖的品牌并驾齐驱、平分秋色。例如内蒙古的宁城老窖的广告词"宁城老窖——塞外茅台"。

(三)对比定位

对比定位是指通过与竞争对手的客观比较来确定自己的定位,也可称为排挤竞争对手的定位。在该定位中,企业设法改变竞争者在消费者心目中的现有形象,找出其缺点或弱点,并用自己的品牌与之进行对比,从而确立自己的地位。例如农夫山泉通过天然水与纯净水的客观比较,确定天然水优于纯净水的事实,并宣布停产纯净水,只出品天然水,鲜明地亮出自己的定位,从而树立了专业的健康品牌形象。

(四)类别定位

类别定位就是与某些知名而又常见的产品形成明显的区别,给自己的产品定位为与之不同的另一类,这种定位也可称为与竞争者划定界线的定位。例如美国的七喜汽水之所以能成为美国第三大软性饮料,就是因为采用了这种策略,宣称自己是非可乐型饮料,是代替可口可乐和百事可乐的消凉解渴饮料,突出其与"两乐"的区别,因而吸引了相当一部分的"两乐"转移者。又如"五谷道场"方便面将自身定位为非油炸食品。

(五)USP 定位

USP(unique selling position)的中文意思为"独特销售主张"或"独特卖点",即一个产品只提供一个卖点。USP 定位方法是在对产品和目标消费者进行研究的基础上,寻找产品特征中消费者最关心的且竞争对手所不具备的独特的部分。比如美国 M&M 巧克力就是以"只融在口,不融于手"的独特卖点从众多巧克力中脱颖而出,奠定了自身糖衣巧克力的头号品牌地位;乐百氏纯净水的"27 层净化"是国内 USP 定位的经典案例。

(六)利益定位

利益定位就是根据产品所能满足的需求或所提供的利益、解决问题的程度来定位。运用这种方法进行定位时,是向顾客传达单一的利益还是多重利益并没有绝对的定论。但由于消费者能记住的信息是有限的,往往只对某一强烈诉求容易产生较深的印象,因此向消费者承诺一个利益点的单一诉求更能突出品牌的个性,使定位获得成功。例如宝洁公司的洗发用品品牌"飘柔"的利益承诺是柔顺,"海飞丝"是去头屑,"潘婷"是健康亮泽。

(七)消费群体定位

该定位直接以某类消费群体为诉求对象,突出产品专为该类消费群体设计,以此来获得目标消费群的认同。把品牌与消费者结合起来,有利于增进消费者的归属感,使其产生"我自己的品牌"的感觉。如广东"客家娘酒"的定位为"女人自己的酒",这对女性消费者来说就很具吸引力,因为一般名酒酒精度数都较高,女士们大多无法享受,客家娘酒宣称是"女人自己的酒",就塑造了一个相对于"XO 是男士之酒"的强差异化形象,在女士们心目中留下深刻的印象。又如金利来的定位为"男人的世界"、百事可乐的定位为"青年一代的可乐"等都是消费群体定位策略的运用。

(八)市场空档定位

市场空档定位是指企业寻求市场上尚无人重视或未被竞争对手控制的位置,使自己推出的产品能适应这一潜在目标市场的需要,如西安杨森制药有限公司推出的"采乐"去头屑特效药采取的就是市场空档定位。市场空档定位的关键是找到一个极好的市场空白地带,如此便可获得极大成功。例如可口可乐公司推出的果汁品牌"酷儿"在营销界堪称成功的典范,一个重要原因是其瞄准了儿童果汁饮料市场无领导品牌这一市场空白点。企业运用这种定位方法时,应对以下三个方面有足够的把握:新产品在技术上是可行的;按计划价格水平,新产品在经济上是可行的;有足够的消费者。

(九)档次定位

按照品牌在消费者心中的价值高低可将品牌分出不同的档次,如高档、中档和低档,不同档次的品牌带给消费者不同的心理感受和情感体验。现实中,常见的是高档次定位策略,高档次的品牌传达了产品高品质的信息,往往通过高价位来体现其价值,并被赋予很强的表现意义和象征意义。派克钢笔是采用高档次定位获得成功的一个经典案例。20世纪40年代,由于圆珠笔的问世,派克公司大受打击,身价一落千丈,濒临破产,公司立即着手重塑派克钢笔的形象,突出其高雅、精美和耐用的特点,采用高档次定位策略,使它从一般大众化的实用品成为一种高贵社会地位的象征。

(十)质量/价格定位

即结合质量和价格来定位。质量和价格通常是消费者最关注的要素,而且往往消费者是相互结合起来综合考虑的,但不同的消费者侧重点不同,如果产品的目标市场是中等收入的理智型的消费者,则产品可定位为物有所值的产品,作为与高质高价或物美价廉相对立的定位。戴尔电脑采用直销模式,降低了成本,并将降低的成本让利给顾客,因而戴尔电脑总是强调"物超所值,实惠之选";雕牌用"只选对的,不买贵的"暗示产品的实惠价格,这些都是既考虑了质量又考虑了价格的定位策略。

(十一)情感定位

该定位是指运用产品直接或间接地冲击消费者的情感体验而进行定位,用恰当的情感唤起消费者内心深处的认同和共鸣,以适应或改变消费者的心理。纳爱斯旗下的雕牌洗衣粉运用情感定位方法,在品牌塑造上大打情感牌,其中秋团圆篇广告就较成功地运用了情感定位策略,"雕牌洗衣粉愿家家团圆"的广告语真情流露,引起了消费者内心深处的震颤以及强烈的情感共鸣,使纳爱斯和雕牌更加深入人心。又如美加净护手霜的广告语"就像妈妈的手温柔依旧",让我们的内心泛起阵阵涟漪,觉得美加净的呵护就像妈妈一样温柔;丽珠得乐的"其实男人更需要关怀"也是情感定位策略绝妙运用的案例。

(十二)经营理念定位

经营理念定位就是企业用自己的具有鲜明特色的经营理念作为品牌的定位诉求,体现企业的内在本质,并用较确切的文字和语言描述出来。一个企业如果具有正确的企业宗旨、良好的精神面貌和经营哲学,那么企业采用理念定位策略就容易树立起令公众产生好感的企业形象,借此提高品牌的价值。菲利普的"让我们做得更好"、诺基亚的"科技以人为本"、TCL的"为顾客创造价值"等都是经营理念定位的典型代表。

三、市场定位的策略

市场定位的策略作为一种市场竞争策略,显示了一种产品或一个企业与同类的产品或企业的竞争关系。定位策略不同,市场竞争态势也不同,下面分析三种主要的定位策略。

(1)迎头定位策略。迎头定位策略是指企业选择靠近于现有竞争者或与现有竞争者重合的市场位置,争夺同样的顾客,彼此在产品、价格、分销及促销等各方面差别不大。现在我国的冰箱、彩电等家电产品,采用的基本上是这一定位策略。

(2)避强定位策略。是指企业避免与目标市场上的竞争者直接对抗,而是将位置确定在市场空白点上,开发并销售目前市场上还没有的某种特色产品,开拓新的市场领域。由于这种定位方式市场风险较少,成功率较高,常常为多数企业所采用。

(3)重新定位策略。是指企业通过变动产品特色等手法,改变目标顾客对产品的认识,塑造新的形象。即使企业产品原有定位很恰当,但当出现下列情况时,也需要考虑重新定位:①竞争者的市场定位侵占了本企业品牌的部分市场,使本企业产品市场占有率下降;②消费者偏好发生了变化,从喜爱本企业品牌转变为喜爱竞争对手的品牌。

四、实施市场定位策略易出现的问题

企业在实施市场定位策略时,容易出现以下四类问题。

(1)不充分定位。很多公司在市场定位时,由于定位策略选择不当或贯彻定位战略不彻底,导致市场定位模糊,潜在购买者没有真正意识到企业或产品品牌的独特之处。

(2)过分定位。过分定位是指消费者对品牌认同过于狭窄,不利于产品线延伸或品牌延伸。太太口服液在20世纪90年代初刚上市时的市场定位为治疗黄褐斑,宣称"三个女人一个黄",由于功效定位过于狭窄,市场反应不尽人意。对市场调研后,太太口服液开始强调产品的美化肌肤功能,广告语变成"肌肤健美,女人真的美",该企业逐步成为我国女性保健品行业独树一帜的大企业。

(3)混淆定位。由于市场定位战略诉求点过多或者市场定位战略更迭过于频繁,使购买者对企业或产品品牌形象感到困惑不解或无从下手,造成市场定位不清。

(4)可疑定位。选择不恰当的诉求点来体现企业及产品的市场定位。如果消费者对广告中提及的产品特点、价格水平不相信,最终将致使企业或产品的市场定位失败。

企业在制定和运用市场定位策略时,应设法避免以上四类错误,方能有效地开展目标市场营销活动。

五、市场定位的程序

市场定位的主要任务,就是通过集中企业的若干竞争优势,将自己与其他竞争者区别开来。市场定位是企业明确其潜在的竞争优势、选择相对的竞争优势和市场定位策略以及准确地传播企业市场定位的过程。市场定位的程序包括以下三方面。

(一)明确企业潜在的竞争优势

明确企业潜在的竞争优势,主要包括如下步骤:调查研究影响定位的因素,了解竞争者的定位状况,了解竞争者向目标市场提供了何种产品及服务,了解竞争者在消费者心目中的形象如何,对其成本及经营情况做出评估,并了解目标消费者对产品的评价标准。企业应努力明确消费者最关心的问题,以此作为决策的依据,并要确认自身在目标市场的潜在竞争优势是什么,是同样条件下能比竞争者定价低,还是能满足消费者的特定需要。企业通过与竞争者在产品、促销、成本、服务等方面进行对比分析,能够了解企业的长处和不足,从而确定企业的竞争优势。

(二)选择企业相对的竞争优势和市场定位策略

相对的竞争优势,是企业能够胜过竞争者的能力。有的是现有的,有的是具备发展潜力的,还有的是可以通过努力创造的。简而言之,相对竞争优势是企业能够比竞争者做得更好的某一方面。企业可以根据自己的资源配置,通过营销方案差异化突出自己的经营特色,使消费者感觉自己从中得到了价值最大的产品及服务。

(三)准确地传播企业的市场定位

这一步的主要任务是企业要通过一系列的宣传促销活动,将其独特的市场竞争优势准确地传播给消费者,并在消费者心目中留下深刻印象。因此,首先,企业应使目标消费者了解、知道、熟悉、认同、喜欢和偏爱企业的市场定位,要在消费者心中建立与该定位相一致的形象。其次,企业应通过一切努力,深入地了解目标消费者,稳定目标消费者的态度和加深目标消费者的情感,来巩固企业市场形象。最后,企业应注意目标消费者对其市场定位理解出现的偏差,或由于企业在宣传上的失误而造成目标消费者对市场定位的模糊认识和误会,及时纠正,使市场定位与市场形象保持一致。

市场定位步骤

📎 小结

关键词:市场定位、市场定位方法、市场定位的程序

主要观点:

(1)市场定位是根据竞争者现有产品在细分市场上所处的地位和顾客对产品某些属性的重视程度,塑造出本企业产品与众不同的鲜明个性或形象并传递给目标顾客,使该产品在目标市场上占据强有力的竞争位置。

(2)市场定位的方法:首席定位、比附定位、对比定位、类别定位、USP 定位、利益定位、消费群体定位、市场空档定位、档次定位、质量/价格定位、情感定位、经营理念定位。

(3)市场定位的策略:迎头定位策略、避强定位策略、重新定位策略。

(4)市场定位的程序:明确企业潜在的竞争优势,选择企业相对的竞争优势和市场定位策略,准确地传播企业的市场定位。

复习与思考

一、判断题

1.市场细分实际上是对产品进行分类。（　　　）

2.依据消费者对商品的同质需求和异质需求,可以把市场分为同质市场和异质市场。（　　　）

3.消费者需求和购买行为的差异性和同类性,是市场细分的主要依据。（　　　）

4.市场细分是选择目标市场的目的和归宿。（　　　）

5.一个理想的目标市场必须有足够的市场需求。（　　　）

6.市场细分是小企业的事情,大企业对市场可以全面进入。（　　　）

7.市场细分越细,企业越容易发现市场机会,就越容易成功。（　　　）

8.细分市场就是目标市场。（　　　）

9.市场定位就是要向消费者展示企业优势。（　　　）

10.市场定位应能时刻紧随时代潮流。（　　　）

二、单选题

1.生活消费品市场的细分变量主要有地理环境、人口状况、消费者心理、购买行为四类,其中使用习惯属于（　　　）。

　　A.购买行为　　　　　B.人口状况　　　　　C.消费者心理　　　　D.地理环境

2.将许多过于狭小的市场组合起来,以便利用较低的价格去满足这一市场较广的需求。这种市场细分战略是（　　　）战略。

　　A.超细分　　　　　　B.反市场细分　　　　C.地理细分　　　　　D.多数谬误

3.（　　　）是市场细分的条件之一。

　　A.竞争性　　　　　　B.可衡量性　　　　　C.效益性　　　　　　D.适应性

4.生产资料市场细分标准的确定,除使用生活资料市场细分标准外,还要根据生产资料的特点进行补充,补充标准之一是（　　　）。

　　A.生活方式　　　　　B.气候　　　　　　　C.消费者心理　　　　D.用户的规模

5.市场细分的标准是（　　　）。

　　A.单一的　　　　　　　　　　　　　　　B.某方面的

　　C.多层次、动态交叉的　　　　　　　　　D.稳定的

6.向特定顾客群提供多种产品是（　　　）目标市场选择模式。

　　A.产品专业化　　　B.市场专业化　　　　C.选择性专业化　　　D.全面进入

7.市场定位所传播的是（　　　）。

　　A.潜在优势　　　　　B.独特优势　　　　　C.相对优势　　　　　D.绝对优势

三、案例分析题

国内某化妆品有限责任公司开发出适合东方女性需求特点的、具有独特功效的系列

化妆品,并在多个国家获得了专利保护。营销部经理初步分析了亚洲各国和地区的情况,首选日本作为主攻市场。为迅速掌握日本市场的情况,公司派人员直赴日本,主要运用调查法搜集一手资料。调查显示,日本市场需求潜量大,购买力强,且没有同类产品竞争者,这使公司人员兴奋不已。在调查基础上,该公司又按年龄层次将日本女性化妆品市场划分为 15～18 岁、19～25 岁(婚前)、26～35 岁及 35 岁以上四个子市场,并选择了其中最大的一个子市场进行重点开发。营销经理对前期工作感到相当满意,为确保成功,他正在思考再进行一次市场试验。另外,公司经理还等着与他讨论应采取何种定价策略。

思考题:

1.该公司进行市场细分的细分变量主要是什么? 根据日本市场的特点,公司选择的最大子市场应该是哪个? 为什么?

2.针对新产品,你认为该公司应采取何种定价策略? 为什么?

项目七　产品策略

💡 能力目标

- 了解产品整体概念,产品组合策略的要点及运用
- 解析产品生命周期各阶段的市场特点及相应的营销特点
- 熟悉新产品开发的程序及市场推广策略
- 掌握商品的品牌策略与包装策略的运用

💡 素质目标

- 了解和把握产品整体概念中各种策略实施的程序、方法与措施
- 运用所学的产品策略原理与方法,分析和解决企业产品开发与管理的实际问题

💡 学习任务

- 任务一　产品整体概念与组合策略
- 任务二　产品市场生命周期理论与策略
- 任务三　新产品开发策略
- 任务四　品牌策略
- 任务五　包装策略

📋 开篇案例

大白兔:不只是小时候的奶糖

"七粒大白兔奶糖等于一杯牛奶。"大白兔奶糖品牌1959年成立,如今已经63年,大多数人对大白兔奶糖的印象就是童年的记忆。作为经典的老牌国货、上海名牌,它不但没有淡出人们的视线,这两年更是频频在营销方面出现新动作。大白兔奶糖这一专属于"80后""90后""00后"的集体回忆代表物,让人们开始追忆童年,再次对它爱得深沉。

老字号产品在怀旧营销上有着天然的优势,但单靠"旧"的力量显然已不符合时代要求,要想使老品牌焕发青春、可持续发展,应借助公关、广告、文化传播等现代手段,做好品

牌延伸,在传承的同时创新,赋予其新时代的精神。

自 2018 年开始,大白兔开始与其他品牌进行联名,探索跨界营销的创新模式,如图 7-1 所示。

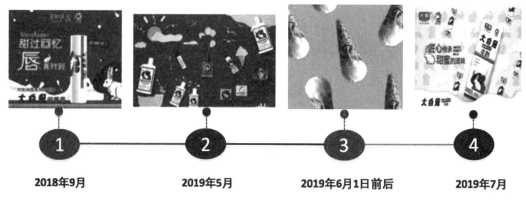

| 1 | 2 | 3 | 4 |
| 2018年9月 | 2019年5月 | 2019年6月1日前后 | 2019年7月 |

图 7-1　大白兔进行跨界营销的时间线

2018 年 9 月,大白兔和美加净润唇膏的联名款"大白兔奶糖润唇膏"第一批发售 920 支,售价为两支 78 元,上线后 1 秒售罄。隔日追加 10000 套两支装组合,3 个小时内也售罄。

2019 年 5 月,大白兔和气味图书馆的联名款"香水等香氛"礼包发售,发售当天香水销量达 9607 件。推出的 610 份限量款大白兔香氛礼包,仅 3 秒全部售罄。

2019 年 6 月 1 日前后,大白兔和快乐柠檬联合在上海开了一家奶茶店,开业当天想喝上一杯奶茶,至少要排队 4 个小时。

2019 年 7 月,大白兔奶糖和光明乳业联合推出大白兔奶糖风味牛奶。

不难看出,由大白兔这一 IP 衍生出的联名产品都十分受欢迎,几次联名合作都引起了极大的关注,依据"知微事见"的数据,可以看出不管是大众还是媒体都对这一童年记忆表现出了很大程度的热情。

怀旧产品不仅具有实时引爆热点的特点,而且如果产品营销得当,并且符合时代主流文化价值观,依然有可能成为经典。从淘宝的销量数据来看,与大白兔相关的联名产品,即使距离产品发布已经过去数月,其销量依旧位于前列。

如此看来,对于身份、环境、状态不断变化的消费者来说,怀旧是一种很容易定期爆发的情绪,热点易逝,复古却是永远不会过时的潮流。

2019 年,国民奶糖大白兔 60 周岁,乐町携手大白兔推出 2019 年冬季合作系列,刮起一股复古风潮。根据不同元素设计的大白兔 T 恤、卫衣、毛衣、裙子、棉袄、包包,成功获得了一片赞美,刷新了人们对于复古时尚的看法。

乐町与大白兔的联名服装有什么特点? 以下选取了其中三款产品来分析怀旧元素在怀旧产品中的体现对消费的影响。

从图 7-2 可以看出,同样是属于大白兔与乐町的联名,从左至右,其月销量(4408、84、63)在数字上还是存在较大的差别的,为什么会出现如此大的差异呢?

怀旧营销就是在营销活动中给予消费者一定的怀旧元素刺激,激发消费者的怀旧情

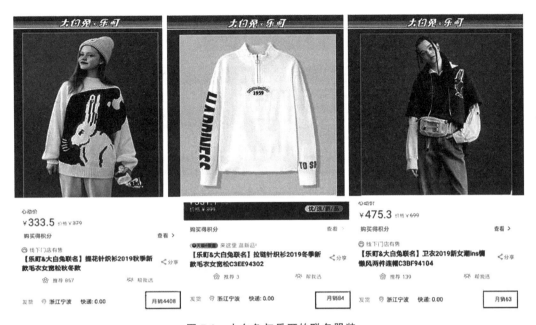

图 7-2　大白兔与乐町的联名服装

（来源：天猫平台乐町官方旗舰店店铺商品详情页）

怀，勾起他们记忆深处的共同记忆符号，促使其产生购买倾向。怀旧情绪在其中发挥中介作用，如图 7-3 所示。

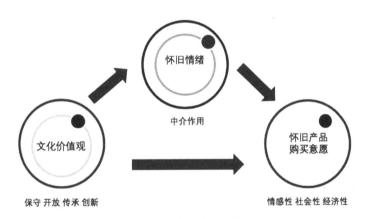

图 7-3　怀旧情绪的中介作用

回归到大白兔的联名产品本身，结合以上原理，如图 7-4 所示，消费者对怀旧产品的购买行为可以归纳为以下两条线。

（1）怀旧中介要素线：信息（感觉）—对比—背后情感—怀旧情绪（知觉）—购买。

（2）普通购买决策线：信息（感觉）—对比—符合文化价值观（主流审美）—购买。

在分析产品之前，我们先来回忆一下我们回忆中的大白兔，除了甜甜的奶味对应的嗅觉与味觉，在视觉上，大白兔给我们留下的印象是怎样的呢？

在大多数人的印象中，对于大白兔的视觉印象就是一只可爱活泼的兔子、经典的红蓝

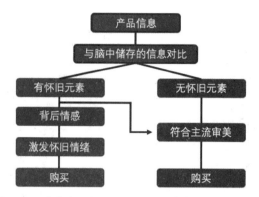

图 7-4 消费者对怀旧产品产生购买行为的两种逻辑

白黑配色和大白兔三个字。这些都构成了能够刺激消费者产生怀旧情怀的怀旧元素,是能够勾起他们记忆的共同记忆符号,使消费者很想回到童年重温当年的感受。

那么,当我们看回前文提到的产品的时候,就能够很好地理解三件产品的销售差异了。对于第一件产品来说,如图 7-5 所示,消费者在视觉上接触到的信息与消费者脑海中的怀旧元素高度一致:活泼的兔子、经典的红蓝白黑配色及后方黑色调色盘背景,由此触发了怀旧中介要素线。

图 7-5 第一件衣服给消费者带来的消费联想

于是消费者对于产品的认知就从感觉(视觉)成功上升到了知觉(背后的怀旧情绪),又由于产品属于简约舒适的针织毛衣,属于主流审美的中等水平,触发了普通购买决策线,二者共同作用使得其购买水平相对其他产品而言高出许多。

对于第二件产品来说,如图 7-6 所示,我们看到的元素是红蓝白配色,中间拱形字母为 White Rabbit,字母下方为大白兔创建年份"1959"。我们将这些元素与我们脑海中的有关大白兔的回忆进行对比,由于我们对大白兔的英文不敏感,同时也几乎不知道大白兔的创建时间是 1959 年,虽然配色同我们回忆中的大体一致,但是总体而言还是与记忆中的大白兔不符。

图 7-6 第二件衣服给消费者带来的消费联想

这说明,虽然有怀旧元素,但是怀旧元素强度较弱,无法与消费者记忆中的大白兔进行匹配,怀旧中介要素线断开(未激起怀旧情绪);进入普通购买决策线,从主流审美的角度来看,拉链针织衫带有一些潮牌嘻哈风,符合多数消费者审美,在审美上有较强水平。在普通购买决策线的作用下,其购买水平中等。

对于第三件产品来说,如图 7-7 所示,其对应的元素是一只兔子,以及蓝白配色,虽然有兔子形象,但是该兔子形象仅仅是一个剪影,并不经典。蓝白配色也使人很难联想到大白兔,因此怀旧程度中等偏弱,无法与消费者记忆中的大白兔进行匹配,怀旧中介要素线断开(未激起怀旧情绪)。

图 7-7　第三件衣服给消费者带来的消费联想

该产品进入普通购买决策线,从主流审美的角度来看,假两件衣服的风格比较强烈,符合部分张扬个性的消费者审美,在审美上属于中等水平,在普通购买决策线的作用下,其购买水平中等。

从以上分析及购买结果来看,消费者购买第一件产品的数量是其他两件产品的 50 倍左右,这说明怀旧元素对于刺激消费起到较为明显的作用,如果产品能够激发消费者的怀旧情绪并且产品本身符合主流审美,那么这件产品就相当于获得了"双 buff(增益)",有了"1+1>2"的效果。

大白兔市场部经理沈勤峰说过:到目前为止,无论是润唇膏、咖啡,还是香氛、服饰,都以奶糖为中心,向味觉、嗅觉、视觉延伸的品牌矩阵扩展,最终形成一张以大白兔为中心的情感联结网络。

可以说,大白兔回归儿时味道,在满足情感诉求的同时又能适应当下多样化的市场需求。大白兔这一 IP 自带的怀旧感就是差异化、有市场竞争力的产品,如果产品不错,那么联名就不再限于昙花一现,而是可以永续存在,成为另一经久不衰的经典,形成不易复制的壁垒优势。

数据显示,国产怀旧款零食总销售量同比增长 2308%,旺仔小馒头销量同比增长 3836%,大白兔奶糖销量同比增长 4125%。

从以上数据来看,怀旧元素的力量是应该得到重视的,对于国潮产品而言,最重要的就是是否具备传统文化的基因,是否融入了时尚感,能满足年轻人对时尚的追求以及个性的、张扬的需求。在审美拉动消费带来直接经济效益的同时,怀旧消费还有助于怀旧文化的再度传播,带来不可小觑的社会效益。

因此,对于老品牌来说,将怀旧这一天然优势加以合适的应用能够为品牌注入新活力。对于新品牌来说,与老字号合作也能够获得意想不到的效果,实现双向互利、合作共赢。

（案例资料来源：http://www.woshipm.com/marketing/3415970.html。）

思考：大白兔品牌如何跨界拓展自己的产品？

任务一　产品整体概念与组合策略

🔆 目标提示

- 掌握产品整体概念与组合策略

🔆 学习内容

- 产品的特征与分类
- 产品的组合要素与策略

🔆 知识要点

　　产品整体：人们通过购买而获得的能够满足某种需求和欲望的物品的总和，它既包括具有物质形态的产品实体，又包括非物质形态的利益。

　　按传统的观念，产品只是指有形的物品，但现代营销学是从顾客需求角度来给产品下定义的，认为产品是能够给购买者带来任何有形和无形利益的载体，是能满足购买者需求与欲望的物体与服务。它除了指具有特定物质形态和用途的商品之外，还包括了一切能满足购买者某种需要的非物质形态的服务。例如消费者购买住房，不仅是购买房子本身，同时还包括住房朝向、地段环境、物业管理服务、周边的教育设施、升值的可能性和所体现的身份等。

一、产品的特征与分类

　　在产品导向下，企业市场营销人员只是根据产品的不同特征对产品进行分类。在现代营销观念下，产品分类的思维方式是让每一个产品类型都有与其产品特点相适应的市场营销组合策略。因此，产品特征、产品分类与市场营销策略紧密相关。

(一)产品的特征

　　企业要确定各产品的营销组合策略，首先就得将产品按其特点加以分类。现代营销观念下的产品具有以下特点。

　　1.产品是有形特征和无形特征构成的综合体

　　如表7-1所示，有形特征包括产品实体及其品质、特色、式样、品牌和包装等；无形特征包括可给购买者带来附加利益的心理满足感和信任感的服务、保证、形象和声誉等。产品的无形特征和有形特征的关系是相辅相成的，无形特征包含在有形特征之中，并以有形特征为后盾；而有形特征又需要通过无形特征来强化。简言之，产品＝有形物品＋无形服务。

表 7-1　产品的有形和无形特征

有形特征		无形特征	
物质因素	化学成分、物理性能	信誉因素	知名度、偏爱度
经济因素	效率、维修保养、使用效果	保证因素	"三包"服务和交货期
时间因素	耐用性、使用寿命	服务因素	运送、安装、维修、培训
操作因素	灵活性、安全可靠		
外观因素	体积、重量、色泽、包装、结构		

2.产品是一个动态的概念

产品整体概念清晰地体现了一切以市场要求为中心的现代营销观念。一个产品的价值是由顾客决定的,而不是由生产者决定的。随着市场消费需求水平和层次的提高,市场竞争焦点不断转移,对企业产品提出更高要求。为适应这样的市场态势,产品整体概念处在不断外延的趋势之中。当产品整体概念外延一个层次时,市场竞争又将在一个新领域展开。企业可就产品整体概念中的任何一个因素,包括产品的效用、包装、款式、安装、指导、维修、品牌、形象等,根据市场需要的不断变化而进行创新设计,以形成与众不同的特点。

3.产品是有层级的

现代市场的竞争不仅看企业生产什么产品,而且要看其产品提供何种附加利益,如包装、服务、广告、顾客咨询、融资、送货、仓储等。从产品整体概念出发,产品可分解为三个层次:核心产品、形式产品、附加产品,如图 7-8 所示。

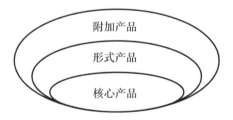

图 7-8　产品整体概念的三个层次

(1)核心产品。这是产品的最基本的层次,是顾客购买的核心内容,是购买者期望从产品中获得的基本利益和效用。例如旅客在旅馆中真正购买的是"休息与睡觉",顾客购买花卉是购买"观赏"或"与人联络感情",而消费者购买化妆品则是为了美容或保健。营销人员应正确认识企业向市场消费者提供的产品或服务中的核心产品是什么,并将其视为一项基本利益提供给顾客。

(2)形式产品。这是产品的基本形态,是核心产品的具体表现形式,如汽车、香皂和照相机等。形式产品包含一系列基本要素,如质量、色样、规格、造型、标准、品牌及包装等。不同产品的这些要素对消费者的重要程度具有差别,营销人员应注意。

(3)附加产品。这是产品整体概念中的第三个层次,也是越来越受到企业重视的层次。它是产品带给顾客的附加利益,如给产品提供安装服务和售后服务等。由于国际上人们的需求和企业间竞争的日益多样化,顾客对企业生产和销售的产品的附加利益提出了更多的要求,如今在产品附加价值方面的竞争显得越来越重要。

产品整体概念是一个动态的概念,上面介绍的三个层次是其最基本的层次,它们并不是固定不变的。美国营销专家根据世界各国市场的变化,在三个层次的基础上又增加了期望产品和潜在产品两个层次。因此,产品整体概念可分解为五个层次,如图 7-9 所示。

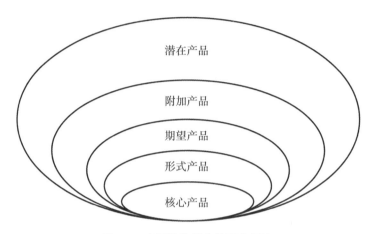

图 7-9　产品整体概念的五个层次

期望产品是指顾客在购买产品时期望获得的属性和条件。例如顾客在购买高档汽车时,期望获得高品质的车内设施、舒适的驾驶感受和身份地位的体现等。又如顾客购买手表不仅要求时间准确,而且追求款式、品牌知名度等。

潜在产品是指企业通过某种产品可能向顾客提供的所有属性。企业可以通过向顾客提供潜在的产品利益,来突出自己不同于竞争对手的产品个性,实现有效的差异化。例如某些软件公司为顾客提供终身免费升级的同时,还让顾客预见到自己能从将来因企业对产品的不断改进而生产出的更出色的产品中可能获得的更多利益。

产品整体概念是以顾客需求为核心的现代市场营销观念。树立产品整体概念,有助于企业抓住消费者的核心利益,把握自己的产品策略,从各个层面上全面满足他们的需求。如今企业尤其应在附加利益的提供上多下功夫。在国

从"钟薛高"创新看爆款产品的营销之道

际市场上,附加产品部分已成为企业竞争的主体战场。随着竞争的加剧,许多原来作为促销的附加产品项目在客户眼中已经习以为常了,而且如今许多国家对有些附加产品项目做出了强制性的规定。因此企业必须在保证核心产品和有形产品的基础上,注重开发附加产品的资源。有些企业还能够为客户创造某种惊喜,如酒店为客人提供豪华车辆接送、为客人寄送生日贺卡等。

(二)产品的分类

在制定个别产品的营销体系时,需要依据不同产品类型来进行,与营销策略有关的产

品分类方法主要有以下三种。

1.按照产品的耐用性和有形性进行分类

按照产品的耐用性和有形性分类,可以将产品分为有形产品(耐用品、非耐用品)和无形产品(服务)。

非耐用品指使用时间较短,甚至一次性消费的商品。这类产品单位价值较低、消耗快,消费者往往经常购买、反复购买、大量使用,所以顾客希望能在最方便的地方买到。如果企业生产的是非耐用品,如啤酒、食品、汽车润滑油等,那么除了在产品质量上下功夫外,还应在销售网点上多下功夫,才能经营成功。

耐用品是指在正常情况下能多次使用,无需经常购买的有形物品。消费者在购买这类商品时,决策比较慎重。生产这类商品的企业要注重技术创新和提高产品质量,同时要做好售后服务以满足消费者的购后需求。这些产品包括电器用品、家居及办公室装饰、草地及花园设备、电子用品、玩具、小型工具、运动用品、摄影器材、珠宝、住房及汽车等。

服务是指所有产出为非有形产品的经营活动,可以是经营者提供的行业咨询、教育培训等活动,也可以是提供给顾客的满足感。服务具有无形、不可分割、可变、不经久等特点,并以便捷、愉悦、省时、舒适、健康的形式提供附加价值。

2.按照销售关系进行分类

按照销售关系分类,可以将产品分为独立品、互补品和替代品三大类。

独立品是指一种产品的销售不受其他产品销售变化的影响,比如烟灰缸与日光灯互为独立品。

互补品是指两种产品的销售互为补充,即一种产品销售量的增加,必然引起另外一种产品销售量的增加,反之亦然。例如汽车与汽车轮胎、打印机与墨盒、照相机与胶卷均互为互补品。

替代品是指两种产品存在相互竞争的销售关系,即一种产品销售量的增加会减少另外一种产品的潜在销售量,反之亦然。例如牛肉与猪肉、机械表与石英表、白炽灯与日光灯均互为替代品。

3.按照用途进行分类

按照用途分类,可以将产品分为消费品和产业用品两大类。

(1)消费品是直接用于最终消费的物品。可根据消费者购买行为和购买习惯将消费品分为以下四类产品:便利品、选购品、特殊品和非渴求品。

便利品指消费者要经常购买、反复购买、即时购买、就近购买、惯性购买,且购买时不用花时间比较和选择的商品,如饮料、香烟、肥皂等。

选购品指消费者在购买过程中对功效、质量、款式、色彩、风格、品牌、价格等花较多时间进行比较的商品,如衣物、家具、家电等。

特殊品指有特定品牌或独具特色的商品,或对消费者具有特殊意义、特别价值的商品,如具有收藏价值的收藏品以及结婚戒指等。

非渴求品指消费者不熟悉,或虽然熟悉但不感兴趣、不主动寻求购买的商品,如环保产品、人寿保险以及专业性很强的书籍等。

(2)产业用品是企业购买后用于生产其他产品的物品,通常称为工业品。我们可以将产业用品分为三组:材料和部件、资本项目、供应品与业务服务。

①材料和部件指完全要转化为制造商所生产的成品的那类产品。它们又可分为原材料、半成品和部件。

原材料是生产过程的起始物品,本身又可分为两个主类:农产品(例如谷物、棉花、家畜、水果及蔬菜)和天然产品(例如鱼类、木材、原油、铁砂等)。

半成品和部件可以分为构成材料和零部件。构成材料(例如棉纱、铁、水泥、钢材、电缆等)的等级和规格一般都是标准的。它们是许多生产活动的基础材料,通常需要进一步加工。零部件是经过加工并将成为用户成品的一个组成部分的工业用品,如轮胎、油泵、仪表、半导体、集成电路、小型电机及其他各种主机配套件等。

②资本项目是间接进入成品的物品,包括装备和设备。

装备包括建筑物(如厂房和办公室)与固定设备(如发电机、机床、计算机、电梯等重型、轻型设备,以及维护、修理和经营用品)。

设备包括轻型制造设备和工具(如手动工具、起重卡车)以及办公设备(如打字机、办公桌),这种设备不会成为最终产品的组成部分。它们在生产过程中仅仅起辅助作用。它们比装备的使用寿命短,但是比作业用品的使用寿命长。

③供应品与业务服务是寿命短的商品和服务项目,它们促进了最终产品的开发和管理。

供应品相当于工业领域内的便利品,可分为两类:操作用品(如润滑油、煤、打字纸、铅笔)和维护用品(如油漆、钉子、扫把)。

业务服务包括维修和业务咨询。业务服务虽然可以与产品实体一起购买,但它本身却是属于无形的产品。例如某项服务合同是某项设备购买合同的一个组成部分,用户在购买设备的同时购买无形的产品服务。

同步案例 7-1

位于某大学附近的一家咖啡餐馆除了提供咖啡、茶、果汁外,还经营中西套餐。推开略带西方情调的咖啡色玻璃门,你会发现右边的大厅里摆放着四个咖啡台,墙上错落有致地挂放着颇有品位的艺术品。穿过大厅有一条狭窄的走道。走道的右边是调酒台,左边是四个卡座。再往前走,紧挨着第四个卡座的是一间只可供一人使用的洗手间,洗手间对面是能容下两个人的厨房。

这家咖啡餐馆无论是所处地段、室内布置、员工服务态度,还是提供的饮料食品的质量都不亚于附近的快餐店,但几经转手,仍然门庭冷落,客人稀少。然而,无论是附近的几家中式快餐店,还是另一家西式咖啡厅,生意都极为火爆,高峰期客人还得排着长队。这家咖啡餐馆的经理百思不得其解:我们提供的产品比别人好,为什么生意却比别人差?

问题:咖啡餐馆的产品好为何生意差?

分析提示:问题涉及产品整体概念与产品分类特点,所以要从产品的类型分析,进行产品定位,然后找到改进产品的突破口。一方面需要肯定的是,咖啡餐馆属于服务型行业,其提供的无形产品——服务,决定了餐馆的产品可以归为服务型。而服务这种无形产品需要借助人和一些有形食物来实现的,如咖啡馆的房间、座椅、餐具等。服务产品质量的好坏受着诸多方面的影响。该咖啡馆表面上的服务质量似乎不错,但深究起来你会发现有些细节直接影响了服务质量,比如卫生间在厨房对面、在卡座旁边让顾客感觉极不卫生,还有卫生间和厨房太小等。

二、产品的组合要素与策略

产品整体概念告诉我们,应该用整体观点看待市场营销中的产品。一般来说,一个企业不会经营孤立的一个产品,而是生产或经营多种产品。这些产品在市场的相对地位以及对企业的贡献都不同。因此企业必须随着外部环境和企业自身条件的变化,充分发挥本企业的特长,把产品组合的诸因素有机地结合起来,实现动态性的、相对优化的、始终使企业获得最大利润的最佳产品组合。

(一)产品组合及其相关概念

所谓产品组合,就是指企业所经营的全部产品的有机构成,或者是各种类产品的数量比例,又或者是企业的产品、花色、品种的配备,包括所有的产品线和产品项目。产品组合涉及的概念有宽度、深度和关联度等。例如某家用电器公司依照消费者的需求和自身实力生产电视机、洗衣机、电冰箱和空调,其产品组合见表 7-2。

表 7-2　某家电公司的产品组合表

	产品组合的宽度			
	电视机	洗衣机	冰箱	空调
产品组合的深度	37 cm 彩电 47 cm 彩电 54 cm 彩电 64 cm 彩电 74 cm 彩电 84 cm 彩电	单缸洗衣机 双缸洗衣机 全自动洗衣机	103 升冰箱 160 升冰箱 185 升冰箱 230 升冰箱 280 升冰箱	窗式空调 壁挂空调 柜式空调

产品组合的宽度,也叫产品广度,是指企业生产经营多少种不同的产品大类,又称为产品线,即技术上和结构上密切相关的、具有同类功能、满足消费者同类需要的关系密切的一组产品。产品线数量越多,产品组合的广度越宽。表 7-2 中的冰箱、电视机、洗衣机、空调就是四条产品线,或称四个产品系列。

产品组合的深度,也叫产品长度,是指企业的每一产品系列中有多少种不同品种、规格的产品,即产品项目。同类产品品种越多,其产品组合的深度就越大。表 7-2 中所列电视机产品项目有 37 cm 彩电、54 cm 彩电、74 cm 彩电等。

产品组合的关联度,是指各产品种类(产品线)之间在最终用途、生产条件和销售方式或其他方面的相互联系的密切程度。例如专业商店产品组合的关联性较大,而综合商店产品组合的关联性较小。表 7-2 中的四个产品系列均属于家用电器,所以产品组合的关联度较强。

(二)产品组合策略

企业根据市场情况和经营实力对产品组合的广度、深度和关联性实行不同的有机组合,称为产品组合策略。产品组合策略是市场营销策略的重要组成部分,主要规划产品线及个别产品的决策方向。常见的产品组合策略有以下三种。

(1)扩大产品组合策略。扩大产品组合策略是增加产品组合的广度或深度,即增加产品系列或产品项目,扩展经营范围,生产经营更多的产品以满足市场需要。其优点有:①有利于充分利用企业的人力、财力等各种资源,发挥各种生产能量,降低成本,增强企业竞争能力;②减少季节性与市场需求波动的影响,使企业经营风险分散,增强企业经营的稳定性;③可充分利用商誉和商标,获得大量采购同类原材料的折价优惠,有利于提高企业的市场营销效率;④适应顾客多方面的需要,有利于扩大营业规模。

(2)缩减产品组合策略。缩减产品组合策略,就是取消一些产品系列或产品项目,集中力量生产经营一个系列的产品或少数产品项目,实行高度专业化,试图通过生产经营较少的产品获得较多的利润。缩减产品组合策略的优点是:①企业可集中资源、技术于少数产品,提高产品质量,降低消耗;②减少资金占用,加快资金周转;③扩大少数产品的生产规模,以便从事大批量生产,产生规模效益;④减少产品脱销断档现象,加强对消费者的销售服务;⑤使广告宣传、分配渠道等目标集中,提高效率。

(3)产品延伸策略。产品延伸策略是指部分地或全部地改变企业原有产品线的市场地位,把产品线延长,超出目前组合的范围。产品线延伸的目的是适应顾客需求的变化,充分利用剩余的生产能力开辟市场。产品线延伸可通过三种形式来实现:向上延伸、向下延伸和双向延伸,如表7-3所示。

7-3 产品线延伸实现方式

实现方式	含义	适用状况
向上延伸	原来只定位于低档产品市场的企业,渐次增加高档产品项目	高档品市场具有较高的销售增长率和较大的利润率;企业在技术设备、营销能力等方面已经具备进入高档品市场的条件;企业希望拥有具有高、中、低档齐备的完整产品线
向下延伸	原来只定位于高档产品市场的企业,增加一些较低档的产品项目	企业发现高档产品市场增长缓慢,不得不去开拓较低档的产品市场;企业利用生产高档产品的声誉,吸收购买力较低的顾客慕名购买此产品线中较低档的产品;企业最初进入高档市场,是为了树立本企业信誉
双向延伸	生产中档产品的企业,逐渐向高低档产品两个方向延伸	需补充企业的产品线空白;企业规模发展到一定阶段,具备加入各档产品市场的条件;企业需要扩大市场份额,加强企业的市场地位

小结

关键词:核心产品 形式产品 附加产品 期望产品 潜在产品
主要观点:

(1)产品是能够给购买者带来任何有形和无形利益的载体,是能满足购买者需求与欲望的物体与服务。它除了指具有特定物质形态和用途的商品之外,还包括一切能满足购买者某种需要的非物质形态的服务。

（2）产品整体概念是以顾客需求为核心的现代市场营销观念。树立产品整体概念，有助于企业抓住消费者的核心利益，把握自己的产品策略。

（3）产品整体概念启示我们应该用整体观念看待市场营销中的产品。

任务二　产品市场生命周期理论与策略

🔘 目标提示

- 掌握产品的生命周期与策略

🔘 学习内容

- 产品生命周期概念
- 产品市场生命周期各阶段的特征及营销策略

🔘 知识要点

产品生命周期：某种产品从进入市场到被市场淘汰退出市场所经历的全部过程。

一种产品在市场上的销售情况和获利能力是随着时间的推移而变化的。这种变化的规律就像人的生命一样，从诞生、成长到成熟，最终走向衰亡，产品因此有导入、成长、成熟以及衰退期。产品在每一时期都有着不同的特点，因此，企业在进行营销活动时应制定不同的营销策略。

一、产品生命周期

产品生命周期（product life cycle，简称CLC）是一种拟人化的观念，把产品比喻成一个人的生命历程。依照产品销售量的多寡，产品生命周期可分为介绍期（或导入）期、成长期、成熟期及衰退期等四个阶段。如图7-1所示，在介绍期时，由于产品刚上市，销售量偏低，不但需要大量的广告增强产品的知名度，而且还需要巨额的研发费用及生产成本，因此可能会发生亏损；进入成长期以后，因为竞争对手不多，而且需求逐渐扬升，因此企业有丰厚的利润；至于在成熟期，由于销售量已经相当稳定，竞争者却相当多，故利润不高；进入衰退期时，消费者的需求已经减少，故利润微薄。

产品生命周期图是理论上抽象的结果，实践中，不同行业的不同产品会有较大的变化。但总的看来，由于科学技术的进步、消费者要求的提高和市场竞争的日益激烈，市场上产品的生命周期愈来愈短。总之，每一种产品都有形式不同、时间不同的市场生命周期，这就迫使企业必须采取各种方式来努力延长产品的市场寿命。不同的企业可以根据市场的实际情况，选择适合于自身实际的产品生命周期延长方式。具体包括：（1）不断提

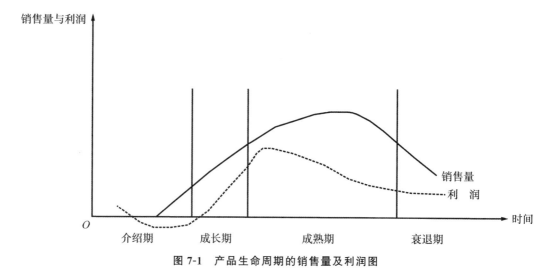

图 7-1　产品生命周期的销售量及利润图

高产品的质量,不断增加产品的性能,以扩大使用范围;(2)开拓新的市场分割部分;(3)开拓新的分销渠道;(4)正确引导市场需求;(5)适当降低产品价格,以吸引下一层次的消费者。

此外,产品生命周期作为一种自然法则,还揭示了以下三个对于任何企业都十分重要的结论:(1)持续地开发新产品是企业长期生存的必要条件;(2)企业必须一方面从产品完整的生命周期出发考虑产品的贡献,另一方面从产品所处的不同阶段出发制定不同的营销策略;(3)企业在规划产品组合时必须考虑产品生命周期这一重要因素。

二、产品生命周期各阶段的特征及营销策略

在产品生命周期的不同阶段,消费者认知、竞争状况、销售量和获利水平等也不同,企业应采取不同的营销策略。

(一)导入期

导入期,又称投入期、介绍期、试销期,一般指产品从发明投产到投入市场试销的阶段。其主要特征是:产品刚刚进入市场试销,尚未被消费者所接受,销售额增长缓慢;生产批量小,试制费用大,产品的生产成本高;由于消费者对产品不熟悉,促销费用较高;企业利润少,甚至发生亏损;产品在市场上一般没有同行竞争。根据以上特点,企业应积极收集市场对新产品的反应,大力开展广告宣传活动,疏通销售渠道,千方百计打开销路。具体策略有:

(1)由现有名牌产品来扶持提携新产品;

(2)通过特殊手段使消费者试用新产品;

(3)利用一些优惠条件推动中间商积极经销;

(4)促销活动的重点是向消费者宣传、介绍产品的用途、性能、质量,促销对象是创新采用者;

(5)促销策略与价格策略组合运用,可选择采取快速掠取策略、缓慢掠取策略、快速渗透策略和缓慢渗透策略等。

(二)成长期

成长期又称畅销期,指产品在试销取得成功以后,转入成批生产和扩大市场销售的阶

段。其主要特征是:销售量迅速增长;产品设计和工艺基本定型,可以成批或大批生产,生产成本显著下降;企业利润迅速上升;同行业竞争者开始仿制这类产品,竞争开始加剧,其产销的垄断性基本消除。这一阶段企业的营销策略应突出一个"快"字,以便抓住市场机会,迅速扩大生产能力,以取得最大的经济效益。其具体策略有:

(1)集中企业必要的人力、物力、财力,改进和完善生产工艺,迅速增加和扩大产品批量;

(2)加强促销活动,广告宣传应从介绍产品本身转为树立产品形象和企业形象,为产品争优创名牌;

(3)进一步细分市场,扩大目标市场;

(4)加强对分销渠道的管理,建立高绩效的分销渠道体系。

(三)成熟期

成熟期是产品市场生命周期的一个鼎盛时期,其前半期的销售额逐渐上扬并达到最高峰,在经过一个相对短暂的稳定时期后,其销售额开始缓慢回落,这时便进入了一个转折时期,即成熟期的后半期。

由于成熟期既是产品市场生命周期中的极盛和巅峰时期,同时又是一个由盛到弱的转折时期,因此,成熟期的产品特点集中体现在如下几个方面:市场需求量已趋向饱和,销售量达到最高点;生产批量大、产品成本低,利润也将达到最高点;很多同类产品进入市场,产品价格相差不大,竞争白热化;成熟期的后期,销售量和利润的增长缓慢,甚至趋近于 0 或负数。

方便面行业沦为夕阳行业了吗?

成熟期是产品生命周期中持续时间较长的一个阶段。成熟期的长短直接影响产品开发经济效益的大小,企业要千方百计努力延长产品成熟期的时间,可采取的具体策略有:

(1)产品改革,亦称产品再推出。此种策略包括品质改良,如提高产品可靠性和耐久性;性能改良,如增加适应性、方便性;形态改良,如美化产品外观。

(2)市场改革,包括寻找尚未采用本产品的新市场或市场中的新部分,增加产品新的用途,创造新的消费方式等。

(3)市场组合改革,即改变某些市场组合的因素以增加销售量,如运用降低价格、改进包装、扩大分销渠道、采用新广告、加强销售服务等手段刺激现有顾客增加使用率。

(4)转移生产场地,即把处于成熟期的产品转移到某些生产成本低、市场潜力大的国家和地区。

(四)衰退期

衰退期又称滞销期,指产品不能适应市场需要,走向被市场淘汰或更新换代的阶段。产品进入衰退期,呈现出以下特点:销售量和利润缓慢变低;产品陈旧,且日趋老化,已有新产品进入市场,正在逐渐替代老产品;大幅度削价处理库存产品,竞争对手纷纷退出,竞争主要为价格竞争。面对处于衰退期的产品,企业需认真进行研究分析,并决定采取什么策略,在什么时间退出市场。具体策略有:

（1）继续策略，指企业继续沿用以往营销策略，保持原有的目标市场和营销渠道一段时间。这是因为新老产品之间有一个交替阶段，或者还会有一部分顾客有继续使用老产品的习惯。

（2）集中策略，是把企业的人力、物力、财力集中到最有利的细分市场，从有利市场获得利润。

（3）转移策略，是指各地区的经济水平发展不同，有些产品在发达地区已是老产品，而在边远山区可能是新产品。企业可将目标市场从城市转向农村。

（4）放弃策略，是指对于衰落比较迅速的产品，立当机立断，放弃经营。

 小结

关键词：产品生命周期　导入期　成长期　成熟期　衰退期

主要观点：

（1）每一种产品都有形式不同、时间不同的市场生命周期，这就迫使企业必须采取各种方式来努力延长产品的市场寿命。

（2）产品生命周期作为一种自然法则，它要求企业必须持续地开发新产品，必须结合产品生命周期理论制定不同的营销策略，在规划产品组合时必须考虑产品生命周期这一重要因素。

任务三　新产品开发策略

🔆 目标提示

· 掌握新产品开发策略及开发程序

🔆 学习内容

· 新产品的概念与类型
· 新产品开发策略与程序

🔆 知识要点

新产品：具有全新的功能或者是对原有功能进行主要改良的东西。

产品组合中新产品的比重，是衡量一个企业的产品组合的合理与优化程度的标志。现代市场营销学认为，开发新产品和贯彻市场观念有着同等重要的地位。实质上，创新产品是市场营销观念核心思想"满足消费者不断变化的需求"的具体体现。对一个企业来说，开发新市场和开发新产品是保证企业生存与发展的两个主要途径，而开拓新市场归根到底是以开发新产品为前提的，因而新产品的研究与开发便成为企业经营决策的重大问题。

一、新产品的概念与类型

人们通常理解的新产品与市场营销观念下的新产品概念是有区别的,而且市场营销观念下的新产品具有多样性。

(一)新产品的概念

通常意义上的新产品,是指具有全新的功能或者是对原有功能进行主要改良的东西。这实际上只是从技术的角度来定义新产品。而现代市场营销观念对新产品的定义则是从企业、市场和技术三个角度来进行的。新产品对企业而言是另一次生产销售的产品,对市场而言是第一次出现在市场的产品,而从技术方面看是指在产品的原理、结构、功能和形式上发生了改变的产品。现代市场营销学上所指的新产品虽然包括了上述三者的成分,但更注重消费者的感受与认同,它是从产品整体性概念的角度来定义的。凡是产品整体性概念中所包括的任何一部分的创新、改进,能给消费者带来某种新的感受、满足和利益的相对新的或绝对新的产品,都叫新产品。

(二)新产品的类型

按照产品的研究开发过程和普遍接受的程度,营销学将新产品分为以下七种类型。

(1)全新产品,是指应用新的科学、新的技术、新的工艺或新的材料生产制造出前所未有的、能满足消费者的一种崭新需求的产品,如尼龙、电灯、电话、计算机等等。全新产品往往具有划时代的意义,能够对社会生产和生活方式产生重大影响。但由于研制难度大、时间长、投资多、风险大,绝大多数企业很难开发全新产品。

(2)革新产品,是指采用新技术、新材料、新元件对原有产品做较大革新而创造的换代产品,如电子计算机的制成经历了电子管、晶体管、集成电路这几个阶段,每一阶段都是前一阶段的革新产物。革新产品往往能给消费者带来新的满足,或者是提高消费者的满足程度。

(3)改进产品,是指对现有产品的品质、特点、款式、包装、花色品种等方面进行改进而形成的产品。相对革新产品,这种产品只是对原来产品的改进,是由原有产品派生出来的改进型产品,与原有产品差异不大,具有研制容易、竞争激烈的特点、如药物牙膏、自动手表即是对传统牙膏与传统手表的改良。改进产品有利于提高原有产品的质量或推进产品多样化,从而满足消费者对产品品质的更高要求,或满足不同消费者对同种产品的不同需求。

(4)仿制产品,是指企业仿造市场上已出现的新产品设计自己的产品后推向市场。仿制时虽可能有局部的改进或创新,但基本原理和结构与被模仿的产品是一样的。仿制产品难度小、投资少,易为消费者所接受,会使市场竞争更加尖锐。企业在仿制新产品时,应注意产品侵权问题。

(5)产品线补充型新产品,是指在原有的产品大类中开发出新的品种、花色、规格等,从而与企业原有产品形成系列,扩大产品的目标市场。这类产品大多是企业利用产品结构上的某些组合特征,寻找新的市场卖点,以利于竞争。这种新产品进入市场,只要具有某一特征,就很容易被消费者接受并进行普及。

(6)降低成本型新产品,是指以较低的成本提供同样性能的新产品。主要是指企业利用新科技,改进生产工艺或提高生产效率,推出削减成本但保持原有功能不变的新产品。这种产品很受消费者欢迎,特别适合在企业及品牌声誉较好的中高端产品的基础上开发。

(7)重新定位型新产品,是指企业把现有产品投入新的市场进行重新定位的产品。这类产品的推出赋予生产厂家利用现有的客户群体开拓潜在的市场的经营理念,表现为突破产品本身的限制、扩展营销组合策略的功能,因而具有很强的竞争优势。例如,阿司匹林在传统概念上是治头疼、脑热的标准用药,但由于医学上证明它还可以用做抗血凝剂,所以从将其用来治疗中风和心脏病这个意义上来看它就是一种新产品。

同步案例 7-2

从改进到原创,方太打开创新新赛道

自 2013 年以来,方太先后发布了智能风、云、星魔方等爆款吸油烟机,掀起洗碗机市场革命的跨界三合一水槽洗碗机,更符合当代青年厨电消费群体需求的蒸微一体机等现代化烹饪厨电,以及中国首个智能厨房生态系统 FIKS 智能系统……不仅给消费者带来了更多惊喜与感动,也为整个产业打开了更大的发展空间。2019 年也不例外,8 月 12 日,在以"幸福共比邻"为主题的 2019 年方太年度发布会上,方太重磅发布了集成烹饪中心和净水机两大新品,以硬核科技重构中式厨房的烹饪方式与净水健康标准,再度推动厨电产品科技性能与用户体验的大幅提升。

如今,"方太创新"已经成为家电行业的共识,但是在创新背后,是方太对于消费者,对于中国厨房烹饪环境,甚至对于中国烹饪文化的理解。

厨电行业敢于创新、勇于创新,并且坚持长年创新的企业不在少数,但是能够做到以消费者需求为核心,真正坚持创新有度的企业却是少之又少,而方太就是典型代表。

从成立至今,方太坚持每年将不低于 5% 的营收投入科研,且对重大项目研发投入不设限。方太建造了全球最尖端的厨电实验室,拥有 780 余人的研发团队;为了与全球前沿科技保持同步,方太不惜华重金在日本、德国成立了研发中心。

持续的投入催生了大量的创新性厨电产品。从第一代大圆弧线形深型吸油烟机到采取"欧式外观中国芯"的欧式吸油烟机,在目前的吸油烟机市场中,占主流地位的欧式机型和侧吸式机型吸油烟机,首创者都是方太。

作为一款划时代的厨电,水槽洗碗机开创性地将水槽、洗碗机、果蔬净化器融为一体,更原创了"开放式水泵无管路结构",避免二次污染。产品一经推出,引爆了国内整个洗碗机市场,两年内迅速完成从产业新军到洗碗机行业领军第一的蜕变,创造了全球家电行业最年轻的行业品类冠军纪录。

而此次发布的净水机,采用了方太自主研发的 NSP 膜色谱双效净水技术,不仅能够高效滤除重金属,还能保留有益矿物质,引领健康净水新模式。据了解,净水产品在中国已经发展 30 多年,但膜技术大多依赖进口。方太 NSP 膜色谱双效净水技术的发布在满足消费者对健康饮水的高品质需求同时,打破了高端净水材料主要依赖进口的局面。这也意味着方太已经将创新的触角延伸到更加硬核的科技领域——新材料领域。

同时,随着集成烹饪中心和净水机两大重磅产品的发布,方太正式开启了在企业新发展时期的战略行为——以"幸福+"模式,驱动产品、服务、品牌营销全方位升级和自我进化,并且明显加大了科技创新的力度。

据了解,截至2019年7月,方太已拥有近3000项专利,其中发明专利数量超400项。(案例资料来源:https://www.sohu.com/a/333574234_120044315。)

二、新产品开发策略与程序

对企业而言,开发新产品具有十分重要的战略意义,它是企业生存与发展的重要支柱。它能促进企业成长,增强企业竞争力,充分利用企业资源,使企业更好地适应环境的变化,并能加速新技术、新材料、新工艺的传播和应用。然而,新产品的开发又是一项艰难的、具有很大风险的工作。面对市场、技术诸多的不确定条件,企业在新产品开发程序和策略应用中应积极谨慎,切勿盲目轻率,这样才能有效地规避新产品开发风险并创造竞争优势。

(一)新产品的开发策略

美国著名管理学者帕西米尔教授是这样定义新产品开发策略的:新产品开发策略是一种发现确凿的新产品市场机会并能最有效地利用企业资源的指南。正确的新产品开发策略要服从企业总体经营战略的要求,应当对开发新产品的目标予以准确的定义,还要尽可能地对开发途径及开发过程中所需的协调、控制给予原则性的指导。同时,处理好以下四个关系也是非常重要的:以市场为中心或以生产技术为中心;以创新为主或以应用、模仿为主;自主开发还是联合开发;以开发全新产品为主还是以改进现有产品为主。

典型的新产品开发策略包括以下四种。

(1)领先策略。采取领先策略,指企业努力追求产品技术水平和最终用途的新颖性,保持技术的持续优势和市场竞争中的领先地位。新产品开发的目标是迅速提高市场占有率,成为该新产品市场的领先者,当然它要求企业有很强的研究与开发能力和雄厚的资源,中小企业显然不适合运用此新产品开发战略。

(2)进取策略。进取策略包括以下内容:竞争领域在于产品的最终用途和技术方面;新产品开发的目标是通过新产品市场占有率的提高使企业获得较快的发展;大多数新产品选择率先进入市场;开发方式通常是自主开发;以一定的企业资源进行新产品开发,不会因此而影响企业现有的生产状况。新产品创意可来源于对现有产品用途、功能、工艺、营销策略等的改进,改进型新产品、降低成本型新产品、重新定位型新产品都成为企业的选择,也不排除有较大技术创新的新产品开发。该新产品策略相对于领先策略而言风险要更小。

(3)追随策略。采取追随策略的企业并不抢先研究新产品,而是紧跟本行业实力强大的竞争者,迅速仿制竞争者已成功上市的新产品来迅速占领市场,以维持企业的生存和发展。追随策略的研究开发费用小,但容易受到专利的威胁,市场营销风险较大。因此,采用这种策略要求企业具有较强的跟踪竞争对手情况的能力以及动态的技术信息机构与人员,具有很强的消化、吸收与创新能力,使模仿改进的新产品更具竞争力。许多中小企业在发展之初常采用该新产品开发策略。

(4)防御策略。防御策略的产品竞争领域是市场上的新产品,新产品开发的目标是维持或适当扩大市场占有率,以维持企业的生存。采用该策略的企业的新产品开发的频率不高,多采用模仿型新产品开发模式,以自主开发为主,也可采用技术引进方式,产品进入市场的时机通常要滞后。成熟产业或夕阳产业中的中小企业常采用此战略。

（二）新产品的开发程序

新产品开发由创意与概念的形成开始，至产品在市场上成功销售为止，其间包括众多不同职能单位的参与以及大量时间和金钱的投入，因此如何有效规划新产品开发程序与管理新产品开发的活动，是所有企业都在关注的重要课题。

一般新产品开发的程序步骤为寻求创意、甄别创意、形成产品概念、分析可行性、设计与试制、试用与试销以及批量上市等七个阶段。

（1）寻求创意。寻求新产品创意有两层含义：首先是指新产品的开发要有的放矢，要去分析市场，了解市场整体趋势，了解目标市场上的竞争品有哪些弱点可以利用、消费者还有那些需求没有满足、有没有还处于空白阶段的细分市场区格；然后，在市场调查分析的基础上，通过激发内部员工的热情来构思创意，或者从企业外部的相关机构寻求创意。

新产品创意的主要来源有顾客、科学家、竞争对手、企业的推销人员、经销商、企业高层管理人员、市场研究公司、广告代理商等。除此之外，企业还可以从大学、咨询公司、同行业的团体协会、有关的报刊等媒介处获得创意信息。

（2）甄别创意。这一阶段是指从征集到的许多方案中选择出可行性较强的、具有开发条件的构思创意。甄选时，除了创意要符合当前市场需求外，还要考虑两个因素：一要看该创意是否与企业战略目标相适应，如企业的利润目标、销售目标、销售增长目标以及形象目标等方面；二要看企业是否具备足够的能力开发这种创意，如企业的资金能力、技术能力、人力资源和销售能力。

晨光"开学前一夜"广告

（3）形成产品概念。经过甄别后保留下来的产品创意要进一步发展成产品概念。所谓新产品概念是指将产品构思以文字、图案或模型描绘出来，形成一个比较具体、清晰和明确的产品概念。例如将产品的克重、规格、价格、包装、诉求点等要素初步确定，作为未来开发产品的具体指导与沟通基础。值得注意的是，形成新产品概念不能闭门造车凭空想象，而应针对市场机会进行开发，并且需要经过较详细的市场机会分析与销售预测的考验，以确保产品开发成功。

（4）分析可行性。新产品的可行性分析，是对某一拟开发的新产品从技术、经济、生产条件、市场环境、社会制约等方面进行全面调查研究和科学的分析、比较、评价，以确定最终是否开发这一新产品。可行性分析主要包括两个方面：①技术可行性分析，也就是根据用户对产品的需求，或根据国家的某些标准，分析考察产品方案对各种技术性能的实现程度。该分析由技术工艺部门负责，一般包括三个方面：外形设计分析、材料与加工分析、价值工程分析。②市场可行性分析，又称商业分析，实际上是经济效益分析。这需要由研究与开发部门、生产部门、市场营销部门和财务部门共同讨论分析。其任务是在初步拟订的营销规划的基础上，对新产品概念从财务上进一步判断它是否符合企业目标。一般包括两个方面：预测新产品销售额，根据销售额推算成本与利润。

（5）设计与试制。新产品设计一般分为初步设计、技术设计和工作图设计三个阶段。新产品试制一般包括样品试制和小批试制两个阶段。样品试制是校核设计的质量、产品的结构和性能等，小批试制是校核工艺、检查图纸的工艺性等。对决定试制的产品，还要进行商标、装潢设计。最后还要进行成本财务分析和初步定价。

（6）试用与试销。多数产品需要通过试用或试销检验。试用是指请用户直接试用样品，企业跟踪观察，及时收集试用实况、改进意见、用户使用习惯以及用户对包装、装潢、商标设计的要求等。试销是指将产品及其商标、装潢、广告、销售服务的组织工作置于一个小型市场环境中，实地检验用户反应。

（7）批量上市。如果新产品试销成功，即可进行批量生产，投入市场。产品投放市场，必须以试用试销过程中取得的信息为依据，制订出有效的营销组合策略，以便最快地进入和占领市场，达到一定的市场占有率。此时企业必须再次投入大量资金，而新产品投放市场初期往往利润很低，甚至亏损，因此，企业在此阶段应做好以下方面的决策：何时推出新产品，何地推出新产品，向谁推出新产品，如何推出新产品。

 小结

关键词：新产品开发策略

主要观点：

（1）开发新产品是市场营销观念核心思想"满足消费者不断变化的需求"的具体体现。

（2）开发新市场和开发新产品是保证企业生存与发展的两个主要途径，而开拓新市场归根到底是以开发新产品为前提的。

任务四 品牌策略

🎯 目标提示

·掌握品牌的内涵、设计与决策

🎯 学习内容

·品牌资产

·品牌决策

🎯 知识要点

品牌：用来识别一个企业的产品或服务的名称、符号、术语、记号或设计，或者这些因素的组合，是用来区别本企业产品与同行业其他企业同类产品的商业名称。

品牌是产品整体概念的重要组成部分，无论是对于生产经营者还是对于消费者，乃至对于一个国家都有着极其重要的作用。对于企业来说，品牌是商战中的王牌；对于消费者来说，品牌是一种面子；对于一个国家来说，品牌是国力的象征。

一、品牌资产

品牌是有价值的,是现代企业的一项重要资产。它是企业在长期的市场经营中形成的,并反映了未来企业的市场经营收入预期。

(一)品牌内涵

品牌是指用来识别一个企业的产品或服务的名称、符号、术语、记号或设计,或者这些因素的组合,是用来区别本企业与同行业其他企业同类产品的商业名称。品牌是一个集合概念,主要包括品牌名称、品牌标志、商标等三个部分。

(1)品牌名称,即品牌中可以用语言来称呼和表达的部分。例如海尔、小天鹅、长虹、康佳、可口可乐、健力宝等。

(2)品牌标志,即品牌中可以被识别和辨认但不能用语言来称呼和表达的部分,包括符号、图案、设计、与众不同的颜色等。例如耐克的一个勾的图案,凤凰自行车的凤凰图案,小天鹅的天鹅图案等。

(3)商标,是商品上的一种特定标记,它是将品牌图案化固定下来,在政府有关部门依法注册后,获得专用权,并受法律保护的品牌或品牌的一部分。经注册登记的商标标有"®"下标记或"注册商标"字样。商标与品牌都是产品的标记,商标必须办理注册登记,而品牌则无须办理。

(二)品牌资产

品牌资产就是消费者关于品牌的知识,是有关品牌的所有营销活动给消费者造成的心理事实,是与品牌、品牌名称和标志相联系,能够增加或减少企业所销售产品或服务的价值的一系列资产与负债。它主要包括五个方面,即品牌忠诚度、品牌认知度、品牌感知质量、品牌联想、其他专有资产(如商标、专利、渠道关系等)。这些资产通过多种方式向消费者和企业提供价值。

品牌资产具有四个特点:品牌资产是无形的;品牌资产是以品牌名字为核心的;品牌资产会影响消费;品牌资产依附于消费者,而非依附于产品。品牌资产既有正资产,也有负资产,它会因消费者的品牌经验和市场而变化。因此,品牌资产的维持或提升,需要营销宣传或其他营销活动的支持。

值得一提的是,品牌对生产经营者、消费者乃至社会都具有十分重要的作用。

(1)从生产经营者的角度看,第一,有助于促销,加深消费者对产品和企业的印象;第二,有利于建立品牌偏好,吸引消费者重复购买,扩大市场占有率;第三,借助于品牌商标的法律保护作用,可以防止同类劣质产品的假冒,保护本企业利益;第四,有助于减少价格弹性,使产品自然而然地与竞争对手的产品产生差异,即品牌差异;第五,有利于产品组合的扩张,在有品牌的产品线中增加新的产品项目较之增加没有品牌的产品线要容易得多,因为这种新增加的产品容易为市场所接受。

(2)从消费者的角度看,第一,品牌使消费者易于辨别自己所需要的产品或服务;第二,品牌容易消除消费者对新产品的疑虑,因为同一品牌的产品一般都具有相称的品质;第三,品牌便于消费者对产品质量进行监督,有效保护自身利益;第四,品牌便于消费者根据品牌寻找生产者或经营者进行产品的维修;第五,品牌还便于消费者在选择几种同类商品时进行比较。

（3）从社会的角度看：第一，品牌是公众监督产品的重要手段，可以促使企业产品质量的提高；第二，企业无论是在创立品牌还是维系品牌时，都可以加强企业的创新精神；第三，可保护企业间的公平竞争，促使整个社会的经济健康发展。

（三）品牌设计

品牌由文字、图案及符号构成。品牌设计的题材十分广泛，诸如花鸟虫鱼、名胜古迹、天文地理等。品牌设计是艺术和创意在企业营销活动中的展现。从市场营销的角度来看，品牌的设计要求包括以下六点。

（1）特点鲜明。这样能很好地反映企业及产品的特色和优点，如企业精神、产品用途、特性和品质等。无论是文字、图案还是色彩的运用都要以独特的风格区别于其他企业的同类产品。这种特点越强，品牌就越显著。

（2）简单明了。这样的设计易于辨认、易懂易记，具有强烈的吸引力，见后使人留下深刻的印象，同时也便于传播。

（3）美观大方，构思新颖。这样的品牌能给顾客以美的享受，对顾客产生强大的艺术感染力。

（4）遵循法律规定。品牌设计一定要遵循商标法的有关规定。例如国家的名称、国旗、国徽、军旗等不许用作商标，国际组织的旗帜、徽记、名称不允许用作商标等。

（5）适应风俗习惯。不同的顾客，由于文化、民族特点不同，具有不同的风俗习惯及信仰。在品牌设计中要充分权衡，全面考虑。

（6）符合目标市场顾客偏好，暗示产品效用。例如"迅达"牌电梯、"健力宝"牌饮料等的品牌隐喻和产品的特性就比较贴切；而"苍松"牌儿童服装、"宝塔"牌帽子等的品牌隐喻与产品特性不一致，自然会影响市场对产品品牌的感知质量和品牌联想。

二、品牌决策

品牌决策是企业的整个产品战略中不可缺少的一个方面。企业是否给产品起名，起什么名，如何设计品牌及向政府申请注册品牌，这些活动将直接影响产品价值的增加。品牌决策的内容包括：品牌化决策、品牌归属决策、品牌统分决策、品牌扩展决策、多品牌决策。

（一）品牌化决策

品牌化决策，是指企业决定是否为产品确定品牌。创建一个品牌对企业来说是一项极具挑战性的决策，企业不仅需要付出高昂的成本和艰苦的努力，而且要承担该品牌得不到市场认可的风险。无品牌、简包装的商品虽然能大幅度降低营销成本，有利于扩大产品销路，但鉴于品牌对企业、消费者乃至社会起着不可估量的作用，并能为产品带来一系列的优势，多数企业仍然要使产品品牌化。但对于那些在加工过程中无法形成一定特色的产品，以及对于那些消费者只看重产品的式样和价格而忽视品牌的产品，品牌化的意义就不大。

"完美日记们"离国际大牌
差几个爆品？

(二)品牌归属决策

当企业决定对产品使用品牌后,接着要决定的是使用谁的品牌,使用制造商的或经销商的品牌还是混合使用制造商和经销商的品牌,也就是要做出品牌归属决策。通常,在制造商具有良好市场信誉、拥有较大市场份额,特别是制造商品牌成为名牌后,应使用制造商品牌;在制造商资金能力薄弱、市场营销力量相对不足、企业名气小,或生产的产品还不被市场所了解的情况下,则可采用声誉较好的经销商的品牌。具体的品牌归属决策包括以下三种。

(1)制造商品牌。所谓制造商品牌是指制造商使用自己的品牌。有些享有盛誉的制造商也将其著名商标转让给别人使用,收取一定的特许使用费。一般情况下,品牌是制造商的产品标记,制造商决定产品的设计、质量、特色等。

(2)经销商品牌。近年来,随着商业的发展,商业企业逐步形成了自己的声誉,在消费者中产生了一定的影响,因此产生了经销商品牌,如美国的沃尔玛超市经销的90%的商品都用自己的品牌。强有力的批发商中也有许多使用自己的品牌,以增强对价格、供货时间等方面的控制能力。

(3)混合品牌。制造商还可以决定哪些产品使用自己的品牌,哪些产品使用经销商品牌。选择的标准是看哪种品牌对企业更有利。企业也可征得经销商同意后,把制造商品牌与经销商品牌联用,构成联合商标。

(三)品牌统分决策

企业在决定使用自己的品牌之后,面临着使用一个或几个品牌,还是不同产品分别使用不同品牌名称的决策,这就是品牌统分决策。一般有四种策略可供选择。

(1)个别品牌。个别品牌是指企业生产的各种不同的产品分别采用不同的名称。个别品牌策略又有以下三种形式:第一,不同的产品采用不同的品牌;第二,相同的产品依据其质量、式样、花色等不同而采用不同的品牌;第三,质量、式样、花色完全相同的商品在不同的市场上采用不同的品牌。采用这种品牌策略的优点是便于消费者区分不同质量档次的商品,也有利于企业的新产品向多个目标市场渗透,企业不会因某一品牌信誉下降而影响整个企业的声誉,不足之处是促销费用较高。上海牙膏厂生产的牙膏就是采用这一模式,分别采用"美加净""中华""白玉""黑白""玉叶""庆丰"等品牌,以示质量和价格的区别。

(2)统一品牌。统一品牌是指企业生产的所有不同种类的商品都统一使用一个品牌。采用这一策略,可以利用企业已有声誉迅速增强系列产品的声誉,建立一整套企业识别体系和统一的品牌;让商品具有强烈的可识别性,容易给人留下深刻的印象,从而提高企业的信誉和知名度,特别是在原有产品已有很好声誉的情况下,很容易地使消费者接受企业的新产品;有利于节省大量新产品的设计和宣传费用,便于开展系列广告;在统一品牌下的各种产品可以互相声援、扩大销售。但不可忽视的是,任何一种产品的失败都可能使其他产品受到牵连,从而影响全部产品和整个企业的声誉。郁美净系列化妆品、海尔系列产品就是采用统一品牌这一策略。

(3)分类品牌。分类品牌是指企业对生产的各类产品分别命名,每一类产品使用一个品牌。这实际上是对前面两种做法的一种折中。这种策略可以区分在需求上具有显著差异的产品类别,对于多角化经营企业尤其适用。例如我国第一汽车制造厂生产的各种载重车都用解放牌,而各种小客车都用红旗牌。

（4）企业名称加个别品牌。企业名称加个别品牌的做法是,企业对各种不同产品分别使用不同品牌,但在每一品牌名称前冠以企业名称。这种策略既有利于企业推出新产品,使企业各类产品相互推动,壮大声势,节省广告宣传费用,又可使各品牌保持相对的独立性并具有各自特色。例如美国通用汽车公司所生产的各种类型的汽车,前面都加上 GM 两个字母作为统一品牌,后面再分别加上凯迪拉克（Cadillac）、别克（Buick）、雪佛兰（Chevrolet）等不同的品牌,以表明这些汽车都是通用汽车公司生产的,但它们又各有特点。

（四）品牌扩展决策

品牌扩展决策又称品牌延伸决策,是指企业利用已具有市场影响力的成功品牌来推出改良产品或新产品。这样可以使新产品借助已成功品牌的市场声誉,在节省促销费用的情况下顺利进入市场。如果品牌扩展获得成功,还可进一步扩大原品牌的影响和企业声誉。例如,索尼把它的品牌扩展到其大多数新的电子产品中。但是,如果将著名品牌扩展使用到与其形象、特征不相吻合、不相接近的产品领域,则可能有损原品牌形象。例如如果将高品质形象的品牌扩展到某些低价值产品上,可能会使消费者反感,如海尔番茄酱或者波音香水。总之,品牌扩展决策是一把双刃剑,若扩展不当可能会有较大风险,企业应根据实际情况谨慎行事。

（五）多品牌决策

多品牌决策,是指企业在同一种产品上同时使用两个或两个以上相互竞争的品牌。多种不同的品牌可以吸引消费者更多的注意,特别是那些求新求奇的品牌转换者;多种品牌可使产品深入多个不同的细分市场,企业能占领更广大的市场;多品牌也有助于企业内部多个产品部门之间的竞争,提高效率,增加总销售额。采用多品牌策略的主要风险是每种品牌的产品只有较小的市场份额,不能集中到少数几个获利水平较高的品牌上,使企业资源分散消耗于众多的品牌上。当然,企业可以剔除"疲软"的品牌,使得多个品牌的总销量超过单一品牌的市场销量,以增强企业在这一市场领域的竞争力。首创这种策略的是美国的宝洁公司,该公司与我国企业合资生产的洗发水就有"海飞丝""飘柔""潘婷""沙宣"等几个品牌。

 小结

关键词：品牌策略

主要观点：

（1）品牌是企业宝贵的无形资产,优质的品牌形象反映了商品的质量和内涵,有助于吸引消费者,扩大市场占有率,从而在竞争中发挥重要作用。

（2）企业如能有效地建立品牌形象,使消费者对该品牌的产品具有忠诚度,那么该企业就可以获得较佳的利润。

任务五　包装策略

目标提示

• 了解包装的重要功能、各种包装策略

学习内容

• 包装的功能
• 包装设计及策略

知识要点

包装：设计并生产产品的容器或包扎物的一系列活动。

包装是产品整体概念的重要组成部分，是商品的形象，其作用远远不止作为容器保护商品本身，而是刺激消费需要、提高市场竞争力的重要手段。

一、包装的功能

在当今市场上，各种包装形态万千，大多数产品都是通过包装后再供应市场的。包装在现代市场营销活动中显示出越来越重要的作用，它对产品的促销具有十分重要的意义，人们把包装比喻为"无声的推销员""心理的推销手段"。

(一)包装的内涵

包装是指设计并生产产品的容器或包扎物的一系列活动。这种容器或包扎物被称为包装物。产品包装一般有三个层次：主包装、次包装和运输包装。主包装又称内包装，指盛装产品的直接容器，如装洗净液的瓶子；次包装又称中包装，指用于保护产品和促进销售的直接容器外面的包装，如用来包装洗净液瓶了的硬纸板盒；运输包装，又称外包装，指便于储存和搬运，保护商品不被损坏而进行的包装，如波纹盒就是运输包装。此外，包装上的标签、装潢(指对包装进行装饰和艺术造型)等也属于包装范畴。

(二)包装的功能

在市场营销活动中，包装主要有以下三个方面的功能。

1.保护商品

保护商品是包装最基本的功能。对于这一功能，我们不能简单地理解为是给商品一个防止外力破坏的外壳，实际上保护商品具有如下双重的意义。

(1)包装不仅能防止商品物理性的损坏，如防冲击、防震动、耐压等，也可防止各种化学性及其他方式的损坏。各种复合膜的包装可以在防潮、防光线辐射等多方面同时发挥作用。例如啤酒瓶的深色可以让啤酒较少受到光线的照射从而不变质。

（2）包装不仅能防止由外到内造成的损伤，还能防止由内到外产生的破坏。例如化学品的包装，如果因达不到要求而渗漏或爆炸，就会对环境造成破坏，甚至对人体造成伤害。因此，在对产品进行包装时，要注意产品包装材料的选择以及包装的技术控制。

2.方便功能

合理的包装便于运输与装卸，便于保管与储藏，便于携带与使用，便于回收与废弃处理。具体来说包括三个方面。

（1）时间方便性：科学的包装能为人们的活动节约宝贵的时间，如快餐包装、易开包装、分拆组合式包装等。

（2）空间方便性：包装的空间方便性对降低流通费用至关重要。尤其对于商品种类繁多、周转快的超市来说，由于十分重视货架的利用率，因而更加讲究包装的空间方便性。规格标准化包装、挂式包装、大型组合产品拆卸分装等类型的包装都能比较合理地利用物流空间。

（3）省力方便性：按照人体工程学原理，结合实践经验设计的合理包装，能够节省人的体力消耗，使人产生一种现代生活的享乐感。因此，在包装时应该对规格、尺寸、形态、重量以及包装工艺、材料、结构、开启方法等方面进行科学合理的设计。

3.促销增值功能

促销增值功能是包装最主要的功能之一。产品云集的货架上，不同企业依靠商品的不同包装来表明产品的性质结构、化学成分、使用说明及保管方法，并展现自己产品的特色，以区别于其他企业的商品。从这个意义上来说，包装不仅能体现出商品的内在品质，帮助消费者正确地使用产品，又能通过精巧的造型、醒目的商标、得体的文字和明快的色彩等艺术语言宣传产品，吸引顾客的注意力并满足他们心理与生理的需求。因此，优良、精美的包装既是优秀的推销，又可以提高商品的身价，使顾客愿意付出较高的价格购买。

二、包装设计及策略

产品包装的营销功能要通过具体设计及策略来实现，而包装设计不仅仅要考虑生产、销售市场因素，更要考虑消费者的消费习惯乃至美学等因素。

（一）包装设计

包装设计是设计师在通过市场调查正确地把握消费者对产品与包装内在质量与视觉外观的需求基础上确定设计的信息表现与形象表现。任何包装设计创作的出发点必须是消费者和市场的需求，其最终目标是吸引消费者，促进产品销售。

首先，企业进行产品包装设计时，要充分调查了解以下三方面内容：（1）在销售对象方面，要了解消费者的文化水平、宗教信仰、生活水平、生活习惯等，从而考虑什么样的包装对他们有吸引力；（2）在销售市场方面，要掌握该产品、竞争者的情况和有关市场的法律规定，以及现有包装设计的发展趋势；（3）在生产商方面，要了解该生产商在其产品销售市场上的地位，以及在竞争者中的地位。

其次，企业产品包装设计要充分考虑以下要求：（1）包装设计应与商品的价值或质量相适应；（2）包装设计应充分表现产品的内容、性质和独特性，以达到包装与商品同一化，给消费者带来里外一致的印象，便于其选购；（3）包装上应鲜明地标示商标的名称和注册商标的样式,其形状要易读、易辨、易记;(4)包装的装潢应给人美感并具有独特的风格;(5)包装装潢上的文字、图案、色彩等不能与目标市场的风俗习惯、宗教信仰发生冲突;(6)包装应充分考虑运输、储藏的方便性以及消费者购买、携带和使用的需求,应根据需要设计不同的规格和分量;(7)包装材料的使用上要注意减少污染,避免资源浪费,保护生态环境。

(二)包装策略

包装策略是产品策略的重要一环。由于包装在产品营销中的重要性,企业除了应认真做好包装设计,使包装充分显现产品的特色与魅力外,还需要运用适当的包装策略,使包装的设计与策略的运用相得益彰,发挥更大的作用。常用的包装策略主要有以下六种。

(1)类似包装,即指企业所有产品的包装采用共同或相似的形状、图案、特征等。这样既可以节省包装设计成本,又便于顾客识别出本企业产品,尤其是对于忠实于本企业的顾客,类似包装无疑具有促销的作用。这一策略也有利于提高企业的整体声誉,壮大企业声势,特别是能使新产品上市时迅速进入市场。但类似包装策略只适用于质量相同的产品,品种差异大、质量水平悬殊的产品则不宜采用。

元气森林包装策略:巧用 7 秒定律

(2)配套包装,又称组合包装,即在同一包装内放入相关联的多种产品。这种策略不仅有利于充分利用包装容器的空间,而且有利于同时满足同一消费者的多种需要,方便使用,扩大销售。组合包装不仅能促进消费者的购买,也有利于企业推销产品,特别是推销新产品时,可将其与老产品组合出售,创造条件使消费者接受、试用。例如化妆品的组合包装、医用药箱、工具包等,都属于这种包装方法。

(3)等级包装,即按照产品的价值、品质将产品分成若干等级,实行不同的包装,优质产品用优质包装,一般产品用普通包装,使包装与产品的价值相称。这种包装策略有利于消费者辨别产品的档次差别和品质的优劣,它适用于生产经营的产品相关性不大,产品档次、品质比较悬殊的企业。这种包装策略的优点是能突出产品的特点,并与产品质量协调一致,缺点是加大了设计成本。

(4)附赠包装,指在包装物内附赠物品或奖券,或包装本身可以换取礼品,以吸引顾客重复购买,扩大销售。例如在儿童用品中附赠玩具是目前一种最为流行的做法。又如在珍珠膏包装盒中附赠珍珠别针一枚,顾客买了一定数量的珍珠膏之后就能串成一根珍珠项链,这样可使珍珠膏销量大增。

(5)再使用包装。这种包装物在产品使用完后,还可有别的用处,购买者可以得到一种额外的满足,从而激发其购买产品的欲望。例如设计精巧的果酱瓶,在果酱吃完后可以当作茶杯用。这种包装策略可使消费者感到一物多用并激发其购买欲望,而且包装物的重复使用也起到了对产品的广告宣传作用。但需谨慎使用该策略,避免因成本加大引起商品价格过高而影响产品的销售。

(6)变更包装,即对原产品包装进行某些改进或改换,以开拓新市场,吸引新顾客。当原产品声誉受损、销量下降时,通过变更包装,防止销量再下降,保持市场占有率。但企业在改变包装的同时必须配合宣传工作,以消除消费者的认为产品质量下降或其他的误解。变更包装策略既可以以新形象吸引顾客的注意力,又可以改变产品在消费者心目中的不良形象,有利于迅速恢复企业声誉,重新扩大市场份额。但对优质名牌产品,消费者早已熟悉了它们的包装,则不适宜采用这种策略。

 小结

关键词:包装策略

主要观点:

(1)包装是产品整体概念的重要组成部分,是商品的形象,其作用远远不止作为容器保护商品本身,而是刺激消费需要、提高市场竞争力的重要手段。

(2)在营销学上,包装有保护产品、保护消费者、便于携带使用、吸引消费者的注意以及增加消费者额外利益五种功能。

 复习与思考

一、单项选择题

1.在产品整体概念中,最基本最主要的部分是(　　　)。

　A.核心产品　　　　　B.形式产品　　　　　C.附加产品　　　　　D.潜在产品

2.某企业生产 5 类产品,其中每一类平均有 6 个产品项目,则产品组合的长度是(　　　)。

　A.5　　　　　　　　　B.6　　　　　　　　　C.16　　　　　　　　　D.30

3.(　　　)是指产品线中的每一产品中所包含的不同花色、规格、尺码、型号、功能和配方数目的多少。

　A.产品组合的深度　　　　　　　　B.产品组合的宽度

　C.产品组合的长度　　　　　　　　D.产品组合的关联度

4.期望产品,是指购买者在购买产品时,期望得到与(　　　)密切相关的一整套属性和条件。

　A.服务　　　　　　　B.质量　　　　　　　C.产品　　　　　　　D.用途

5.产品包装一般包括三个部分,即(　　　)、销售包装、运输包装。

　A.第一层次的包装　　　　　　　　B.外部包装

　C.搬运包装　　　　　　　　　　　D.简易包装

6.当销售量增长缓慢、利润增长接近于 0 时产品周期进入了(　　　)的阶段。

　A.衰退期　　　　　　B.成长期　　　　　　C.潜伏期　　　　　　D.成熟期

7.消费者为了物色适当的物品,在购买前往往要去许多家零售店了解和比较商品的花色、花样、质量、价格等,这种消费品叫做(　　　)。

　A.便利品　　　　　　B.特殊品　　　　　　C.选购品　　　　　　D.非渴求商品

8.产品进入开发阶段以后,将进行(　　　)。

A.功能测试　　　B.消费者测试　　　C.市场测试　　　D.样品测试

9.面对处于衰退期的产品,企业把资源集中在最有利的子市场和销售渠道上,从中获取利润。这种策略属于(　　)。

　　A.维持策略　　　B.集中策略　　　C.收缩策略　　　D.放弃策略

10.在产品处于成熟期后期及衰退期阶段时应采用的是(　　)。

　　A.劝说性广告策略　　　　　　B.提醒性广告策略

　　C.说明性广告策略　　　　　　D.告知性广告策略

二、多项选择题

1.可以根据产品的耐用性和是否有形对产品进行分类,大致可分为(　　)。

　　A.高档消费品　　B.低档消费品　　C.耐用品　　　D.非耐用品　　　E.服务

2.商品包装的构成要素是(　　)。

　　A.材料　　　　　B.颜色　　　　　C.商标或品牌　　D.形状　　　　　E.图案

3.统一品牌策略(　　)。

　　A.能够降低新产品的宣传费用　　　　B.有助于塑造企业形象

　　C.易于区分产品质量档次　　　　　　D.促销费用较低

　　E.适用于企业所有产品质量水平大体相当的情况

4.产品整体概念的基本层次包括(　　)。

　　A.核心产品　　　B.形式产品　　　C.期望产品　　D.延伸产品　　　E.潜在产品

5.产品生命周期包括(　　)。

　　A.开发期　　　　B.投入期　　　　C.成长期　　　D.成熟期　　　　E.衰退期

三、判断题

1.产品生命周期是指产品从开始使用到报废所经历的全部时间。(　　)

2.新产品导入期由于没有竞争者所以风险最小。(　　)

3.新产品应是企业向市场提供的、市场上不曾有过的产品。(　　)

4.营销战略制定之后,企业就要进入产品开发阶段。(　　)

5.为加速新产品开发,公司可以采用顺序产品开发。(　　)

6.一般来说,在成熟期产品销售量达到高峰。(　　)

7.一般来说,企业在成熟期的营销目标是保持市场份额的最大化。(　　)

8.产品的生命周期一般用销售量和利润额的变化率来衡量。(　　)

9.判断失误是新产品开发失败的主要原因之一。(　　)

10.产品是满足顾客需求的物质实体与非物质形态服务的总和。(　　)

四、案例分析

根据维达纸业的案例回答以下问题:

1.按消费者购物习惯划分,纸巾属于(　　)。

　　A.耐用品　　　　　　　　　　　B.便利品

　C.选购品　　　　　　　　　　　　　D.特殊品

2.维达纸巾所处的产品生命周期是(　　　)。

　A.衰退期　　　　　　　　　　　　　B.投入期

　C.成长期　　　　　　　　　　　　　D.成熟期

3.立体美压花面纸属于哪一种新产品类型?(　　　)

　A.全新产品

　B.革新产品

　C.产品线补充型新产品

　D.重新定位型新产品

维达:中国制造,走向国际,
面向未来

4.这款纸巾有"棉韧不易破、亲肤无刺激"的触感,可以
媲美丝绸的舒适感,体现了整体产品概念的哪个层次特征?(　　　)

　A.核心产品　　　　　B.形式产品　　　　　C.附加产品　　　　　D.期望产品

项目八 市场营销价格策略

💡 能力目标

- 了解影响企业定价的主要因素
- 掌握企业定价的流程及定价技巧
- 灵活应用定价策略
- 正确使用价格调整手段

💡 素质目标

- 了解并把握企业定价的流程及定价技巧
- 运用所学的定价策略原理与方法,分析和解决企业有关定价及价格调整的问题

💡 学习任务

- 任务一 影响企业定价的主要因素
- 任务二 企业定价的流程与技巧
- 任务三 价格变动与企业对策
- 任务四 特殊定价策略

📇 开篇案例

"喜小茶"的价格策略

喜茶正在开始新一轮的话题收割。据媒体报道,喜茶推出子品牌"喜小茶"(品牌标志如图 8-1 所示),目前还处于摸索尝试阶段。值得注意的是,相较于喜茶的 30 元左右的定价,喜小茶的定价却在 6～16 元这一区间。

目前喜小茶官方微信公众号、官方微博账号、小程序均已上线。根据喜小茶官方微信公众号显示,喜小茶饮料厂为喜茶旗下全新子品牌,其定位为"提供合适、刚好的产品,在合格的标准上尽可能实惠"。

从喜小茶小程序(见图 8-2)上线的产品可以看到,子品牌的产品线与喜茶有一定的区分。主要产品品类为奶茶、果茶、咖啡、冰激凌等,与主品牌喜茶的产品风格完全不同,但在喜小茶小程序的"加料区"仍能看到许多喜茶产品元素的影子。

另外,喜小茶线下实体店已经在深圳福田华强广场开始尝试营业,从门店空间和选址可以看出,其门店风格与喜茶门店风格不同,门店面积相对较灵活。

喜小茶与喜茶最大的区别在于定价。喜小茶小程序显示,目前上线的产品价格主要在6~16元区间,这与喜茶的产品定价相差1倍左右。在大众点评上,目前已经可见尝试过喜小茶产品的消费者评价,其中几乎都有提到价格低。

从喜小茶的价格定位来看,其似乎在为布局三、四、五线市场做准备。而喜茶目前在全国40多个城市布局了450家门店,这些门店大多位于一、二线城市。结合品类和价格不难看出,喜小茶直接对标的包括与此价格区间相匹配的茶饮和咖啡品牌。

北商商业研究院特约专家、北京商业经济学会常务副会长赖阳表示,喜茶目前在市场影响力上进入了一个稳定阶段,不过从价位上来看,覆盖的消费群体是有限的。他认为,根据喜小茶的定位可以看出,喜小茶可以进行低端市场的全覆盖,与现有品牌形成错位,占据更广阔的市场,提升渗透率。另外,从目前上线的品类及价格来看,喜小茶的产品线全新且选择性更精准。对于喜茶来说,借助子品牌进行单品创新,相对来说成本上可以大幅度下降,从而提升部分消费者的接受度。而在喜茶品牌内进行低价产品的创新,很容易打乱喜茶的价格体系。通过价格来细分市场也是目前餐饮企业常用的一种方式。喜小茶的布局范围不排除下沉市场,不过其在一、二线市场的机会依旧很大。从目前的品牌品质、品类以及价格来看,喜小茶能够更广泛地满足消费群体的需求。

图 8-1 "喜小茶"品牌标志

图 8-2 "喜小茶"小程序截图

中国食品产业分析师朱丹蓬则表示,从喜小茶的定位与定价来看,它为喜茶整个品牌下沉和促销创造了更大的空间,也为以后走资本端形成有利条件。不过,目前三、四、五线市场的强势茶饮品牌并不少,如果喜小茶布局下沉市场,其核心竞争力是什么是值得深究的问题。

（案例资料来源:《北京商报》,有删改。）

思考:喜小茶运用了什么价格策略? 它为什么要这样做?

任务一　影响企业定价的主要因素

🔆 目标提示

- 掌握影响企业定价的主要因素

🔆 学习内容

- 影响企业定价的内部因素
- 影响企业定价的外部因素

🔆 知识要点

定价策略:企业通过对客户需求的估量和成本分析,选择一种能吸引顾客、实现市场营销组合的价格策略。

价格是一把双刃剑,能够为企业创造巨额利润,也可能给企业带来毁灭性的打击。所以,价格策略是现代企业营销组合策略中极其重要的组成部分。本章将探究如何使价格策略具有买卖双方的双向决策特征。

一、影响企业定价的主要因素

定价策略,是指企业通过对顾客需求的估量和成本分析,选择一种能吸引顾客、实现市场营销组合的价格策略。价格是市场营销组合中最灵活、最难以确定的因素,它可以灵敏地反映出市场供求变化。价格又是市场营销组合中唯一能产生收入、为企业提高利润的因素。

国内市场营销学界著名学者何永祺教授针对一个时期以来一些贬低价格竞争意义的观点,提出"价格竞争是市场竞争的永恒主题"的命题。因此,正确的定价策略对于企业成败至关重要。企业要制定出正确的定价决策,首先应该正确分析影响企业定价的一些主要的内部及外部因素。

影响企业定价的因素

(一)影响企业定价的内部因素

影响企业定价的内部因素主要包括：企业的营销目标、企业的营销组合和产品成本等。

1.企业的营销目标

企业的营销目标直接影响着产品价格的确定。不同行业的企业，同一行业的不同企业，以及同一企业在不同时期、不同市场条件下，都可能有不同的营销目标。一个企业对它的营销目标越清楚，产品的价格就越容易确定。企业营销目标主要有以下五种。

(1)维持生存。企业通常是在生产能力过剩、市场竞争激烈、大量产品积压、资金周转出现困难、生存受到威胁的情况下不得已才选择这一目标。在此营销目标下，企业应为其产品制定较低的价格，以求收回成本，使企业得以继续经营下去。

(2)应付和防止竞争。企业对竞争者的行为都十分敏感，尤其是价格的变动状况。在市场竞争日趋激烈的形势下，企业在实际定价前，都要广泛收集资料，仔细研究竞争对手的产品价格情况，通过自己的营销目标去对付竞争对手。在这一营销目标下，企业可根据不同条件采用以下子目标。

①稳定价格目标，即以保持价格相对稳定，避免正面价格竞争为目标进行定价。

②追随定价目标，即主要以对市场价格有影响的竞争者的价格为依据，根据具体产品的情况将价格定得稍高或稍低于竞争者。

③挑战定价目标，即采用低价入市，迫使弱小企业无利可图而退出市场或阻止竞争对手进入市场。

(3)当期利润最大化。当期利润额最大化取决于在准确估计成本和需求上的合理价格所推动的销售规模，因而追求最大利润的营销目标并不意味着企业要制定最高单价。当然并不排除在某种特定时期及情况下，企业对其产品制定高价以获取短期最大利润。一些多品种经营的企业，可以使用组合定价策略，即有些产品的价格定得比较低，有时甚至低于成本以招徕顾客，借以带动其他产品的销售，从而使企业利润最大化。

(4)扩大市场占有率。市场占有率(或市场份额)是企业经营状况和产品在市场上竞争能力的直接反映，关系到企业的兴衰存亡。为获得较高的市场占有率，企业可以通过低价策略实现规模经济效应，保证企业产品的销路，取得市场控制地位，从而使利润稳步增长。这种低价策略可以是：

①定价由低到高，即在保证产品质量和降低成本的前提下，企业以低价争取消费者，打开产品销路，提高企业产品的市场占有率。待占领市场后，再通过增加产品的某些功能，或提高产品的质量等措施逐步提高产品的价格。

②定价由高到低，即企业对一些竞争尚不激烈的产品，在入市时定价可高于竞争者的价格，利用消费者的求新心理，在短期内获取较高利润。待竞争激烈时，企业再适当调低价格，扩大销量，提高市场占有率。

(5)产品质量领先。质量与价格相吻合是定价的一般原则。要在市场上树立一个产品质量最优的形象，企业往往需在成本及产品研发等方面做较大投入，为补偿投入，往往要给产品或服务制定较高价格。反过来，这种较高的价格会提高产品的优质形象，吸引较高收入的消费者。这种目标还可以帮助企业树立在市场上的产品质量领袖形象。

同步案例 8-1

　　金利来领带一上市就以优质、高价作为自身的定位,对有质量问题的领带决不上市销售,更不会降价处理。金利来传达给消费者这样的信息,即金利来领带绝不会有质量问题,低价销售的金利来绝非真正的金利来产品,从而极好地维护了金利来的形象和地位。

　　问题:金利来领带的优质高价定位策略的理论依据是什么?

　　分析提示:影响企业产品定价的主要因素之一是企业营销目标。金利来领带的定价受企业质量领先营销目标——要在市场上树立一个领带产品质量领袖形象的影响。高质高价是一种普遍的消费心理和思维逻辑,因此,这种定价能让消费者接受,也能为企业获取高额利润,以实现企业营销目标。

　　2.企业的营销组合

　　企业的定价策略必须与市场营销组合的其他因素相配套。如产品方面,企业产品的质量、特性、功能、种类、标准化程度、季节性、时尚性、生命周期阶段、附加服务和品牌形象等对价格有直接的制约作用。所以,企业在定价中要处理好质与价的关系,做到价格与质量相符,价格与特性、服务相符,并根据企业产品品牌当前的形象或企业对产品品牌的预期形象确定价格水平。此外,企业的信息沟通能力,如当前或预期促销宣传的风格和力度,营销人员的素质和能力,还有营销网络的架构和中间商的信誉及服务能力也会制约企业定价策略的选择。

　　3.产品成本

　　产品成本是决定产品价格最基础的、最重要的因素,也是产品价格的最低经济界限。一般来说,产品价格必须能补偿产品生产及市场营销活动中的所有支出,并补偿企业为经营该产品所承担的风险支出。产品的成本包括生产成本、销售成本、储运成本和机会成本。成本的高低是影响定价策略的一个重要因素,只有当产品定价高于平均成本时,企业才会盈利。

　　尽管在营销活动中,有些企业在某些时候出于各种原因采取了低于成本的定价,但这种定价是不能长期维持的,而且很可能会被政府有关部门判定为倾销行为而被禁止。

　　(二)影响企业定价的外部因素

　　影响企业定价的外部因素主要包括市场需求、市场竞争、国家政策。

　　1.市场需求

　　市场需求与价格之间是相互影响、相互作用的。在一般情况下,如果市场对某产品的需求量大于供应量,则产品的定价可适当提高,反之则应适当降低。实际上,产品价格水平的上升或降低,又反过来会影响市场需求。

　　下面,我们从需求弹性来分析和揭示两者的关系。

　　需求弹性又称需求价格弹性,是指价格变动而引起的需求量相应变化的程度。可以用弹性系数 E 表示,其公式为:

$$E = \frac{\Delta Q}{Q} \div \frac{\Delta P}{P}$$

公式中,E 是需求弹性系数,Q 是原需求量,ΔQ 是需求变动量,P 是原价格,ΔP 是价格变动量。

若需求量与价格的变化是反方向的,则 E 为负数。企业定价时应考虑需求弹性的强弱来做出企业的价格决策:①$E=1$ 时需求为标准弹性,采用通行市场价格;②$E>1$ 时需求为富有弹性,采用降价策略;③$E<1$ 时需求缺乏弹性,采用提价策略。

在以下条件下,需求可能缺乏弹性:①市场上没有替代品或没有竞争对手;②购买者对价格不在意;③购买者对产品有较强的购买习惯且不易改变;④购买者认为产品质量有所提高或认为存在通货膨胀。

2.市场竞争

市场营销理论认为,产品的最低价格取决于该产品的成本费用,最高价格取决于产品的市场需求。而在最高价格和最低价格的区间内,企业把这种产品价格定多高,则取决于竞争者同种产品的价格水平(如图 8-3 所示)。

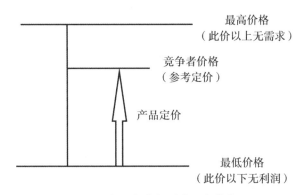

图 8-3 产品定价与影响因素的关系

在市场经济中,处于竞争优势的企业往往拥有较大的定价自由,而处于竞争劣势的企业则更多地采用追随性价格策略。市场一般有以下四种类型:完全竞争市场、不完全竞争市场、寡头竞争市场和完全垄断市场。在完全竞争市场上,任何一个卖主或买主都不能单独左右该种商品价格,价格在多次市场交换中自然形成,买卖双方均是价格的接受者;在不完全竞争市场上,市场竞争激烈,企业都会认真分析竞争对手的价格策略,密切注意其价格变动动向并及时做出反应;在寡头竞争市场中,任一企业的价格决策都取决于其他企业的价格决策,几个寡头企业的竞争十分激烈;在完全垄断市场上,企业没有竞争对手,独家或少数几家企业联合控制市场价格,定价基本上可以不考虑竞争因素。

3.政府力量

在市场经济社会,政府力量渗透到企业市场行为的每一个角落。世界各国政府对价格的干预和控制普遍存在,只是程度不同。政府在企业定价方面的干预通常表现为一系列的经济法规。例如价格法、反不正当竞争法等在不同方面和不同程度上制约着企业的定价行为,同时也是企业定价时的重要依据,企业在制定价格时不可违背。

政府针对企业定价的政策、法规和措施有监督性的,有保护性的,也有限制性的。例如国家在某些特殊时期,利用行政手段对某些特殊产品实行最高限价、最低保护价政策;

为刺激或抑制需求、扩大或减少投资而采取的提高或降低利率或税率的经济政策;为保护竞争、限制垄断,促进市场竞争的规范化、有序化,通过立法手段制定相关法规。

 同步案例 8-2

2020 年 1 月 28 日,上海家乐福超市徐汇店在春节期间销售的 15 个品种的蔬菜,在进货价格无明显浮动的情况下,多次调高销售价格,存在涨价幅度大、品种多以及价格临时调高变动的情况,其中生菜、小白菜、鸡毛菜的涨幅分别为 692%、405%、330%。同年 1 月 29 日,相关执法部门对家乐福超市徐汇店发出《行政处罚听证告知书》,拟作出罚款 200 万元的行政处罚。自 2020 年 1 月 29 日起,上海市场监管局对 12 起涉嫌价格违法的行为立案调查,其中涉嫌哄抬物价 4 起,违反明码标价相关规定 8 起;对涉及口罩等防护用品类、板蓝根等药品类、蔬菜等食品类价格问题共查处 12 起。

小结

关键词:影响企业定价的因素

主要观点:

(1)价格是市场营销组合中最灵活、最难以确定的因素。

(2)价格竞争是市场竞争的永恒主题。因此,正确的定价策略对于企业成败至关重要。

(3)企业要制定出正确的定价决策,首先应该正确分析影响企业定价的一些主要的内部及外部因素。

任务二　企业定价的流程与技巧

目标提示

· 掌握企业定价的流程与技巧

学习内容

· 企业定价流程
· 企业定价技巧

知识要点

企业的定价方法有三种类型和六种具体方法。它们分别是成本导向型、市场导向型、竞争导向型;成本加成定价法、目标收益定价法、认知价值定价法、需求差异定价法、随行就市定价法、密封投标定价法。

价格的制定是企业价格策略的重要措施,是实现企业营销目标和总体战略的具体工作。价格的确定一定要根据科学规律并结合实践经验,在维护生产者和消费者双方经济利益的前提下,以消费者可以接受的水平为基准,根据市场变化情况,灵活反应,客观地做出符合买卖双方共同利益的决策。因此,产品价格的制定无论是整个流程的完整性还是方法和技巧的选择都非常重要。

一、企业定价流程

企业定价是一种有计划有步骤的活动,其流程一般可以分为六大步骤(如图 8-4 所示):

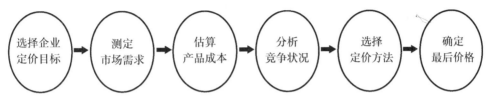

选择企业定价目标 → 测定市场需求 → 估算产品成本 → 分析竞争状况 → 选择定价方法 → 确定最后价格

图 8-4 企业定价的流程

(一)选择企业定价目标

企业的营销目标是靠各项营销组合因素密切配合才能实现的。要使定价能与其他营销组合因素配套,符合企业营销目标的要求,在制定产品价格时,首先必须确定定价目标,明确定价思路。企业在确定定价目标时一定要具体情况具体分析。当企业的技术力量不够强、技术水平不高时,则不宜以产品质量领先为定价目标,所以产品的价格不宜定高;如果企业的总体营销实力不强,产品以低价上市又不能对付竞争者的价格战,就不要以扩大市场占有率为定价目标。

(二)测定市场需求

测定市场需求主要是分析目标市场对产品的需求数量并预测需求的价格弹性。如果目标市场对产品的需求数量大,则企业产品的定价空间较大,对企业定价较为有利,反之则不利。另外,企业需根据需求弹性理论来测定消费者对产品价格变动的敏感程度。如果需求的价格弹性较大,说明消费者对价格比较敏感,此时不宜定价过高,与竞争者的同质产品价格相当即可。反之,如果需求的价格弹性较小,说明消费者对价格的变动敏感度不强,此时,企业可将产品价格定得高于竞争者同质产品的价格,以获取较大利润。

(三)估算产品成本

市场需求的测定是对产品最高价格限度的预测,而产品成本的估算则是为企业产品最低价格的确定提供参考。市场营销观念下的产品成本不仅包括产品在生产过程中所消耗的成本,还应包括分销和促销过程中所产生的所有成本。这是企业产品的定价底线。任何企业在对产品进行定价时都要对成本进行估算及保本分析,以确定可参照的保本价格。

(四)分析竞争状况

对市场竞争状况的分析主要是指对竞争对手实力的分析,即对竞争者的成本、价格和可能的价格反应进行分析,从而帮助企业在市场需求和成本的价格范围内制定价格。一般情况下,竞争对手实力较弱时,企业定价的主动性较大,可将自己产品的价格定得高于竞争者的同质产品价格,以获取较高当期利润,也可以将价格定得较低,以获取市场份额;如果竞争对手实力与本企业相当或更强大时,企业在制定价格时,应特别慎重,要避免因价格对峙而形成的被动局面。

(五)选择定价方法

企业在选择定价方法时,要综合考虑影响定价的最基本的三个因素,也就是"3C"定价模型。"3C"是指顾客需求(customers demand)、产品成本(cost)和竞争者价格(competitors prices)。由于在实际定价时,可能会侧重于其中一个因素,因而形成了三种类型的定价方法,它们分别是以成本为导向的成本加成定价法和目标收益定价法,以需求为导向的认知价值定价法和需求差异定价法,以竞争为导向的随行就市定价法和密封投标定价法。这部分内容将在下一节中展开讨论。

(六)确定最后价格

企业运用一定的定价方法制定的初步价格还不能立即实行,还需要在考虑其他一些因素的基础上进行全面调整,才能确定最终价格。这些因素包括国家有关价格的方针、政策、法律及法规,企业市场营销组合的其他因素,目标市场消费者的心理需求等。

二、企业定价技巧

在实践中,企业实行定价策略必须通过具体的定价方法和定价技巧才能达到企业的营销目标。

(一)企业定价方法

由前文的讨论可知企业的定价方法具体包括六种,分别是成本加成定价法、目标收益定价法、认知价值定价法、需求差异定价法、随行就市定价法和密封投标定价法。

1.成本加成定价法

成本加成定价法是根据单位产品总成本和企业所确定的加成率来制定单位产品的价格。计算公式为:

$$产品价格=单位产品总成本×(1+加成率)$$
$$加成率=毛利/销售成本$$

这种方法计算简便,企业和顾客都有公平感,但忽视了市场需求和竞争状况,一般适用于卖方市场条件下的产品。

2.目标收益定价法

目标收益定价法是以预计销售量的总投资额为依据,再加上投资的目标收益率来制定价格的方法。计算公式为:

$$产品价格=(总成本+目标利润)/预计销售量$$

由于目标收益定价法全面地考虑了企业的投资收益,所以特别适用于投资较大的大型企业的产品定价。但利用这种方法计算出来的价格是根据预计销售量推算的,并没有考虑市场的需求弹性和竞争者的价格,从而有可能影响目标收益率的实现,所以此方法适合在产品销售情况较稳定时使用。

3.认知价值定价法

认知价值定价法是根据消费者对产品价值的理解程度来定价的方法。这种定价方法的关键是正确估计买方对产品的价值认知,而不是卖方的成本。由于消费者对产品的评判往往会综合自身对产品性能、质量、服务、品牌的认知,结合购物经验和对市场行情的了解,并与同类产品进行比较,所以企业在采用这种方法时,应利用市场营销组合中其他因素来影响消费者,以配合定价。

4.需求差异定价法

需求差异定价法是企业对同种产品依据不同的细分市场制定不同价格的方法。这种方法形成的同一产品的价格差异,主要体现的是消费者对这一产品需求强度的差异,而不是产品成本的差异。这些差异主要体现在产品的型号、式样、花色,不同季节、日期、时间段,不同地区、位置等。采用这种方法时必须考虑相关法律法规。

5.随行就市定价法

随行就市定价法是使本企业产品的价格与行业竞争者产品的平均价格保持一致。利用这种定价法制定的价格易为消费者接受,并能使企业与竞争者和平相处,可为企业带来合理、适度的盈利。无论是在寡头竞争市场还是完全竞争市场中都可采用这种方法。

6.密封投标定价法

密封投标定价法是指卖方在买方的招标期限内,根据对竞争者报价的估计来相应制定竞争报价的一种定价方式。一般来说,报价高,利润大,但中标机会小;反之,报价低,虽中标机会大,但利润低。因此,最佳报价应该实现目标利润与中标概率的最佳组合。

(二)企业定价技巧

通过不同的定价方法确定下来的产品价格还只是产品的基础价格。接下来,企业还需根据不同的市场环境、产品供求状况以及企业目标等,灵活运用适当的定价技巧,制定最终销售价格,以达到扩大销售、增加利润的目的。

1.产品生命周期定价技巧

产品生命周期定价技巧就是企业根据产品所处生命周期的不同阶段,灵活制定相应价格。

(1)在产品导入期的定价。产品导入期的定价实际上就是新产品的定价。它是新产品营销中一个十分重要的问题。新产品定价既要考虑尽快收回投资获取利润,又要考虑消费者的接受程度,还要考虑是否会引发众多竞争对手的加入等问题。

新产品定价的技巧有三种类型:

一是撇脂定价法,又称高价法,即在新产品刚投入市场时将价格定得较高,争取在短期内获取高额利润,收回投资。具体策略是先将产品的价格定得较高,尽可能在产品生命初期,在竞争者研制出相似产品前,收回投资,获取可观的利润;而一旦因高价影响到预期销量,或引来竞争者,则可削价竞销。

二是渗透定价法,又称低价法,即将产品的价格尽量定得低一些,以达到尽快打进市场、扩大市场占有率、巩固市场地位的目的。

三是中间价格定价法,又称满意价格定价法,即将新产品价格定在高价与低价之间,使各方面都满意的定价策略。这种定价策略的特点是在考虑企业自身利益的情况下,与人为善,尽量不损害中间商、消费者和同行其他企业等各方面的利益。

(2)在产品成长期的定价。成长期初期市场价格的变动幅度较大,后期则变动幅度较小。如果企业在导入期对新产品的定价采用的是撇脂定价法,此阶段可分次陆续降低售价。企业如果在导入期对新产品的定价采用的是渗透定价法,则在成长期可继续运用该方法。对于在成长期新进入市场的企业来说,应该采用低于创新者价格的定价策略。

(3)在产品成熟期的定价。成熟期产品虽已被大多数潜在购买者所接受,但由于这一时期的竞争激烈,企业产品的销售量开始下降。因此,此阶段企业应主动降价,延长成熟期。但同时,也应该尽量避免价格竞争,应利用营销组合的其他因素进行非价格竞争,如改进产品及服务质量、降低产品成本、提高销售人员素质、建立更密集广泛的分销渠道等。

(4)在产品衰退期的定价。在产品衰退时期,激烈的竞争已经迫使市场价格不断降低。这一时期,企业在价格策略方面可考虑继续降低价格。同时,也要逐步淘汰无利分销网点,减少促销,以减少产品成本配合削价策略,并要密切关注市场,注意及时将产品退出市场。

2.产品组合定价技巧

产品组合定价是指处理本企业各种产品之间价格关系的策略。在产品组合中,各种产品之间存在需求和成本的相互联系。产品组合定价就是在充分考虑不同产品之间的关系,以及个别产品定价高低对企业整体利润的影响等因素的基础上,系统调整产品组合中相关产品的价格,使整个产品组合的利润最大化。具体方法有:

(1)产品线定价。企业开发产品时往往是开发产品线,而不只是单一产品,所以在采用产品线定价策略时,可以给某些产品定价很低,以吸引消费者购买产品线中的其他产品。同时为某些产品制定高价,为企业获取利润。产品线中的其他产品也要依据其在产品线中的不同角色而制定不同价格。这种价格策略的使用,关键在于合理确定产品的价格差距。

(2)互补品定价。有些产品需要相互配合使用才能发挥出其使用价值。例如剃须刀的刀架和刀片,隐形眼镜与消毒药水,相机与胶卷等。给互补产品定价时,企业可采用给主产品定低价,给附属产品定高价的策略。企业可通过消费者重复购买附属产品获取利益。

(3)系列产品定价。当企业给系列产品,如化妆品套装、洗漱套装等定价时,可以将一组系列产品的价格定得低于单独购买其中每一产品的价格的总和。这种定价策略可以鼓励消费者成套购买企业产品,以扩大销售。

3.心理定价技巧

心理定价是针对消费者的不同消费心理制定相应的产品价格,以满足不同类型消费者的需求的策略,即根据消费者的需求心理制定价格。具体包括声望与整数定价、招徕与尾数定价和习惯定价等。

(1)声望与整数定价。声望定价即企业凭借企业或产品的声望,在制定价格时以高价来增进消费者购买欲望的一种策略。这种策略利用了消费者的求名好胜心理。在购买一些名牌优质产品、时尚产品及奢侈品的过程中,其高昂的价格能使他们感到荣耀,得到精神享受。又由于消费者在购买这类产品时,追求的是优质、高价,所以在给这类产品定价时,声望定价往往与整数定价结合使用,因为整数比尾数更能使消费者产生高质高价心理。

(2)招徕与尾数定价。与声望定价相反,招徕定价是企业利用消费者的求廉、好奇心理,将产品价格定得低于竞争者的同类产品,以吸引顾客,带动其他产品的销售,从而提高企业整体经济效益。这种策略通常适用于一些基本生活用品。较整数而言,尾数会给消费者一种经过精确计算的、打了折扣、已是最低价格的感觉,所以招徕定价法通常与尾数结合使用。

(3)习惯定价。习惯定价是指企业将某些消费者需要经常、重复购买的产品的价格定在消费者已经熟悉的一种习惯性的价格水平上,以稳定消费者购买情绪的一种定价策略。例如火柴、肥皂、冰棒等家庭生活日常用品的定价,要遵循习惯成自然的规律,不宜轻易变动。降低价格会使消费者对产品质量产生怀疑,提高价格会使消费者产生不满情绪,导致消费者购买选择的转移。即便是在不得不需要提价时,也应采取改换包装或品牌等措施,以减少消费者的抵触心理,并引导消费者逐步形成新的习惯价格。

4.折扣定价技巧

折扣定价是指企业对基本价格做出一定的让步,直接或间接降低价格,以争取顾客,扩大销量。通过定价方法而确定的价格,只是价目表上的价格,在实际销售中,为了争取顾客、鼓励顾客购买,企业常将价目表上的价格适当降低作为实际成交价。这种以折扣或让价方式给顾客优惠的手段就是折扣定价策略,折扣定价策略包括现金折扣、数量折扣、交易折扣、季节折扣等。

(1)现金折扣。现金折扣也称付款期限折扣,即对以现金交易或按约定日期提前付款的顾客给予价格折扣的一种减价策略。企业使用这一策略的目的是鼓励买方提前付清货款,及时回收资金,扩大经营。其折扣率的高低,一般由买方提前付款期间利息率的多少、提前付款期限的长短和经营风险的大小来决定。

(2)数量折扣。数量折扣,即企业根据代理商、中间商或顾客购买货物的数量多少,分别给予不同折扣的一种定价策略。使用这种策略的目的是鼓励和吸引顾客长期、大量或集中购买本企业产品。一般来说,购买的数量或金额越大,给予的折扣也就越大。数量折扣可以以一次性折扣和累计折扣两种形式实现。

(3)交易折扣。交易折扣也称功能性折扣,即企业根据各类中间商在市场营销中担负的不同功能给予不同折扣。采取该策略的目的是利用中间商努力推销产品,占领更广泛的市场,争取更多的利润。交易折扣的多少,要根据中间商所承担的商业责任而定。一般而言,给予批发商的折扣要比零售商的折扣大。如果中间商能有如运输、促销、资金融通等方面的功能,企业给其的折扣就更多。

(4)季节折扣。季节折扣,即企业对于在销售淡季购买本企业产品的顾客给予的一种价格优惠措施。季节性折扣的目的是鼓励购买者提早进货或淡季采购,以减轻企业仓储压力,使企业生产保持相对稳定,减少因存货所造成的资金占用负担和仓储费用。此策略既适用于生产季节性产品的企业,也适用于一些常年生产但按季节消费的产品。

5.地理定价技巧

地理定价是指企业根据目标消费群所处的不同地区来对产品进行定价。通常企业的产品会销售到不同地区,而产品在从产地运往销售地的过程中会产生一定的运输、装卸、仓储及保险费用。企业是否根据不同地区对相同产品制定不同价格?如何合理分摊这些费用?这些就是地理定价需要解决的问题。通常,当运杂费用较大时,企业要考虑地理定价,以提高买方进货的积极性。地理定价技巧主要包括产地定价、销售地定价、统一交货定价、分区定价、津贴运费定价等。

（1）产地定价。产地定价是指以产地价格或出厂价为交货价,由买方负担全部运杂费用。这种策略对卖方来说较为便利,费用最省,风险最小,适用于销路好、市场紧俏的商品,但不利于吸引路途较远、需承担的运输费用大的买主。

（2）销售地定价。销售地定价是以产品到达销售目的地时的价格为交货价格,由卖方承担从产地到目的地的运费及保险费。这一策略适用于价高利大且运杂费在成本中所占的比重较小的产品,卖主把送货上门作为一项服务,以求扩大和巩固产品销售。

（3）统一交货定价。统一交货定价是指卖方对不同地区的顾客按出厂价加平均运费实行统一交货价格。这种策略简单易行,比较受远方顾客的欢迎,适用于体积小、重量轻、运费低或运费占成本比例较小的产品。

（4）分区定价。分区定价是指卖方根据顾客所在地区距离的远近,将产品覆盖的整个市场分成若干个区域,在每个区域内实行统一价格。这种策略对于卖方来讲,可以比较简便地协调不同地理位置的顾客的费用负担问题,但对处于两个价格区域交界地的顾客来说则会较为复杂。

（5）津贴运费定价。津贴运费定价是指为弥补产地交货价格策略的不足,减轻买方的运杂费、保险费等负担,由卖方补贴其部分或全部运费。该策略有利于减轻边远地区顾客的运费负担,适用于市场竞争激烈时企业开拓新市场,能够使保持和提高市场占有率。

 小结

关键词:企业定价方法
主要观点:

（1）价格的制定是企业价格策略的重要措施,是实现企业营销目标和总体战略的具体工作。

（2）在实践中,企业实行定价策略必须通过具体的定价方法和定价技巧才能达到企业的营销目标。

任务三　价格变动与企业对策

目标提示

• 掌握价格变动与企业对策

学习内容

• 企业价格调整策略
• 企业应付竞争者变价的对策

🔮 知识要点

价格调整策略：企业为某种产品制定出价格以后，并不意味着大功告成。随着市场营销环境的变化，企业必须对现行价格予以适当的调整。调整价格可采用减价及提价策略。

企业的竞争与发展总是处在不断变化的环境中。为了应对客观环境和市场情况的变化，企业往往会对价格进行修改和调整，主动降价或提价，或对竞争者的调价做适当反应。

一、企业价格调整策略

为应对市场供求环境所发生的变化，企业可主动采取降价或提价的方式对产品进行价格调整。

(一)降价策略

对企业来说降低价格往往是被逼无奈，有的是因为市场需求、竞争状况、相关政策等外部环境发生发生变化，有的是因为企业内部战略或成本变化，有的是出于市场竞争的考虑等。

企业实施降价的具体原因如下：(1)产品供过于求，生产能力过剩，需要扩大销售；(2)市场竞争激烈，需要抑制企业产品市场占有率下降的趋势；(3)生产成本下降，欲挤占竞争对手市场；(4)企业急需回笼大量现金；(5)企业转产，在新产品上市之前，及时对老产品进行清仓处理；(6)政治、法律及经济环境变化，迫使企业降价。

随着内外部环境的变化，企业为应对客观要求做出必然反应，这无可厚非。但企业在进行降价调整时需特别慎重，尤其是大幅度降价，既可能引发价格战，也可能导致消费者对产品质量产生疑虑，从而减少购买量。所以，企业的产品价格在一定时期内应保持相对稳定，特别是与人们生活关系密切的日常生活必需品的价格不宜多变、大变。即使要做降价处理，也应采用多种策略和技巧，以达到预期的降价效果。这些策略可以是：(1)直接降低价格；(2)增加免费服务项目；(3)增加产品性能；(4)赠送优惠券或礼品；(5)提高折扣；等等。

(二)提价策略

尽管提高价格可能引起消费者和中间商的不满，但由于成功的提价可以使企业的利润大大增加，因此在以下情况下，企业可考虑采用此策略：(1)由于通货膨胀，原材料价格上涨，引起企业成本增加；(2)企业产品供不应求，无法满足市场需求；(3)竞争者同质产品提价；(4)利用消费者价高质优心理，提高企业产品声望。

由于提价会引起消费者、经销商乃至企业推销人员的不满，从而减少或抑制购买，进而使产品销售量下降，与企业提价初衷相悖，所以企业应善于收集信息，适时地、慎重地使用这一策略。为了减少顾客不满，企业提价时应当向顾客说明提价的原因，并帮助顾客寻找节约途径。在技巧和方法上，除了直接提高产品价格外，可尽量采取间接提价方式，把提价的不良影响减小到最低程度。具体做法可以是：(1)推迟报价；(2)减少免费服务项目；(3)减少产品功能或分量；(4)使用廉价原材料或包装材料；(5)降低或取消价格折扣；(6)剔除产品组合中的低利产品。

二、企业应付竞争者变价的对策

现代市场经济条件下,价格竞争随时爆发。企业除了根据自身情况主动调整价格,同样也会经常面临竞争者变价的挑战。面对竞争者的变价,企业不可能花很多时间来分析,必须在数小时或几天内果断做出决定,迅速采取应对措施。需要指出的是,针对一个时期以来一些贬低价格竞争意义的观点,国内市场营销知名学者何永祺教授提出了"价格竞争是市场竞争的永恒主题"的观点。因此,企业必须始终关注市场价格的变动,建立自己的价格反应机制,确定对付竞争者变价的程序,随时应对来自竞争者的价格挑战。

(一)对竞争对手价格变动的评估

受到竞争对手价格进攻时,企业必须首先研究并分析以下问题:竞争者变价的目的是什么? 价格变动是暂时的,还是长期的? 如果对竞争者的挑战置之不理,企业的市场份额和利润将受到怎样的影响? 同行其他企业对于价格变动会有什么反应? 对于企业可能做出的几种反应,竞争者和其他企业会有什么举措?

(二)针对竞争者价格变动的可选策略

面对竞争者的变价,企业可根据其行业地位采取以下策略。

(1)非市场领导者的策略。作为非市场领导者,企业可选择的策略有:①对于同质产品,如果竞争者降价,企业必须随之降价,否则企业会失去顾客;如果竞争者提价,且提价对整个行业有利时,企业可随之提价;但如有企业不提价可让最先提价的企业不得不取消提价时,企业可采取不变价格策略。②对于异质产品,企业对竞争者价格调整的反应有较多余地。通常的做法是在不变动原来产品价格的情况下,通过提高产品及服务质量、增加服务项目、扩大产品差异等间接调价,或通过非价格手段与竞争者争夺市场。

(2)市场领导者的策略。作为市场领导者,在遭到其他企业的进攻时有以下几种策略可供选择:①维持价格不变,通过改进产品质量、提高服务水平、加强促销沟通等,运用非价格手段来反击竞争者。②通过降价,扩大销售、降低成本、保持市场占有率,但同时尽力保持产品质量和服务水平。③提价的同时提高产品质量并推出新品牌,围攻竞争者品牌,与竞争对手争夺市场。

同步案例 8-3

滴滴打车与快的打车的价格战

随着智能手机在人们的生活中逐渐占有重要地位,各种手机软件也在迅速地抢占人们小小的手机屏幕,不少软件给人们的生活带来了极大的便利,手机打车软件正是这样应运而生的。用户在网上下载软件后,输入起点和目的地,自愿选择是否支付小费,出租车司机则可以根据路线、是否有小费等选择是否接受订单,这种方式大大提高了打车效率。

在这样的背景下,微信的滴滴打车和支付宝的"快的打车"异军突起,并且为了抢夺用户打起了价格战。

2014 年 1 月 10 日,滴滴打车与微信支付发起了乘客立减 10 元,司机补贴 10 元的推广,该轮营销一直持续到 2 月 10 日。滴滴打车提供的数据显示,1 月 10 日至 2 月 9 日,滴滴打车中平均日微信支付订单数为 70 万单,总微信支付订单约为 2100 万单,补贴总额为 4 亿元,滴滴打车用户数已经突破 4000 万,较活动前增长了一倍。1 月 20 日,快的打车也推出乘客立减 10 元,司机补贴 10 元的活动。2 月 10 日起,双方推出第二轮营销,滴滴打车将返现额度减为 5 元,而快的打车仍维持 10 元的补贴力度,有出租司机反映在滴滴打车减少优惠后来自快的打车的订单明显增多。

2 月 17 日下午,支付宝钱包和快的打车对外宣布,从 18 日开始升级奖励方案,奖励金额永远会比同行高出一元钱。具体方案是,乘客用快的打车并用支付宝付款,每单立减 11 元,用支付宝钱包扫码付款,3～5 个工作日内返现 11 元到用户个人支付宝账号中。司机用二维码收款,每单奖励 10 元,每天限 5 单,首单奖励 20 元。这场价格战的背后,实际上是移动支付市场的一种竞争。这场大战也加速了乘客使用手机支付打车费的进程,培养出用户移动支付的使用习惯。腾讯和阿里巴巴共同促成了一场移动支付的"启蒙"战争,衍生出更多线下支付场景。截至 2014 年 5 月 17 日,滴滴打车、快的打车共补贴超过 24 亿元,其中滴滴补贴 14 亿元,快的补贴超过 10 亿元。庞大的互联网市场中,有用户才是王道,这场烧钱大战无疑是一个争夺用户的过程。

(资料来源:https://wenku.baidu.com/? _wkts_＝1670231243793。)

 小结

关键词:价格调整策略

主要观点:

(1)为应对市场供求环境所发生的变化,企业可主动采取降价或提价的方式对产品进行价格调整。

(2)企业必须始终关注市场价格的变动,建立自己的价格反应机制,确定对付竞争者变价的程序,随时应对来自竞争者的价格挑战。

任务四 特殊定价策略

目标提示

• 掌握企业的特殊定价策略

学习内容

• 拍卖与网络定价
• 服务定价与转移定价

知识要点

特殊定价策略:由于市场竞争的日益激烈,厂商的价格策略不断翻新,消费者对价格一般还是较为敏感的,因此在定价方式上的创新同样可以起到促进销售的作用。目前比较流行的特殊定价策略有拍卖、网络定价、服务定价与转移定价。

随着科学技术的不断发展,网络技术的广泛使用,服务行业的快速扩展,以及全球化进程的加速,企业定价策略也在传统的基础上有了创新。下面介绍几种当今流行的、较为特殊的定价策略。

一、拍卖

拍卖定价法是一种卖方引导买方公开竞价的定价法。拍卖式定价法主要有三种:英国式拍卖法、荷兰式拍卖法和封闭式投标拍卖法。

(一)英国式拍卖

英国式拍卖是最为人们熟知的拍卖方法。这种拍卖方法通常规定最少加价金额,买家依次出价,直到无人再出价或拍卖时间到了则结束。获胜者是出价最高的人。其基本程序是:初始时卖方公布物品的底价,作为初始时的当前价格,买方的叫价必须超过当前价格才能被接受,被接受后随即成为新的当前价格,当前价格维持给定的时间后,叫出当前价格的买方即以当前价格购得物品。

(二)荷兰式拍卖

荷兰式拍卖是一种特殊的拍卖形式。它是指拍卖标的竞价由高到低依次递减,直到第一个竞买人应价(达到或超过底价)时击槌成交,获胜者是出价最高的人。

(三)封闭式投标拍卖

封闭式投标拍卖,是指由拍卖人事先公布拍卖标的的具体情况和拍卖条件,然后竞买人在规定时间内将密封的标书递交拍卖人,由拍卖人在事先确定的时间公开开启,当场确认各人报价后选择出价最高者成交。封闭式投标拍卖分为首价密封投标拍卖和次价密封投标拍卖两种类型。

(1)首价密封投标拍卖,是指在该种拍卖中,买家提交密封式投标并且投标最高者以其投标价格获得物品。

(2)次价密封投标拍卖,是指在此类拍卖中,投标者提交密封式投标并且投标价最高者获得物品,但价格不等于其投标价,而是等于仅次于其投标价的第二高投标价。

二、网络定价

网络定价是指企业在网络营销过程中通过买卖双方共同确定商品成交价格。由于网上信息的公开性、方便性以及易搜索性等特点,网上购物已越来越受到顾客的青睐。为了有效地促进产品在网上销售,针对网上市场制定有效的价格变得越来越重要。

相比传统产品价格,网络价格具有全球性、动态性、透明性、低价性以及顾客主导性等特点。因此,网络定价策略相比传统定价策略具有许多新的特点和内涵。网络定价策略主要有免费定价策略、低价策略、个性化定制定价策略、拍卖竞价策略等。

(一)免费定价策略

免费定价策略指企业为了实现某种特殊的目的,将产品和服务以零价格形式提供给顾客使用的价格手段。这种策略的目的之一是让用户形成免费使用习惯后再开始收费,另一个目的是想发掘后续商业价值和推广产品。

免费定价策略的主要形式有:(1)产品和服务完全免费,如雅虎公司通过免费建设门户站点,亏损经营 4 年后才通过广告收入等间接收益扭亏为盈;(2)产品和服务实行限制免费,如产品或服务有限制地被使用,超过一定期限或者次数后,取消免费服务;(3)产品和服务实行部分免费,如一些研究公司的网站公布部分研究成果,如需获取全部成果必须付款;(4)产品和服务实行捆绑式免费,即购买某产品或服务时赠送其他产品和服务。

(二)低价策略

低价定价策略是指企业借助于互联网进行销售,将产品和服务以低于传统销售方式的价格提供给顾客的价格手段。由于互联网能帮助企业在渠道和促销等诸多方面降低产品成本,网上产品定价较传统定价低成为可能。

低价定价策略主要有:(1)直接低价定价策略,一般是制造业企业采用成本加一定利润,在网上进行直销时采用的定价方式;(2)折扣策略,是指一些网上商店按照市面上流行的价格进行打折的定价方式;(3)促销定价策略,是指企业利用网上消费者面广这一特点而进行诸如折扣、有奖销售或附带赠品销售等活动,其目的在于打开网上销售局面或在推广新产品时进行临时的促销定价。

(三)个性化定制定价策略

个性化定制定价策略是在企业能实行定制生产的基础上,利用网络技术和辅助设计软件,帮助消费者选择配置或者自行设计能满足自己需求的个性化产品,同时承担自己愿意付出的价格成本的定价方式。这种个性化定制定价策略所适用的情况有两类:一类是面对工业组织市场的定制生产,另一类是针对消费品的定制生产。

(四)拍卖竞价策略

拍卖竞价策略是指消费者通过互联网轮流公开竞价,在规定时间内价高者赢得商品。网上拍卖是目前发展较快、最市场化、最合理化的定价方式。由于目前的购买群体主要是个体消费者,因此,比较适合网上拍卖竞价的是企业积压的产品,或是企业需要通过拍卖展示起到促销作用的新产品。网络拍卖竞价方式有以下三种。

(1)竞价拍卖。竞价拍卖是产权交易领域的一大创新与进步,它利用现代电子技术和网络资源进行竞价,采用限时、连续、竞争报价的方法进行操作。它是一种 C2C(customer to customer,顾客对顾客)的交易,即在顾客之间以拍卖方式出售二手货、收藏品或普通商品。

(2)竞价拍买。竞价拍买是传统拍卖活动中无法实现的买方行为,它为消费者搭建了较为主动的控制价格平台,是竞价拍卖的反向过程。竞价拍卖是指消费者提出一个价格范围来求购某一商品,由商家出价,出价可以是公开的,也可以是隐蔽的,消费者将与出价最低或最接近消费者提出的价格范围的商家成交。

(3)集体议价。集体议价是拍卖主以较低的价格向顾客拍卖数量大于 1 的物品,对不同数量给予不同的价格。在拍卖周期内,只要且只能在参加竞拍者数量达到拍卖主标定的拍卖数量时,拍卖即可结束。互联网出现后,这种方式已不只用于多个零售商结合起来向批发商或生产商以数量换价格,普通的消费者在网上购物时也能使用。

三、服务定价

服务产品不同于有形产品,它具有无形性、人为性和不可储存性的特征。这些特点使得服务产品的定价比有形产品更困难。企业在为服务产品制定价格时,除了必须考虑成本、需求、竞争、服务产品的特征及企业的现实状况等客观因素外,还需更多结合管理者的经验、领导者的直觉等一些主观因素。因此,服务的定价策略可以采用主观定价法、客观定价法,并结合一些具体的定价技巧。

(一)主观定价法

主观定价法是指企业根据顾客对服务的感觉价值和接受程度,主观调整服务的标准价格。服务定价的主观因素包括:(1)服务效率的估价;(2)服务企业的经验和能力;(3)服务企业的知名度;(4)服务工作的类型和难度;(5)服务的便利性;(6)额外的特殊开销;(7)市场价格水平;(8)加班费;等等。对于一些趋近于艺术化的服务来说,其服务对象和服务状况多种多样,根据具体情况灵活调整价格的主观定价法可适用于该类服务产品。

(二)客观定价法

客观定价法是指不论顾客种类,先设定服务的单价,再乘以实际提供的服务单位数,从而得出该项服务的价格。这种定价法适用于像律师、管理咨询人员、心理医生、家庭教师等提供固定方式的、可以被分割的服务项目。收费标准可以根据经验或市场价格水平来确定。客观定价法的优点是易于计费,顾客心中有底;缺点是不能反映顾客对价格的感受,固定的价格对某些顾客而言过于昂贵,而对另一些顾客而言,又会被认为档次过低,从而降低服务产品竞争力。

(三)定价技巧

有形产品的定价技巧一般也可用于服务产品,服务业经常使用的定价技巧主要有以下四种。

(1)折扣定价法。折扣定价法是指企业对服务分销商和终端顾客采取包括现金折扣、数量折扣、交易折扣、季节折扣等的优惠措施。企业通过折扣方式可以达到两个目的:一是促进服务的生产和消费,二是鼓励提早付款、大量购买和淡季消费。

(2)招徕定价法。招徕定价法是指企业将第一次服务的价格定得很低,希望借此能够获得更多的生意,而后续服务则定位较高。此方法适合当顾客不满意目前的服务提供者或不了解所提供的服务时采取。

(3)保证定价法。保证定价法是指企业保证顾客必有某种结果产生后再付款的定价方式。比如职业介绍所的服务,必须等到当事人获得了适当的工作职位后,才能收取费用。这种方法很适用于服务业的以下情况:可以肯定地做出特定的允诺;可提供高质量的服务;顾客寻求的是明确的保证结果。

(4)系列定价法。系列定价是指该服务的价格本身维持不变,但服务质量、服务数量和服务水平则充分反映了成本的变动。这种方法特别适合如租赁公司这类有固定收费的系列标准服务,因为这类服务产品的质量、数量和水平的差异容易为顾客所了解。

四、转移定价

转移定价是指大企业集团尤其是跨国公司,利用不同企业所在不同地区的税率以及免税条件的差异,通过在公司内部,在母公司与子公司、子公司与子公司之间代销产品,提供商务、转让技术和资金借贷等活动,将利润转移到税率低或可以免税的分公司,实现整个集团的税收最小化。通常的做法是在税率高的地方定价偏低,而在税率较低的地方定价偏高。转移定价的方法主要有以下五种。

(一)成本加成法

成本加成法以关联交易发生的合理成本加上可比非关联交易毛利作为关联交易的公平成交价格的一种方法。其计算公式为:

公平成交价格＝关联交易的合理成本×(1＋可比非关联交易成本加成率)

可比非关联交易成本加成率＝可比非关联交易毛利÷可比非关联交易成本×100%

采用成本加成法必须具备以下三个条件:一是双方必须隶属于同一上级单位,二是相关行业的公开财务信息可供参照,三是产品成本界定清晰。运用成本加成法时,对比产品必须在所有重要方面都是相同的,如产品类型、市场要素、有关企业对生产产品提供的功能、销售数量等。此方法适用于有形资产的购销、转让和使用,劳务提供和资金融通的关联交易。

(二)可比非受控价格法

可比非受控价格法是以非关联方之间进行的与关联交易相同或类似的业务活动所收取的价格作为关联交易的公平成交价格,并以此确定交易收入的一种方法。这种方法重点考虑的是在可比环境下的受控交易中转让财产或劳务时所制定的价格和可比非受控交易中转让财产或劳务时所制定的价格。该种方法主要要求母公司将产品销售给子公司的价格应与同种货物由独立的买卖双方交易时的价格相一致,并将交易所得同与其经营活动相类似的独立企业的获利相比较,得出可比利润的上下限。可比非受控价格法适用于所有类型的关联交易。

(三)再销售定价法

再销售定价法是一种以关联方购进商品再销售给非关联方的价格减去可比非关联交易毛利后的金额作为关联方购进商品公平成交价格的方法。其计算公式是:

公平成交价格＝再销售给非关联方的价格×(1－可比非关联交易毛利率)

可比非关联交易毛利率＝可比非关联交易毛利/可比非关联交易收入净额×100%

再销售定价法首先从将购自关联企业的产品再销售给独立企业的价格入手,然后用这个价格减去一个适当的毛利总额,这个适当的毛利是指再销售者获得的毛利与市场上同类商品的其他销售者的毛利相一致。此方法主要考虑关联交易与非关联交易在功能风险及合同条款上的差异以及影响毛利率的其他因素,适用于再销售者未对商品进行改变外形、性能、结构或更换商标等实质性增值加工的简单加工或单纯购销业务。

(四)交易净利润法

交易净利润法是指以可比非关联交易的利润率指标确定关联交易的净利润的一种方法。利润率指标包括:资产收益率、销售利润率、完成成本加成率、贝里比率(berry ratio)等。交易净利润法主要考虑关联交易与非关联交易之间在功能风险及经济环境上的差异以及影响营业利润的其他因素。交易净利润法适用于有形资产的购销、转让和使用,无形资产的转让和使用,以及劳务提供等关联交易。

(五)利润分割法

利润分割法是指根据企业与其关联方对关联交易合并利润的贡献计算各自应该分配的利润额的一种方法。利润分割法主要考虑的是交易各方执行的功能和承担的风险,仅适用于各关联方的交易高度整合且难以单独评估各交易结果的情况。其计算公式为:

$$关联交易利润=\frac{各关联方的合计}{可\ 分\ 割\ 利\ 润}\times\frac{本\ 企\ 业\ 的}{合理贡献率}+\frac{本企业应得}{的基础利润}$$

 ## 小结

关键词:特殊定价策略

主要观点:

(1)一些特殊的定价策略在当今营销环境下越来越受到企业青睐和重视,它们是拍卖、网络定价、服务定价、转移定价等方法。

(2)随着科学技术的不断发展,网络技术的广泛使用,服务行业的快速扩展,以及全球化进程的加速,企业定价策略也应在传统的基础上有所创新,特殊定价策略因此应运而生。

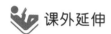 ## 课外延伸

海尔最成功的一次价格策略

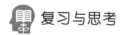 ## 复习与思考

一、单项选择题

1.(   )指企业以高价将新产品投入市场,以便在产品市场生命周期的开始阶段取得较大利润,尽快收回成本,然后再逐渐降低价格的策略。

A.渗透定价　　　B.撇脂定价　　　C.心理定价　　　D.声望定价

2.(   )是企业向为其产品进行宣传、展销等促销活动的中间商所给的一定价格折扣或让价。

A.现金折扣　　　B.数量折扣　　　C.功能折扣　　　D.季节折扣

3.非整数定价一般适用于(   )的产品。

A.价值较高　　　　B.高档　　　　　　C.价值较低　　　　D.奢侈

4.当产品市场需求弹性较大且在成本方面有一定优势时,企业便具备了(　　)的可能性。

A.渗透定价　　　　B.撇脂定价　　　　C.声望定价　　　　D.招徕定价

5.企业的产品供不应求,不能满足所有顾客的需要,企业应该通过(　　)来遏制需求,获取高额利润。

A.降价　　　　　　B.提价　　　　　　C.维持价格不变　　D.降低产品质量

6.销售商需对所有的顾客提供同样的价格条款,以避免(　　)。

A.垄断定价　　　　B.转移定价　　　　C.价格歧视　　　　D.串货

7.(　　)是指对那些有较高声誉的名牌高档商品或在名店销售的商品制定较高的价格,以满足消费者求名和炫耀的心理。

A.声望定价　　　　B.招徕定价　　　　C.尾数定价　　　　D.心理定价

8.企业给那些大量购买产品的顾客进行的减价称为(　　)。

A.功能折扣　　　　B.数量折扣　　　　C.季节折扣　　　　D.地点折扣

9.对必须与主体产品一起使用的产品的定价属于(　　)。

A.产品线定价　　B.备选产品定价　　C.附属产品定价　　D.产品束定价

10.企业提高价格的原因是(　　)。

A.企业生产能力过剩　　　　　　　　B.成本膨胀

C.企业市场占有率下降　　　　　　　D.库存积压

二、多项选择题

1.企业的主要定价目标有(　　)。

A.当期利润最大化　　　　　　　　　B.企业不断创新

C.企业可持续发展　　　　　　　　　D.市场占有率最大化

E.应付竞争

2.在(　　)条件下,需求可能缺乏弹性。

A.市场上没有替代品　　　　　　　　B.购买者对较高价格不在意

C.互补品价格同向变化　　　　　　　D.购买者改变购买习惯较慢

E.市场上没有竞争者

3.企业定价一般有(　　)这几种方法。

A.成本导向　　　　B.供给导向　　　　C.需求导向　　　　D.收入导向

E.竞争导向

4.心理定价策略主要包括(　　)。

A.尾数定价　　　　B.廉价　　　　　　C.整数定价　　　　D.声望定价

E.招徕定价

5.撇脂定价策略的优点是有利于(　　)。

A.了解市场反应　　　　　　　　　　B.取得丰厚的利润

C.迅速打开销路　　　　　　　　　　D.维护和提高产品质量和信誉

E.取得价格调整的主动权

三、判断题

1.促销定价法可以增加销售,但也可能带来使品牌贬值的负面影响。(　　)

2.力量较弱的企业,可采用与竞争者的价格相同或以低于竞争者价格出售产品的方法。(　　)

3.撇脂价格策略是一种低价格策略,一种长期的价格策略。(　　)

4.在异质产品市场上,企业对竞争对手的价格变更所做出的反应有更多的自由。(　　)

5.采用统一交货定价不利于企业扩大产品辐射力和市场占有率。(　　)

6.企业提价的主要原因是通货膨胀、企业产品成本增加或产品供不应求。(　　)

7.如果竞争者降低价格,公司也必须降低价格。(　　)

8.尾数定价策略适用于各种商品。(　　)

9.公司无论是降低价格,还是提高价格,都必须预计到购买者和竞争者的反应。(　　)

10.资力雄厚并拥有特殊技术,能为消费者提供较多服务的企业,可采用高于竞争者价格出售产品的方法。(　　)

四、案例分析

扫描二维码阅读案例,并回答以下问题。

"纯生"升级,华南明珠聚焦高端化

1.珠啤核心单品"珠江0度"卡位4～6元价格带,"珠江纯生"卡位6～8元价格带,未来"97纯生卡"位10～12元价格带,有望接力放量,确保业绩增长持续性。这属于(　　)技巧。

　　A.产品线定价

　　B.互补品定价

　　C.系列产品定价

　　D.渗透定价

2.2020年"珠江0度"换装升级为"珠江0度Pro",零售价从4元提升至4.5元,销量同比下降12.5%,说明"珠江0度"的需求价格弹性是(　　)。

　　A.富有弹性　　　　B.标准弹性　　　　C.缺乏弹性　　　　D.无限弹性

3.雪堡系列占位15元以上价格带,主打夜场渠道,通过布局线下精酿门店,扩大品牌影响力。这属于(　　)策略。

　　A.习惯定价　　　　B.招徕定价　　　　C.尾数定价　　　　D.声望定价

项目九　分销渠道策略

💡 能力目标

- 区分在分销渠道中的各个成员的角色,以及举例说明各成员之间的联系
- 掌握分销渠道设计的程序、选择标准及注意事项

💡 素质目标

- 培养独立思考能力和创新意识
- 培养执行能力和协作力

💡 学习任务

- 任务一　分销渠道概述
- 任务二　分销渠道组织成员
- 任务三　分销渠道设计的选择

📋 开篇案例

数字化时代下蒙牛的渠道变革和创新

在数字化时代下,近几年来各大快消品牌商都在寻求变革创新,作为中国乳业巨头之一的蒙牛在变革创新的路上也在不断尝试。2018 年,蒙牛全国渠道管理部总经理杨培力就蒙牛在渠道变革创新方面的理解和探索进行了分享和解析,以下为杨培力的演讲内容。

有人说"渠道为王"的时代已经过去了,我不是特别认同,准确地说应该是渠道在快速地发生着变革,更多的新兴渠道在兴起,这些新兴渠道在快速发展的同时,也在冲击着传统的渠道。如果在这个时间点,我们能够抓住新兴渠道,并进行创新、跟进而非畏惧和抗拒,那我们一定会创造出新的火花且有所作为。

数字化推动了消费观念的转变,从而催生了消费渠道的变革。我从"人、场、技"三方面说明:

(1)人:消费者消费观念的变化推动渠道多元化发展,催生了无人便利店、电影院渠道、自动贩卖机等新兴渠道的兴起。

（2）场：社会发展特别是智能设备的快速普及正在重构渠道购物场景。同时社区经济越来越好、镇村发展也越来越重要，购物场景正在发生改变并且超出了我们的预期。

（3）技：智能技术发展及移动支付的普及也带来了新渠道的创新。

渠道的变化

在信息技术的推动下，渠道处在快速的变革中，不管你愿不愿意，恐惧不恐惧，变革都已经来了。

具体发生了哪些变化？我们可以从小到自动售货机大到智慧商场中找到答案，技术的进步和应用是这些新型业态实现的基础。像集成型门店（盒马鲜生、超级物种），坦白说我去过一次盒马门店后再也没有去过，因为人太多了，但盒马的 App 我一直在用。再如食杂店，依据尼尔森的数据，食杂店的数量在下降，是这些门店真的消失了吗？其实部分门店被改成了便利店或小型超市了，变得更加现代和智能，如京东、天猫便利店等等。还有，近一两年无人便利店也在快速地兴起。总的来说，渠道的发展开始逐渐碎片、多元化，也更加智能，彻底颠覆了从前以传统零售业大卖场和大超市为主战场的渠道模式。

这些渠道的变革对品牌商有哪些挑战呢，主要有三个方面：

（1）竞争模式变革。过去渠道的竞争核心是传统门店，即如何能在传统门店赢得消费者。数字化和技术的进步要求品牌商要更多地思考如何能在传统门店之外，将商品的销售场合更加贴近消费者，让消费者更加便利快捷地买到产品。

（2）渠道融合变革。线上线下的边界更加模糊，如何能做好全渠道营销也是品牌商面临的挑战之一。

（3）分销物流变革。渠道越来越碎片化和多元化，这也要求我们的分销物流体系要进行变革，如何配置前置仓、共建共享仓等物流形式将成为品牌商的一个课题。

蒙牛如何应对渠道的变革？

蒙牛是一家喜欢创新的公司，过去蒙牛做了很多创新的工作，让蒙牛在过去的 19 年时间里快速发展，销售额突破 600 亿。蒙牛感知到渠道的变化，提前布局，拥抱变革。蒙牛数字化下的渠道创新主要有以下几点：（1）B2B 新零售；（2）线上线下 KA（key account，关键客户）融合；（3）社区创新；（4）镇村系统创新；（5）智网行动。

（1）B2B 新零售。蒙牛是第一家与阿里"零售通"进行战略合作的全国品牌商，2017年 8 月在杭州与阿里签署了战略协议，同年 10 月与"惠下单"在北京签署战略协议，在B2B 新零售上，蒙牛率先发力。2018 年，蒙牛与零售通和惠下单的合作更加深入。双方开展了世界杯营销、线上平台订货会、系统定制等的活动，同时建立独立团队进行运作。2018 年，我们预计 B2B 新零售销售额能突破 10 亿。

（2）线上线下 KA（key account，关键客户）。全面拥抱零售新物种，包括盒马鲜生、京东到家、物美多点等等，这些新模式更加贴近消费者，满足了消费者的便利性需求。蒙牛在 KA 系统建立了专职的销售和营销团队来服务这些线上线下 KA，以做好全渠道的营销工作。

（3）社区创新。我在前面已经介绍过社区的重要性，那围绕社区我们可以做哪些创新性的工作呢？蒙牛主要在以下几个方面进行了尝试：社区 App，社区便利店，无人便利店，等等。这些业态可以更快地把我们的产品推进到消费者端。社区 App 很多人还不是特别了解,在上线城市很多大型的物业公司都做了自己的社区 App,上面可以缴物业费,可以在商城买东西,也可以找装修公司或租房,为了提高社区 App 的黏性,有些开发商把 App 当门禁卡使用。还有社区便利店、无人售卖机,过去很多无人售卖机放在人流量比较多的地方,比如火车站、商业区域等,但是现在社区里也有这样的需求,消费者的需求是便利性,蒙牛正围绕着社区的这些需求进行试点探索(见图 9-1)。

图 9-1 蒙牛聚焦社区的多模式试点探索

(4)镇村创新。除了上线城市的社区市场,镇级市场同样不能忽视。中国乡镇数量有 3 万多个,村数量将近 60 万,每个村 2~3 家店,将近 230 万家店。我在调研中发现农村里的消费水平非常好,很多地方品牌深耕镇村,业绩增长得非常好。那大品牌不做镇村的痛点是什么呢?主要有两点:一是物流成本高,二是业务员人工成本高。一个村只有 2~3 家店,经销商不愿意去跑。我们是怎么解决的呢?主要有两点:一是在镇里找合作伙伴,二是在用系统解决人工成本问题。其实在镇村里做得最好的是啤酒,大家有机会可以去镇村看一下,门店里堆得最高的就是啤酒。镇上找合作伙伴,大家一起把物流成本降下来,同时使用创新型 App,不用业务员进行门店拜访,店主自主下单,把业务员的人工成本降下来,这样就能快速地在镇村进行拓展。

(5)智网系统。之前有位嘉宾讲到,当下的痛点是品牌商和经销商不知道下面的网点发生了什么变化。很多品牌商推行自己的 SFA(sales force automation,销售自动化)系统,但大部分失败了,主要原因就是品牌商更多的是站在自己的角度来开发系统,希望用系统来管理经销商。蒙牛汲取了自己和其他品牌商的经验教训,开发了智网系统,这套系统定位为赋能客户,而不是管理客户,以实现业务、财务的一体化。同时这套系统能多品牌兼容,并实现多形式分销,从而赋能经销商,真正帮助经销商开展业务,做到终端可视化。因为我们是站在经销商的角度,根据经销商的需要去开发产品的,因此只要满足了经销商的需求,经销商就会愿意使用。未来我们能够通过智网系统,为客户提供精准可靠的数字化渠道洞察,建立数据银行,把所有的数据汇总在一起,形成消费者画像,对消费者进行精准产品定制与服务。

蒙牛紧跟着时代的步伐,把握未来消费者的需求,蒙牛是非常喜欢创新、也非常愿意创新的一家公司,相信未来会给消费者带来更多更好的产品和服务。

（案例资料来源：https：www.sohu.com/a/259345681/-99890220，有删改。）

思考：数字化时代，蒙牛是怎样进行渠道变革和创新的？它为什么要这样做？

任务一　分销渠道概述

🔎 目标提示

• 了解什么是分销，理解企业应用分销渠道策略的意义

🔎 学习内容

• 分销渠道在企业营销中的地位
• 分销渠道的功能、流程与基本结构

🔎 知识要点

分销渠道：菲利普·科特勒认为，营销渠道包括某种产品（劳务）的供产销过程中所有的企业和个人。而分销渠道主要以生产商为起点，商人中间商取得所有权，再由代理中间商帮助转移所有权到辅助商处及最终消费者处，这其中不包括原料供应商。

一、分销渠道在企业营销中的地位

（一）分销渠道的概念与特征

1.分销渠道的概念

市场营销理论中的渠道一般包括分销渠道和营销渠道。大多数学者认为这是两个相同的概念。但菲利普·科特勒认为，营销渠道包括某种产品（劳务）的供产销过程中所有的企业和个人，而分销渠道主要以生产商为起点，商人中间商取得所有权，再由代理中间商帮助转移所有权到辅助商处及最终消费者处，这其中不包括原料供应商。换句话说，营销渠道不仅包括分销渠道这个销售渠道，而且包括采购渠道。

从物流的角度来看，分销渠道也可以理解为商品流通渠道。分销渠道，也称分销通路或配销通路、流通渠道。大多数生产者通过中间市场将产品推向市场，直接向客户销售的占少数。在这个过程中便形成了一条通道：制造商—批发商—零售商或其他辅助机构。这些组织和机构通力协作，为最终消费者提供产品或服务，满足市场需求。分销渠道是企业市场营销组合策略的一个重要组成部分。

分销渠道不是简单的产品转移，它涉及每一次购销过程中的市场需求调整、融资甚至是物流储运所产生的价值。实际上，分销渠道也可理解为类似关系网的建立。实现分销渠道关系的顺畅和谐，对分销渠道进行有效的管理和控制是每一个制造商的心愿和梦想。而面对整体信用制度不完善的竞争环境，实力较为雄厚的大型制造商会自己投资建立分

销网络,但运营维护成本又成了新烦恼。

关系营销的概念由巴巴拉·本德·杰克逊于 1985 年提出,是指把营销活动看成是一个企业与消费者、供应商、分销商、竞争者、政府机构及其他公众发生互动作用的过程,核心是建立和发展良好的公共关系。

2.分销渠道的特征

(1)以生产者为起点,消费者为终点。分销渠道与营销渠道最根本的区别在于起点不同。分销渠道的起点是生产商,而营销渠道的起点是供应商。

(2)分销渠道具有相对的稳定性。分销渠道的建立本身比较复杂,需要投入大量的人力、物力和财力。生产者与中间商建立的经销关系若要改变,付出的代价也会比较大。生产者在变更渠道时需要谨慎,市场动荡的一个重要原因便是渠道变更。

(3)分销渠道是一条流通路线。分销渠道中存在着五种以物质或非物质形态运动的"流"(见图 9-2),包括商流、物流、货币流、信息流、推广流。其中,前三种以物质形态流动,后两种以非物质形态流动。

①商流:产品从生产领域向消费领域转移过程中的一系列买卖交易活动。

②物流:产品从生产领域向消费领域转移过程中的一系列实体运动,包括仓储、运输、包装、搬运、装卸、订单处理、存货控制等活动。

③货币流:产品从生产领域向消费领域转移的交易活动中所发生的货币运动。

④信息流:产品从生产领域向消费领域转移过程中所发生的一切信息传递、收集和处理活动。

⑤推广流:产品从生产领域向消费领域转移过程中,生产者通过广告或其他宣传媒体向中间商及其顾客所进行的一切推广活动。

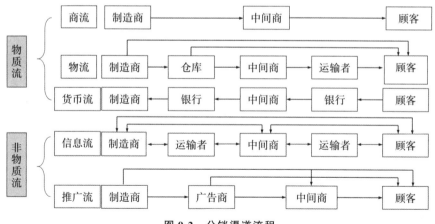

图 9-2　分销渠道流程

(二)分销渠道在企业营销中的重要性

(1)分销渠道对企业而言,特别是在科技进步的当今,在激烈的竞争和强大的技术变革中,显得越来越重要。"渠道为王""得渠道者得天下"已成为营销界的老生常谈。原因有三:

首先,持续的竞争优势是指企业的竞争对手无法快速模仿或轻易模仿的竞争优势。

相对而言,产品策略、价格策略、促销策略在促使企业获取竞争优势方面反而比渠道策略来得弱。分销渠道一旦建立,复杂的结构与设计、成员选择与激励评估、对渠道的控制管理等都需要企业花较大的成本,但其具有相对稳定性,是影响企业获取持续的竞争优势的十分重要的因素。分销渠道的建立也是基于人和关系的,由一系列组织构成网络系统,因此竞争对手通常是很难模仿一个企业的分销渠道的。

其次,由于市场营销环境的变化,渠道成员间的力量对比也随之发生了变化。一切大中型中间商的实力不断上升,渠道权力从生产商逐渐转移到了中间商。比如沃尔玛、家乐福、7-11便利店这些全球著名的大型零售商正在各类产品的销售中成为渠道控制者。这种趋势使得生产商开始重视分销渠道,通过维护与强大零售商之间的关系,建立有效的分销渠道。

再次,分销成本往往在价格中占较大比例,对产品价格产生较大影响,企业面临着如何有效控制分销成本的问题,使得企业更加关注和重视分销渠道。

(2)分销渠道在市场营销组合中具有特殊的地位。分销渠道的任务是在正确的时间和正确的地点以合适的价格将合适的产品卖给消费者。离开了分销渠道,价格再好,广告再好,产品再好,在流通过程中也会出现各种状况。首先,渠道成本直接影响价格;其次,产品以何种方式展现在消费者面前,是地摊还是高级商场,最后产生的利润和品牌效应也是完全不同的,这就需要通过对分销渠道进行选择,匹配品牌定位;再次,中间商通常会替代生产商将商品进行促销,与消费者直接对话。因此,分销渠道在市场营销组合中扮演着重要角色。

二、分销渠道的功能、流程与基本结构

(一)分销渠道的功能

分销渠道的主要功能为调研、寻找潜在客户、分类、促销、洽谈、物流、风险承担等。若要完成产品分销,必须充分利用分销渠道的这些功能。

(1)渠道成员如批发商、代理商各司其职,可以减少交易的次数和成本。假设有3个生产商,每个生产商通过直接销售分别接触3个消费者,则会产生9次交易联系,而如果经由中间商,交易联系将简化为6次。

(2)利用分销渠道,可以消除产销之间的障碍。交易的一方是生产者,另一方是消费者。生产者的生产是大批量的,而消费者却是零散的。渠道里的中间商可以调整企业生产的产品数量,甚至连品种、花色等都能调节。同时,中间商可以将生产商生产的产品存储起来,待消费者需要时满足其需求,分销渠道起到了"蓄水池"功能,消除了生产者和消费者在时间上的矛盾。

(二)分销渠道的流程

流程通常是对商品流动方向的描述。上文在阐述分销渠道的特征时,提及了分销渠道的九种广义渠道流程:实物流、所有权流、促销流、洽谈流、融资流、风险流、订货流、支付流、信息流。

分销渠道的功能通过渠道流程来完成。比如所有权流程由供应商担当所有权转移的起点,经由制造商、经销商到达购买者手中。

(三)分销渠道的基本结构

对于不同企业而言,为了满足不同的消费者需求,各个渠道成员通过对营销功能和流程的不同分工与协作,形成了不同的渠道结构。通常来说,分销渠道结构有三种:长度结构、宽度结构和广度结构。

1.分销渠道长度结构

(1)分销渠道的长度,也叫层级,是指生产商将产品或服务转移到最终消费者所经历的中间环节的数目。环节越多,分销渠道的长度越长。所以,如图 9-3 所示,以消费品市场分销渠道和工业品市场分销渠道为例,根据中间商层级的多少,可以相应地把分销渠道分为零级渠道、一级渠道、二级渠道、三级渠道等。需要注意的是,渠道层级不宜太多。

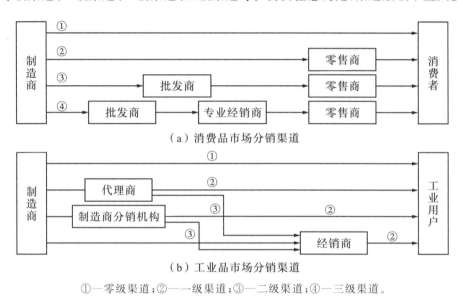

(a)消费品市场分销渠道

(b)工业品市场分销渠道

①—零级渠道;②—一级渠道;③—二级渠道;④—三级渠道。

图 9-3　消费品与工业品市场的分销渠道

①零级渠道。又称直接渠道、短渠道,该渠道没有中间商参与,制造商将产品直接销售给消费者,主要被工业行业所用。大型设备、专用工具以及需要提供专门服务的工业品几乎都采用直销渠道。

零级渠道有三种主要形式:a.直接销售,多以人员推销为主要营销方式;b.直复营销,多以电话、电视、电台报刊或网络等通信营销为主要营销方式;c.厂家自办店,以具体的店铺售卖方式存在,如连锁专门店、卖场、销售门市部或陈列室、服务部等。

②一级渠道。一级渠道是指产品从制造商到达最终消费者的流通中只经过一个层级中间商的环节。在消费品市场上,这个中间商通常是零售商。在工业品市场上,中间商则是一个代理商或经销商。比如在汽车行业,大多数大型汽车企业通过 4S 专营店把产品销售给用户,分销渠道中就只有一个层级的中间商。

③二级渠道。二级渠道是指产品从制造商到达最终消费者的流通中要经过两个层级中间商的环节。消费品市场的二级渠道代表是批发商和零售商;工业品市场中,二级渠道则是由代理商及批发经销商组成。

④三级渠道。三级渠道是指产品从制造商到达最终消费者的流通中要经过三个层级

中间商的环节。该类渠道在消费品市场中较为常见,特别是肉类食品及方便面等品种。因为通常来说,大型代理商不怎么向小型零售商提供服务,因此在两者之间衍生出一个层级的具有专业性的经销商。

(2)直接分销渠道与间接分销渠道

①定义。直接渠道没有中间商参与,相应于零级渠道。间接分销渠道相当于一、二、三级渠道。为了分析和决策方便,也有学者将一级渠道定义为短渠道,将二、三级渠道称为长渠道。

②区别。直接和间接分销渠道有各自的优缺点。一方面,直接分销渠道中,生产商直接面对消费者,无需通过中间商就可以及时了解客户需求,降低了产品在流通过程中的损耗及给中间商的费用。但如果产品是小型化、重复性的生活资料商品,生产商自己去设立销售网点则会得不偿失,最终依然必须依靠中间商来周转。另一方面,间接分销渠道中,中间商在生产商与消费者之间起到的调节作用仍然十分重要。中间商负责协作,负责生产商的销售业务,且中间商通常与多家生产商进行合作,对整体行情、资源信息等掌握得较为全面。当然,中间商市场越大,生产商对其依赖程度也越大,中间商从生产商手中取得产品所有权后,并不意味着产品就从中间商手中销售出去了。间接渠道还可能会导致需求滞后差的形成。

2.分销渠道宽度结构

分销渠道的宽度结构是指在同一个分销的层级的中间商数目的多少,数目越多渠道就越宽,反之就越窄。从分销渠道的宽度出发,可将分销渠道分为独家式分销渠道、密集型分销渠道和选择型分销渠道。三类渠道的优缺点如表9-1所示。

表 9-1 不同分销渠道的优缺点

分销渠道类型	含义	优点	缺点
独家式分销渠道	在既定市场区域内每一渠道层次只有一个中间商运作	市场竞争程度低;厂商与经销商关系较为密切;适用于专用产品分销	因缺乏竞争,顾客的满意度可能会受到影响;经营商对厂商的反控能力较强
密集型分销渠道	凡符合厂商要求的中间商均可参与运作	市场覆盖率高;比较适用于日用消费品分销	市场竞争激烈,经销商为了自身利益,可能会破坏厂商的统一营销规划;渠道管理成本较高
选择性分销渠道	有条件地选择经销商	可以节省费用开支,提高营销的效率;生产企业通过有条件地选择经销商,可以维护企业和产品的声誉,对市场加以控制;当生产企业缺乏国际市场经营的经验时,在进入市场的初期选用几个经销商进行试探性的销售,可以减少企业的销售风险	企业难以在营销环境宽松的条件下实现多种经营目标;渠道对非选购品缺乏足够的适应性;企业要为被选用的中间商提供较多的服务,并承担一定的市场风险

3.分销渠道广度结构

渠道的广度,是分销渠道的一种多元化选择,即生产商的产品需要经过几种类型的渠道,可以是单渠道,也可以是多渠道。大多数生产商采用多渠道系统,但两个以上渠道对准一个细分市场时,容易产生渠道冲突,企业同时需要对渠道进行有效管理,才能发挥多渠道策略的正面作用。

同步案例 9-1

加多宝的渠道体系

饮料企业能生产出具有差异化、难以模仿的产品极其困难,所以得渠道者得天下。在快消行业,这种感性消费的产品,谁强势占领了渠道,谁就抢占了先机。

加多宝从一开始就注重打造渠道体系,加多宝掌门人陈鸿道在很早就花 300 万年薪请了 5 位百事可乐的渠道总监打造加多宝的渠道体系。当众多同行把他的做法当成笑话的时候,他没有在意,但是几年之后这个体系开始发挥出了让人吃惊的作用。加多宝打造的渠道体系,用终端为王形容一点不为过。随便去一个二线城市转一下,几乎每个杂货店都可以买到加多宝。

加多宝的渠道形成了周密、立体的体系,渠道可细分为 KA、批发商、食杂店、餐饮店和特殊通道(学校、网吧、车站、宾馆、KTV)五大部分。其中 KA 占比为 20%,餐饮店占比为 40% 左右,批发商及食杂店占到 30% 左右,特殊通道占 10%。

正是由于多年的耕耘,强大的渠道体系,以及精悍的销售队伍,让加多宝在与王老吉"分手"后,迅速完成品牌转换。

1.迅速完成渠道终端的对接

在加多宝与王老吉"分手"后,对于加多宝的渠道商,广药集团也曾做过争取,广药集团的王老吉比加多宝每箱便宜 2 元,意味着每箱经销商可以多赚 2 元,当时一些逐利的终端商也动过心,可是广药的渠道队伍太少,无法与渠道终端对接,一些经销商曾表示"听到这消息后我们也想了解一下,可是'王老吉'的业务员在哪里呢?"。而更多和加多宝长期合作、建立良好关系的渠道商,特别是通过与加多宝合作赚了钱的经销商,注重的是长期合作体验,尤其是加多宝能够提供的深度协销,不仅是广药集团无法提供的,也是业内很多同行难以提供的。经销商在权衡之后,还是选择了加多宝,因此让加多宝在渠道上与消费者的对接迅速完成。

2.迅速完成卖场终端的对接

在 2012 年品牌转换时期,卖场里来势迅猛的广告、陈列和海报等,让消费者不管走到哪里,总会知道销量领先的王老吉凉茶改名加多宝了。

3.餐饮场所的对接

在 2012 年加多宝与王老吉"分手"后,相信很多人去餐馆就餐时会有一个共同的感受,在点凉茶饮料的时候,经常会被促销员提醒"销量领先的王老吉凉茶改名加多宝"了。

思考:

1.分析加多宝渠道体系的特点。

2.你认为"互联网+"时代的到来,对企业的渠道开发会带来什么影响?

小结

关键词：分销渠道

主要观点：

(1)分销渠道不是简单的产品转移，它涉及每一次购销过程中的市场需求调整、融资，甚至是物流储运所产生的价值。实际上，分销渠道也可理解为关系网的建立。

(2)分销渠道结构有三种：长度结构、宽度结构和广度结构。

任务二　分销渠道组织成员

目标提示

· 了解什么是生产商、批发商、零售商以及特许经营组织

学习内容

· 生产商的基本概念及作用
· 批发商的基本类型和功能
· 零售商的类型和职能
· 特许经营和其他辅助机构

知识要点

分销渠道成员：分销渠道是由一系列相对独立的组织构成的营销链，不同组织在渠道中扮演不同角色，发挥不同功能。典型的组织成员有：生产商、中间商、最终用户及辅助机构等四个部分。批发商、零销商、特许经营组织均属于中间商，最终用户分为顾客和企业用户。

分销渠道是由一系列相对独立的组织构成的营销链，不同组织在渠道中扮演不同角色，发挥不同功能，如图9-4所示。典型的组织成员有生产商、中间商、最终用户及辅助机构等四个部分。批发商、零售商、特许经营组织均属于中间商，顾客和企业用户为最终用户。

一、生产商

(1)生产商是整个分销渠道价值链中的第一个环节，产品使用价值的大小和质量的好坏是由生产商决定的。生产商的素质、能力、品牌和影响力，是分销渠道的首要资源。

(2)生产商是分销渠道的主要组建者。在竞争环境中，生产商最关心同类产品市场的状况，对于构建分销渠道，包括产品分销模式的选择、分销网络的设计都有极大的作用。

(3)由于是分销渠道的起点，生产商必须根据动态变化的市场环境，对渠道进行创新。

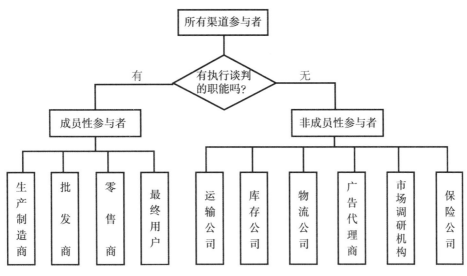

图 9-4　渠道中的各种角色

(4)生产商作为分销渠道系统的起点,必须做好管理决策。

①建立自己的分支机构或代售处,可以形成产、供、销一体化模式,提升渠道控制权。如果认为自建渠道的成本过高,可以选择经销商或代理商,外包销售业务。

②因经销商和代理商在经营性质和运作流程上存在多方面差异,生产商须考虑如何选择。比如当品牌已成熟,市场稳定,销售结果可以预测时,可选择与经销商合作。反之,若是新产品,品牌不够成熟时,则可以选择代理商。

③独家代销具有一定的垄断地位。若是流通性强、品牌知名度高或销售量大、价值低的产品,可以选择独家代销,反之则选择多家代销。

二、批发商

(一)批发及批发商的概念

根据美国普查局给出的定义,批发是一种商业活动,指那些将产品卖给零售商、其他商人或行业机构、商业用户,但不向最终消费者出售商品的人或企业的相关活动。批发商则是在生产商与其他商业机构中履行流通中介任务的组织或个人。批发商不仅包括向零售业、工业、农业、金融业等提供转售业务的企业,还包括向其他批发商提供转售业务的组织和个人。

批发商承担着分销渠道系统中的所有分销职能:销售与促销职能、仓储服务职能、市场调研职能、风险承担职能、融资职能、信息及物流传递职能。批发商最重要的职能是集中商品,根据市场需求分类编配产品,储运商品,提高分销效率。

(二)批发商的类型与功能

1.商人批发商

具有独立法人资格,是最主要的批发商类型;是指自己进货,获得所经营的产品所有权后再批售给零售商或用户的独立商业单位。

(1)根据经营商品的范围,可大致划分为一般批发商、大类批发商和专业批发商。

①一般批发商如日用百货、五金交电、化妆品、常用零配件等的批发商。商场、百货为其主要销售对象。

②大类商品批发商,只经营一类或几类商品,但是款式、品牌较为齐全。地区批发商、大型零售店为其主要销售对象。

③专业批发商,专门经营某类产品,专业化程度高,以专业商店和专业用户为销售对象。

(2)根据经销的顾客服务范围,可划分为独家经销商和普通经销商。

①独家经销商。独家经销商是以买方身份向生产商进货,自负盈亏,且在一定区域内享有独家购买权和销售权。许多国外的进口商常常主动要求获得独家经销权。

②普通经销商。普通经销商为非独家经销。供货人的商品由多家经销商进行销售,一方面供货人可以摆脱被单个经销商控制,另一方面多个经销商可以产生竞争,生产商可以从中择优进行进一步的合作。

2.代理批发商

代理批发商不取得商品所有权,而是从事购买、销售或者二者兼具的洽谈业务,盈利来源是佣金。

(1)按照承担职能的不同,可以划分为以下五类:经纪人、制造商代理商、销售代理商、采购代理商、佣金商。

(2)从区域权利角度来划分,可分为七种:独家代理与多家代理、总代理与分代理、佣金代理与买断代理、其他代理方式。

3.生产商自营销售组织

此为生产商自身的销售分支机构,生产商将一定的产品存于此,并进行管理。

三、零售商

(一)零售与零售商的概念

零售活动既有以有形商品为对象的,也有出售无形服务的,如代购车票、旅游服务、理发美容等。生产者、批发商、零售商都可以从事零售活动。零售商从事的交易是把商品直接卖给个体消费者,是为个人和家庭服务的,这些群体的购买量通常较小。零售商只将商品转售一次,销售额往往小于批发商。我国市场上目前比较活跃的零售商一般为国际上的零售业巨头沃尔玛、家乐福等。

(二)零售商的类型与功能

1.零售商的类型

零售商的主要类型如表9-2所示。

表 9-2　零售商分类

分类标准	零售商分类
经营形态	便利店、专业商店、百货公司、超级市场、批发俱乐部
价格和服务	综合或专业商店:提供一般服务,价格中等; 百货商店:提供较多的顾客服务,价格较高; 平价商店:提供较少服务,以低价招揽顾客; 食品超市:顾客自助购买,提供很少的服务,价格较低
是否有店铺	店铺零售商;非店铺零售商,包括自动售货机、邮购和电话零售、互联网零售、上门推销等
所有权性质	独立零售商;自愿连锁零售商;特许经营零售商;非零售企业所属零售商(如生产企业的前店后厂、批发企业的零售店、宾馆的零售店等);连锁零售商;供销合作社
地理位置及集群化程度	邻近居民区型商店;区域型商店;繁华街区型商业街;统一规划的郊区购物中心;自由市场

实际上,零售商类型极其复杂,按照销售方式来分,零售商可分为商店零售商、无店铺零售商、零售联合体。其中,商店零售商包括百货商店、专业商店、超级市场、便利商店、折扣商店、仓储商店;无店铺零售商包括直接营销商和直复营销商、自动售货机;零售联合体包括连锁商店、零售商合作社、消费者合作社、商店集团。

2.零售商的功能

零售商提供商品分类和服务,为消费者提供具体的购物环境,为生产商、批发商提供市场信息,分担风险,其功能主要体现在组织商品的职能、服务职能、传递信息职能、提供库存及承担风险的职能。

(三)零售商的管理决策

零售商经常以店铺形式出现。因此,零售店铺的选址直接关系到销售情况。一方面店铺的地址关乎商店客流量,另一方面具体店铺的可变性小、投入成本高。

零售商可选择在主干道或街道开设独立商店,也可以选择在无规划商业区中的中心商业区、次级商业区、邻里商业区或者商业街开店,或者选择进驻到区域购物中心、社区购物中心。

四、特许经营

按照特许内容的不同,可以分为生产特许经营、产品商标型特许经营、经营模式特许经营三种类型。

(1)生产特许经营是指受许人投资建厂,或通过 OEM(original equipment manufacturer,原始设备制造商,俗称代工)方式,使用特许人商标或标志、专利、技术、设计和生产标准来加工或制造。比如耐克代工厂、可口可乐灌装厂、奥运会标志产品便是典型的生产特许经营代表。

(2)产品商标型特许经营。商标特许是指商标注册人将注册商标授予他人使用,对加盟商所从事的经营活动不做严格规定。卡通类的商标授权较为典型,如 HELLO

KITTY、皮卡丘、机器猫、米老鼠等。

（3）经营模式特许经营。受许人有权使用特许人的商标、商号名称、企业标志并进行广告宣传，在市场中完全以特许人企业的形象出现，特许人对受许人的内部管理、市场营销进行强有力的控制。比如麦当劳、肯德基等均是典型的经营模式特许经营。

五、其他辅助机构

在分销渠道中，辅助机构帮助执行运输、存储、购买、出售等工作。比如 UPS（United Parcel Service，美国联合包裹运送服务公司）、联邦快递这类运输代理商，又如专门的库存代理商、订单处理代理商、广告代理商，以及保险公司、市场研究机构。虽然他们不是渠道成员，但渠道成员却经常通过他们执行许多具体的分销任务。

同步案例 9-2

九阳公司是如何选择经销商的？

九阳股份有限公司主要渠道包括 500 个左右的一级经销商和近 23000 家终端销售网点，而且其不光拥有自己的网站平台，还在京东商城、淘宝等网站销售。便捷的营销网络和良好的售后服务有效提升了九阳的品牌形象，并极大地带动了销售业绩的提升。

九阳根据自身情况和产品特点采用地区总经销制，即以地级城市为单位，在确定目标市场后，选择一家经销商作为该地区独家总经销。九阳公司对总经销商有较严格的要求。

（1）总经销商要具有对公司和产品的认同感，具有负责的态度，具有敬业精神，这是首要条件。经销商只有对企业及产品产生认同，才能对产品及市场高度重视，才能树立起开拓市场、扩大销售的信心，并与企业保持步调一致。负责的态度是指经销商要对产品负责、对品牌负责、对市场负责。具备敬业精神的经销商能够积极主动投入市场销售与拓展，克服销售障碍，协助企业开展各项市场活动，提升企业销售业绩和扩大占有率。

（2）总经销商要具备经营和市场开拓能力，具有较强的批发零售能力。这涉及经销商是否具备一定的业务联系面，分销通路是否顺畅，人员素质高低及促销能力的强弱。

（3）总经销商要具备一定的实力。实力是销售网点正常运营、实现企业经营模式的保证，但是要求具备实力并不是一味求强求大，适合的就是最好的，双方可以共同发展壮大。

（4）总经销商现有经营范围与公司一致，有较好的经营场所。如经营家电、厨房设备的经销商，若顾客购买意向集中，则易于带动公司产品的销售。九阳公司要求总经销商设立九阳产品专卖店，由九阳公司统一制作店头标志，对维护公司及经销商的形象起到了积极的作用。九阳公司与其经销商的关系是一种伙伴关系，谋求的是共创市场、共同发展。因而公司在制定营销策略时，会注意保证经销商的利益，不让经销商承担损失。例如公司规定总经销商从公司进货，必须以现款结算。那么，如何化解经销商的经营风险？一是公司的当地业务经理可以协助总经销商合理确定进货的品种和数量；二是公司能够做到为经销商调换产品品种，直至合同中止时原价收回经销商的全部存货。通过这些措施，九阳努力解除经销商的疑虑。公司这种追求双赢的方针，以及切实可行的保障措施，配合优良的产品和完善的服务，大大提高了合作成功的可能性，使销售网点迅速铺开。

小结

关键词:生产商 批发商 零售商
主要观点:

批发商承担着分销渠道系统中的所有分销职能:销售与促销职能、仓储服务职能、市场调研职能、风险承担职能、融资职能、信息及物流传递职能。最重要的职能是集中商品,根据市场需求分类编配产品,储运商品,提高分销效率。

任务三 分销渠道设计的选择

目标提示

· 了解什么是影响分销渠道设计的主要因素

学习内容

· 影响分销渠道设计的主要因素
· 分销渠道设计的原则
· 分销渠道设计的步骤与实施

知识要点

影响分销渠道设计的主要因素:市场因素、产品因素、目标消费者因素和企业自身因素。

一、影响分销渠道结构设计的主要因素

无论是长渠道、短渠道,还是宽渠道、窄渠道,其选择都会受到市场、产品、目标消费者行为以及企业自身因素等影响。

1.市场因素

消费者群体聚居集中,促使了市场的出现。市场的聚集度会直接影响渠道的长短。如果消费者聚居集中,生产商可以通过短渠道把产品送达消费者。而如果分销商市场比较发达,因为竞争关系的存在,生产商对分销渠道的选择可以有更大更多的余地。比如物流公司较为专业,企业则可以将自己的物流业务外包给物流公司。

2.产品因素

①产品类型影响渠道长度结构,这主要表现在耐用品和

影响分销渠道选择的因素

日用品市场。人们对耐用品的更换频率低,比如住房、汽车或家用电器等,通常这类产品的价值高、使用寿命长,一般适用于较短的分销渠道。而日用品的更换频率比较高,在分销渠道的建设中就要注意随时保持商品的供应,渠道要设计得相对较长,方便消费者购买。

②产品的技术性也是设计分销渠道时应考虑的。产品的技术性越强,渠道应越短。比如工业用品、家用电器等涉及售后服务,中间商所能发挥的作用不及专业的生产商,如果服务不周的话容易引起消费者不满。因此渠道越短,服务的提供越直接,越专业。

③产品的标准化程度影响渠道长度设计。标准化程度越高,渠道越长。标准化程度高的产品如衣服、桌、椅等。

④产品特性也影响分销渠道长度设计。比如易腐产品蔬菜、海鲜鱼类等适合短渠道。而对于易于保存、不怕因运输路途耗时过长而变质的产品,如方便面、日化产品等可以采用较长的渠道。

3.目标消费者因素

目标消费者有一定的购物习惯,比如购买行为受季节的影响,购买频率和探索度有所不同。对于季节性强的产品,生产商应考虑短时间内达到一定的铺货率,选用较宽的分销渠道,选择尽量多的批发商和零售商。

4.企业自身因素

①企业财务能力是设计渠道结构的重要指标。企业应根据主要资金要如何配置来设计渠道的长短,因为不同长度的渠道设计需要花费的成本不尽相同。若财务状况不是很好,则适宜采用已有的中间商,采用长渠道。

②生产企业的管理水平高低影响渠道的长度设计。生产商若自身在销售管理、零售运作等方面缺乏经验,最好选择较长渠道,可以直接利用有优势的中间商进行分销。但如果生产商本身具有一定的产品销售经验,并具有较强销售力量和储存能力,则可以选择短渠道。

二、分销渠道设计的原则

(1)客户导向原则;(2)最大效率原则;(3)发挥企业优势原则;(4)合理分配利益原则;(5)协调及合作原则;(6)覆盖适度原则;(7)稳定可控原则;(8)控制平衡原则。

三、分销渠道设计与实施的步骤

(1)识别渠道结构设计的必要性;(2)建立和协调分销目标;(3)明确分销渠道任务;(4)设计可行的分销渠道结构;(5)评估渠道设计方案;(6)选择渠道成员。

 小结

关键词:分销渠道的影响因素

主要观点:无论是长渠道、短渠道,还是宽渠道、窄渠道,其选择均受到市场、产品、目标消费者行为以及企业自身因素等影响。

课外延伸

京东"618"消费新趋势：
全渠道模式全面开花

良品铺子：数字化赋能渠道
经营能力,提升顾客消费体验

复习与思考

一、判断题

1.窄渠道是指生产商同时选择两个以上的同类中间商销售产品。(　　)

2.按照特许内容的不同,特许经营可以分为生产特许经营、产品商标型特许经营、经营模式特许经营三种类型。(　　)

3.离开了分销渠道,价格再好、广告再好、产品再好,在流通过程中也会出现各种状况。(　　)

二、单选题

1.在消费品市场分销渠道模式中,一层渠道模式包括了(　　)。

A.批发商　　　　　　B.代理商　　　　　　C.零售商　　　　　　D.专业批发商

2.不拥有商品所有权的中间商是(　　)。

A.经销商　　　　　　B.代理商　　　　　　C.批发商　　　　　　D.零售商

3.下列产品中不能采用较长分销渠道的是(　　)。

A.花生　　　　　　　B.自行车　　　　　　C.鲜鱼　　　　　　　D.电视机

4.直接向最终消费者提供商品的中间商是(　　)。

A.经销商　　　　　　B.代理商　　　　　　C.批发商　　　　　　D.零售商

5.没有中间商介入的分销渠道称为(　　)。

A.直接分销渠道　　　B.间接分销渠道　　　C.一级分销渠道　　　D.二级分销渠道

6.下列情况中,(　　)产品适宜采用最短的分销渠道。

A.单价低、体积小的　　　　　　　　　　B.技术性强、价格昂贵的

C.生产集中的　　　　　　　　　　　　　D.处于成熟期的

7.按照流程环节和层次的多少来划分,分销渠道可分为(　　)。

A.直接渠道和间接渠道　　　　　　　　　B.长渠道和段渠道

C.宽渠道和窄渠道　　　　　　　　　　D.单渠道和多渠道

8.买卖中间商包括(　　)。

　A.批发商　　　　　B.企业代理商　　　C.供应商　　　　D.采购商

9.分销渠道不包括(　　)。

　A.中间商　　　　　B.消费者　　　　　C.供应商　　　　D.制造商

10.如果某公司建立的一级销售渠道属于宽渠道,一定是因为(　　)。

　A.存在多个生产厂家　　　　　　　　B.存在多个批发商

　C.存在多个零售商　　　　　　　　　D.存在多个消费者

11.以电话、电视、电台报刊或网络等通信营销为主要营销方式的是(　　)。

　A.直接销售　　　　B.直复营销　　　　C.厂家自办店　　D.批发销售

12.汽车行业内,大多数大型汽车企业通过4S专营店把产品销售给用户。这属于几级分销渠道?(　　)

　A.零级　　　　　　B.一级　　　　　　C.二级　　　　　D.三级

项目十　促销策略

能力目标

- 熟悉促销组合的相关内容
- 掌握人员推销的特点、管理
- 熟悉广告策略的相关内容
- 掌握营业推广的形式、决策程序
- 掌握公共关系活动的各种促销策略

素质目标

- 能熟悉市场营销中的有效的沟通和促销方式
- 掌握各种促销策略

学习任务

- 任务一　促销和促销组合
- 任务二　人员推销策略
- 任务三　广告策略
- 任务四　营业推广策略
- 任务五　公关促销策略

开篇案例

赛场之外的赛场——央视舞台上的奥运营销故事

奥运,不仅是一场收视盛宴,更是一场品牌盛宴。奥运营销也绝不仅仅是 17 天,很多品牌甚至提前一年就在央视建起沟通平台,和消费者共享体育精神。在央视的广告荧屏上,各行业的表现可圈可点。

一、伊利:从奥运出发,向世界进军

北京奥运期间,中央电视台是伊利广告投放媒体的重中之重。2006 年 11 月 18 日,伊利以 8008 万元拿下央视奥运广告产品"圣火耀星途"。2007 年 9 月 18 日,伊利以 2008

万元的价格购买了北京奥运会开幕式、闭幕式前后的 4 条 15 秒广告的纪录,创造了中国单价最高的 15 秒广告的纪录。益普索的调查数据显示,经过几轮的覆盖式宣传后,消费者对于伊利的品牌认知度及购买意愿指数分别达到了 81.8 和 87.2,处于北京奥运会食品供应企业之首。

2012 年,伊利再次联手央视,独家冠名奥运奖牌榜。调查结果显示,经过伦敦奥运广告的传播,伊利品牌在消费者心目中的第一提及率、未来购买率、忠诚率、喜欢度、质量形象等均有明显提升,由此可见广告取得了良好的传播效果。

在 2016 年的央视黄金资源广告招标大会上,伊利在众多企业的激烈竞争下中标"2016 年里约奥运会《中国骄傲》独家庆贺"项目,对奥运品质的不懈追求和经受"奥运考验"后的自信和坚定已经成为伊利未来应对挑战、继续成长的精神动力。

二、可口可乐:教科书式的营销传奇

在众多的企业增值方式中,奥运体育营销是可口可乐最为成功的方式。2008 年,可口可乐与央视强强联手,赞助 CCTV 火炬传递节目《与圣火同行》与奥运特色栏目《中国骄傲》,并将历届奥运会的精彩瞬间制作成 70 部纪录片广告,于奥运期间播出。2008 年,可口可乐中国区业务增长 19%,巩固了其在中国市场的地位。

作为奥运会顶级合作商,可口可乐在 2012 年伦敦奥运会继续发力,启动中国本土化策略,邀请刘翔、孙杨等多位奥运冠军参与系列广告拍摄,投资"奥运中国队冲金赛事套装"以及"可口可乐中国节拍"项目,进一步提升了企业在中国市场的认同度。调查结果显示,CCTV 是可口可乐品牌信息的主要传播渠道,在奥运会期间,CCTV 作为主渠道的作用更加明显,经过奥运广告宣传,认为未来肯定会购买可口可乐的消费者增长了 5.7%。

里约奥运会期间,可口可乐公司延续自己作为顶级合作商的传统,进行大量的广告投放与营销工作,如"此刻是金"广告项目,与央视强强联手,实现双赢。

三、光明乳业:"老字号"迎战奥运会

越是贴近大众的消费品越看重体育营销,而光明乳业一直与体育有着不解情缘。2015 年和 2016 年,为了迎合主流消费群体的消费习惯,光明乳业发起了奥运营销攻势。2015 年 11 月 18 日,光明乳业以 1.37 亿元拿下了中央电视台 2016 年里约奥运会奖牌榜独家冠名项目,抢先占领营销先机。2016 年 1 月 12 日,光明乳业与中国国家女子排球队签约,成为其官方战略合作伙伴。在 2016 年 8 月 20 日进行的女排决赛中,央视多次插播主教练郎平与多名女排队员为光明乳业所拍摄的宣传广告。随着中国女排 3∶1 战胜塞尔维亚队,时隔 12 年再次勇夺奥运冠军,光明乳业的股价也水涨船高,比赛后第一个交易日股票涨了 4.36%。

四、劲霸男装:"专注+拼搏"的品牌力量

长期以来,劲霸专注于央视的品牌合作,先后夺得多届世界杯、奥运会的赛事直播广告资源和相关节目冠名权。2008 年北京奥运会,劲霸男装成为央视奥运赛事直播资源中唯一一家中标的中国服装企业,其推出的《王者归来》广告片,在北京奥运会期间更是深入人心,推动企业形象迈上了新的台阶。

2012 年伦敦奥运会,劲霸男装继续与央视合作,选择"CCTV5、CCTV7 赛事套装"广告资源,取得了立竿见影的效果。调查显示,奥运期间劲霸品牌的品牌竞争力显著提高,央视已成为消费者了解劲霸品牌最主要的渠道。

2016年里约奥运会,劲霸独家冠名央视奥运专题节目《穿越精彩》及《劲霸时刻》,继续推动企业品牌迈上新台阶。

五、安踏:"另类"奥运营销

奥运营销是安踏品牌战略中不可或缺的重要组成部分,但安踏的奥运营销却不走寻常路。2012年是中国农历龙年,安踏将龙这个字以中国书法的形式,融入2012年伦敦奥运会的领奖服设计中。中央电视台《荣耀时刻》这个广告专案将安踏与中国冠军等元素无缝衔接在一起,"2秒的栏目片头+10秒的每日更新金牌颁奖镜头集锦+3秒的企业产品展示尾板"实现了企业品牌与节目广告的完美结合。

2016年里约奥运会,作为连续第八年担任中国奥委会合作伙伴的安踏,继续为中国队提供冠军"龙衣"。同时,安踏携手央视,强力传播"去打破"的品牌理念,助力中国奥运军团,再次超越自我。

思考:本案例中的品牌在奥运期间都开展了哪些促销活动?

[案例资料来源:根据央视网《赛场之外的赛场:央视舞台上的奥运营销故事》节目(http://1118.cctv.com/2016/08/10/ARTIvy27iKL8j0T8GSwy1fo5160810.shtml)整理。]

任务一　促销和促销组合

目标提示

- 掌握促销和促销组合的内涵

学习内容

- 促销的含义
- 促销的作用
- 促销组合

知识要点

促销:企业通过各种方式和目标市场之间双向传递信息,以启发、推动和创造目标市场对企业产品的需求,并激发其购买欲望和使其产生购买行为的综合性活动。促销的实质是信息沟通。

一、促销的含义

现代市场营销不仅要求企业开发适销对路的产品,塑造良好的形象,制定吸引人的价格,使目标顾客易于取得他们所需要的产品,还要求企业通过各种方式和目标市场之间双向传递有关信息,进行必要的促销活动。

促销是指企业通过各种方式和目标市场之间双向传递信息,以启发、推动和创造目标市场对企业产品的需求,并激发其购买欲望和购买行为的综合性活动。促销的实质是信息沟通。在市场经济条件下,社会化的商品生产和商品流通决定了生产者、经营者和消费者之间客观上存在信息的分离,顾客不一定知晓企业生产和经营的商品的性能、特点,这就要求企业将有关商品的性能、特点等信息,通过声音、文字、图像或实物传播给顾客,增进顾客对商品及服务的了解,引起顾客的注意和兴趣,帮助顾客认识商品或服务所能带给他们的利益,激发顾客的购买欲望,为顾客最终做出购买决定提供依据。

二、促销的作用

(一)有利于生产者和消费者之间的信息沟通

一种商品进入市场后,或将要进入市场的时候,为了使更多的消费者知道商品,就需要生产者或者经营者及时提供商品信息,主动介绍商品的性能、特点、用途、价格、使用方法、保管知识及企业可能提供的服务等。通过信息的传递,使社会各方了解产品销售的情况,建立起企业的良好声誉,引起他们的注意,使他们对企业产生好感,从而为企业产品销售的成功创造前提条件。否则,抱着"酒香不怕巷子深""皇帝的女儿不愁嫁"的传统营销观念,必然会作茧自缚。

(二)有利于创造需求,扩大产品销售

消费者的消费需求、购买动机具有多样性和复杂性的特点,促销要针对消费者的心理动机,通过采取灵活有效的促销活动,诱导或激发消费者的需求,扩大产品的销售。企业应通过促销活动来挖掘消费者的需求,开拓新的销售市场,使市场需求朝着有利于企业销售的方向发展。

(三)有利于突出特色,增强企业市场竞争力

在竞争日趋激烈的市场中,不同的厂商生产经营同类产品,甚至假冒伪劣商品也达到了以假乱真的地步,消费者对这些产品的微细差别往往不易察觉。企业通过促销活动,宣传本企业的产品不同于竞争对手产品的特点,以及给消费者带来的特殊利益,有助于消费者充分了解本企业产品的特色,帮助消费者进行正确的购买决策,提高企业的市场竞争能力。

(四)有利于反馈信息,提高企业经济效益

在成本和价格既定的情况下,产品销量越大,则销售额越高,效益越好,反之则效益越差。企业必须重视产品销售工作,通过有效的促销活动,使更多的消费者或用户了解、熟悉和信任本企业的产品,并通过消费者对促销活动的反馈,及时调整促销决策,使企业生产经营的产品适销对路。

三、促销组合

(一)促销组合的含义

促销组合是指企业根据促销的需要、产品的特点和营销目标,综合各种影响因素,对广告、人员推销、销售促进等各种促销方式进行适当选择和综合编配。促销组合通常包括

直接促销和间接促销两大类:直接促销指人员推销,间接促销包括广告活动、营业推广和公共关系活动。

人员推销是指企业派出推销人员向顾客和潜在顾客面对面地介绍和宣传产品,以期促进产品的销售。广告是由企业按照一定的预算方式,通过不同的媒体将有关信息传递给目标受众的一种促销手段。营业推广是指由能够迅速刺激需求、鼓励购买的各种具有短期诱导性的营业方法组成的沟通活动。公共关系活动是指企业为经营好与社会各方面的关系,树立和改善企业形象,增加社会公众对企业了解的一切活动。

(二)促销组合决策

企业进行促销组合决策通常包括六个步骤。

1.确认促销对象

促销对象主要是企业产品的销售对象。企业应通过对目标市场的可行性研究与市场营销调研,确定其产品的销售对象是现实购买者还是潜在购买者,是消费者个人、家庭,还是社会团体。

2.确定促销目标

促销目标指企业促销活动所要达到的目的。常见的促销目标包括提供信息、增加需求、实现产品差异化、强化产品的价值和巩固市场地位。不同企业的促销目的是不同的,促销组合决策也应该不同。实现短期促销目标宜采用广告促销和营业推广相结合的方式。若要实现长期促销目标,则应主要进行公关促销,辅之以必要的人员推销和广告促销。在决策中,还需注意企业促销目标的选择必须服从企业营销的总体目标。

3.促销信息设计

促销目标是通过促销信息传递来实现的,企业必须重点研究信息内容的设计。促销信息内容是指企业促销对目标对象所要表达的诉求是什么,并以此刺激其反应。诉求分为以下三类:(1)理性诉求。试图说明该产品能为目标对象带来何种利益。(2)感性诉求。试图激发目标对象的情感,如喜爱等,以激发消费者的购买行为。(3)道德诉求。试图让信息接收者感到什么是对的和适当的。

4.选择沟通渠道

在促销活动中,企业应选择传递促销信息的沟通渠道。沟通渠道主要有两类:(1)人员沟通渠道,指销售人员与目标购买者之间的接触、推荐、建议。(2)非人员沟通渠道也称大众媒体沟通渠道,指运用媒体、气氛与事件等方式来传递信息。一般情况下,人员沟通渠道比大众媒体沟通渠道更有效,但大众媒体沟通与人员沟通是相辅相成的,两者的有机结合才能发挥更好的效果。

5.确定促销组合

促销组合决策的关键是确定促销的具体组合。由于不同的促销手段具有不同的特点,企业要想制定出最佳组合策略,就必须对人员推销、广告、营业推广和公共关系活动四种促销方式进行适当搭配,使其发挥整体的促销效果。企业在选择最佳促销组合时,应考虑以下因素。

(1)产品类型

产品类型不同,购买差异就很大,不同类型的产品应采用不同的促销策略。一般来说,消费品主要依靠广告,然后是营业推广、公共关系和人员推销;生产资料主要依靠人员推销,辅以营业推广和公关活动,广告则较少使用。

(2)产品价格

一般技术性能复杂、价格较高的产品应该采用以人员推销为主,辅以其他沟通方式的促销组合;技术性能一般、价格较低的产品,宜采用以广告沟通为主,辅以其他沟通方式的促销组合。广告因为面向大众而使单位销售额的促销成本较低,因此在低单价产品的促销组合中占有支配地位。

(3)产品生命周期

处在不同产品生命周期的产品,促销的重点目标不同,所以采用的促销方式也有所区别(见表10-1)。

表 10-1 产品生命周期与促销方式

产品生命周期	促销的主要目的	促销的主要方法
导入期	使消费者认识商品,使中间商愿意经营	广告介绍,对中间商采用人员推销
成长期	使消费者感兴趣,扩大市场占有率,使消费者产生偏爱	扩大广告宣传,做好营业推广和广告宣传
成熟期	重点宣传企业产品特色,树立品牌形象;培养真诚的顾客,维持市场占有率	广告促销仍不失为一种重要方式,但尤其要重视营业推广方式
衰退期	保持市场占有率,维系老顾客	适当的营业推广,辅之广告,或者适当减价

从表10-1可以看出,在导入期和成熟期,促销活动十分重要,而在衰退期则可降低促销费用支出,缩小促销规模,以保证足够的利润收入。

(4)市场状况

市场需求情况不同,企业应采取的促销组合也不同。一般来说,市场范围小,目标市场相对集中,潜在顾客较少,以及产品专用程度较高的市场,应以人员推销为主;而对于无差异市场,因其用户分散、范围广,则应以广告宣传为主。目标消费者文化水平较高、经济收入宽裕,应运用广告和公关沟通为主的促销组合;目标消费者文化水平较低、经济收入有限,应采用人员推销和营业推广为主的促销组合。

(5)促销组合策略

促销组合策略是指企业在进行促销中综合运用各种促销手段进行配合及对侧重使用某种促销手段做出的选择。

①推式策略

推式策略是指利用推销人员与中间商促销,将产品推入渠道的策略。这一策略需利用大量的推销人员推销产品,它适用于生产者和中间商之间关系紧密、对产品前景看法一致的产品。推式策略风险小、推销周期短、资金回收快,但其产品推广的范围小,对推销员的素质要求高,销售费用大,且要求中间商配合。

推式策略包括的具体的方式有派出推销人员上门推销产品,提供各种售前、售中、售后服务促销,等等。

②拉式策略

拉式策略是企业针对最终消费者展开促销攻势,把产品信息介绍给目标市场的消费者,使人产生强烈的购买欲望,形成急切的市场需求,然后"拉引"中间商经销这种产品。

在市场营销过程中,由于中间商与生产者对某些新产品的市场前景常有不同的看法,因此,很多新产品上市时,中间商往往因过高估计市场风险而不愿经销。在这种情况下,生产者只能先向消费者直接推销,然后"拉引"中间商经销。

拉式策略包括的具体的方式有价格促销、广告、展览促销、代销、试销等。

③推拉结合策略

在通常情况下,企业也可以把上述两种策略配合起来运用,在向中间商进行大力促销的同时,通过广告刺激市场需求。这种综合策略的运用有利于企业适应竞争日趋激烈的现代市场经济条件。

6.确定促销预算

开展促销活动必须花费一定的费用,促销费用必须事先预算。一般来说,人员推销、广告促销、公关促销和营业推广的费用是依次递减的。企业应根据经济实力和宣传期内的受干扰程度决定促销组合方式。如果企业促销费用宽裕,则可几种促销方式同时使用,反之则要考虑选择耗资较少的促销方式。

 小结

关键词:促销　促销组合

主要观点:

(1)现代市场营销要求企业与消费者之间进行信息沟通,运用促销活动了解消费者的需求,引起消费者对商品的注意和兴趣,激发他们的购买欲望并最终促成商品交易。

(2)促销有利于生产者和消费者之间的信息沟通;有利于创造需求,扩大产品销售;有利于突出特色,增强市场竞争力;有利于反馈信息,提高经济效益。

(3)促销组合是指企业根据促销的需要、产品的特点和营销目标,综合各种影响因素,对广告、人员推销、销售促进和公共关系活动进行适当选择和综合编配。通常包括推式策略、拉式策略和推拉结合策略。

任务二　人员推销策略

🔊 目标提示

· 掌握市场营销活动中人员推销的特点、基本形式与工作程序

🔊 学习内容

· 人员推销的含义、特点、基本形式

- 人员推销方案的设计
- 人员推销的步骤

💡 知识要点

人员推销:又称派员推销和直接推销,是一种古老的但很重要的促销形式。它是指企业派出或委托推销人员、销售服务人员或售货员,亲自向顾客(包括中间商和用户)介绍、宣传、推销产品。

一、人员推销的概念

人员推销又称派员推销和直接推销,是一种古老的但很重要的促销形式。它是指企业派出或委托推销人员、销售服务人员或售货员,亲自向顾客(包括中间商和用户)介绍、宣传、推销产品。这种面对面的沟通适用于每一个商业经营层次:生产企业的推销员拜访零售企业和批发企业,以及个人消费者;批发企业的推销员拜访零售企业;零售企业的销售人员通过售货现场或上门推销商品给消费者。

人员推销是一种传统的促销方式,可在现代企业市场营销活动中仍起着十分重要的作用。国内外许多企业在人员推销方面的费用支出要远远大于在其他促销方面的费用支出。实践表明,人员推销与其他促销手段相比具有不可替代的作用。人员推销不仅存在于工商企业中,而且存在于各种非营利组织及各种活动中。西方营销专家认为,今天的世界是一个需要推销的世界,大家都在以不同形式进行推销,人人都是推销人员。科研单位在推销技术,医生在推销医术,教师推销知识。可见推销无时不在,无处不在。

随着市场营销的发展,推销人员已经不再是单纯地从事推销工作。人员推销与非人员推销相比,有其自己的特点,其优点主要表现在以下四个方面。

1.目标明确,双向反馈

广告所面对的消费者范围广泛,其中有相当一部分根本不可能成为企业的顾客。而人员推销可以在分析研究的基础上选定购买意向较大的对象进行有的放矢的说服工作,因而相比广告方式来说,其针对性更强,无效劳动更少。另外,推销人员在一线与顾客进行互动沟通,可以及时了解顾客的反应和竞争者的情况并迅速向企业反馈信息,提出有价值的意见,为企业研究市场、开发新产品创造良好的条件。

2.灵活机动,创造需求

由于人员推销是与顾客面对面地进行交谈,推销人员可以敏锐地发现顾客的不同核心需求所在,灵活地进行销售策略的调整,还可以在交流中直接寻找和发现潜在顾客,挖掘顾客新的需求。

3.服务周到,促成交易

推销人员可以在推介产品的过程中,及时地解答顾客的各种各样的疑问,并及时地针对顾客的需要提供一系列如示范、送货、简单维护等服务,消除顾客的怀疑,提升顾客的购买意愿与满意度。另外,人员推销可以通过在现场的观察,把握顾客的心理活动,在顾客出现购买意愿但尚有所摇摆时适时跟进和促成交易。

4.培养感情,密切关系

在沟通交流过程中,推销人员可以通过良好的形象和服务促进与顾客的良好关系,进而建立深厚的友谊,通过友谊又可以争取同老顾客的长期合作和认识更多的新顾客,形成良好的关系营销氛围。推销人员知道满足顾客需要是保证销售达成的关键。因此,推销人员总愿意在许多方面为顾客提供服务,帮助他们解决问题。因此,推销人员通过同顾客面对面交流,加强沟通,消除他们的疑惑。

人员推销也有缺点:一是费用开支大,二是对销售人员要求高。对技术含量高的产品,培养出能够胜任工作的推销人员比较困难,而且相关资源的耗费也大。

人员推销有三种基本形式:一是上门推销。上门推销是最常见的推销形式,是指由推销人员携带产品样品、说明书和订单等走访顾客,推销产品。这种方式的推销可以针对顾客需要提供有效的服务。二是柜台推销。这是指在适当地点设置固定门市,由营业员接待进入门市的顾客,推销产品。这种推销方式的产品种类齐全,能满足顾客多方面要求,为顾客提供较多的购买便利性,可以保证产品完好无损。三是会议推销。会议推销指在订货会、交易会、展览会、物资交流会上向与会人员宣传和介绍产品。这种方式接触面广、推销有集中性,可以同时向多个对象推销产品,成交额较大,推销效果较好。

二、人员推销方案的设计

(一)确定推销队伍任务

(1)挖掘和培养新顾客。不断地寻找企业的新顾客,积聚更多的顾客资源。

(2)培育企业忠实顾客。与老顾客建立亲密的关系,使企业始终拥有一批忠实顾客。

(3)提供服务。为顾客提供咨询、技术指导、迅速安全交货、售后回访、售后系列服务等任务。

(4)沟通信息。关注顾客对企业产品的信息反馈,主动听取顾客对产品、企业的意见和建议。

(5)产品销售。源源不断地给企业带来订货单,把企业产品销售出去,实现企业的销售目标。

(二)构建推销队伍结构

1.推销人员的构成来源

(1)企业可以建立自己的销售队伍,使用本企业的销售人员来推销产品。推销队伍中的成员又称推销员、销售代表、业务经理、销售工程师。他们又可分为两类,一类是内部销售人员,另一类是外勤推销人员。

(2)可以使用合同销售人员,如代理商、经销商等,按其销售额付佣金。

2.销售队伍规模

销售人员是企业最重要的资产,也是最影响企业成本的资产,销售人员的规模、销售量和成本具有密切关系。因此,确定销售队伍规模是人员推销管理中的一个重要问题。销售队伍规模的确定有以下方法。

(1)分解法

这种方法首先决定预测的销售额,然后估计每位销售员每年的销售额,销售人员规模可由预测的销售额除以销售员的销售额而得。

（2）工作量法

工作量法分为五个步骤：第一，按年销售量的大小将顾客分类；第二，确定每类顾客所需要的访问次数；第三，每类顾客的数量乘以各自所需的访问次数就是整个地区的访问工作量；第四，确定一个销售代表每年可进行的平均访问数；第五，将总的年访问次数除以每个销售代表的平均年访问数即得出销售人员规模。

（3）销售百分比法

企业根据历史资料计算出销售队伍的各种耗费占销售额的百分比以及销售人员的平均成本，然后对未来销售额进行预测，从而确定销售人员的数量。

3.销售队伍组织结构设计

销售队伍组织结构设计关系到推销工作的效率和资源的最佳利用问题。销售队伍组织结构可按照市场区域、产品、顾客这三个因素或综合这三个因素进行调整和组织。

（1）按地区结构设计

是指每个推销人员（组）负责一定地区的推销业务，如图10-1所示。这是最简单的组织模式。采用这种模式的好处是：第一，结构清晰，便于整体部署；第二，销售人员的活动范围与责任边界明确，有利于管理与调整销售力量，能鼓励推销员努力工作；第三，推销人员活动区域稳定，有利于推销员与当地商界及其他公共部门建立良好关系；第四，相对节省往返旅途费用，但是如果同一地区产品大类繁多，市场结构复杂，则不利于推销员了解和熟悉产品和市场状况，因而适用于同一地区产品大类较少的企业。

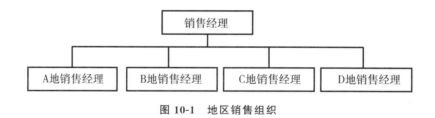

图10-1　地区销售组织

这种组织模式适用于产品组合关联性较强、产品的市场需求类似性大的企业。企业在规划地理区域时，要充分考虑地理区域的某些特征，如各区域是否易于管理、各区域销售潜力是否易于估计、他们用于推销的全部时间可否缩短等。

（2）按产品结构设计

指每个推销人员（组）负责一种或几种产品的推销业务，如图10-2所示。这种模式的优点主要有：第一，产品经理能够实现产品的最佳营销组合；第二，产品经理能较快地成长起来；第三，能够对市场出现的问题及市场状况的变化迅速做出反应；第四，有利于推销人员不断学习积累产品专业知识，为顾客提供专门的服务，同时也有利于推销员队伍的专业化建设。但这种模式的推销费用较高，而且可能发生推销员之间恶性竞争、业务难以指挥协调的情况。因此这种设计一般适合以下情况：①产品技术性强，生产工艺复杂；②产品种类繁多。

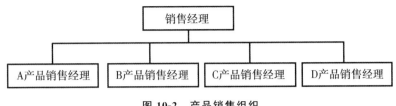

图 10-2 产品销售组织

(3)按顾客结构设计

是指根据顾客的行业类别、用户规模、分销渠道的不同而分别配备推销人员,如图10-3 所示。例如某旅行社按顾客结构将推销部门划分为散客组、学校组、机团组等。这种结构的优点是:推销人员面向某类具有较多共性的用户,便于把握目标顾客群的消费心理和消费习惯,了解他们的需求,增强推销工作的针对性,有利于提高工作效率;同时还可以密切与用户的关系,便于提供优质售后服务,促成用户的重复购买。但是,如果用户过于分散就不宜采取这种结构,若采用这种结构将给推销工作带来许多不便,会增加推销费用,而且整个销售队伍有可能重复交叉出现在同一个地区。这种组织模式适用于产品销售范围较小、顾客比较集中、用户规模较大、分销渠道比较稳定的企业。

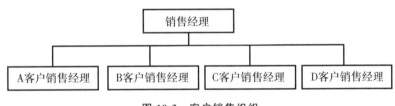

图 10-3 客户销售组织

(4)复合的推销组织模式

这种结构是指将区域与产品、区域与顾客、产品与顾客三种组织模式混合运用,有机结合,按"区域—产品"、"区域—顾客"、"产品—顾客"或"区域—产品—顾客"的模式来分配推销人员。这种模式适用于顾客类别复杂、分散的企业。但是,在这种组织模式下,一个推销员往往要对几个产品经理或几个部门经理负责,容易造成多头领导、职责不清的状况发生。特别是当不同部门配合不好时,会直接影响推销的效果。

(三)推销人员的选拔与培训

推销人员的工作成效直接关系到企业的声誉和效益,而工作成效很大程度上取决于推销人员的素质,因此企业要制定有效的措施和程序,加强对销售人员的挑选和训练。一个理想的销售员应该具有的基本条件主要有以下五点。

1.健康的心理

世界卫生组织对健康的定义是"不仅仅是未患疾病,还包括心理和社交活动正常"。心理和社交活动正常对推销人员很为重要,这包括:(1)对现实与他人的认识趋于准确客观。心理健康者对现实世界及他人的认识是客观的、如实的,很少受主观偏见的影响,这样才能根据正确的信息采取行动。(2)对事实持现实的态度。心理健康者是现实的,他们往往能承受各种挫折,对人也不会过分苛刻。(3)广泛而深厚的人际关系。推销人员善于与他人接近,能和大多数人和睦相处,经常表现出友善、耐心和合作的愿望。

2.坚强的意志

意志是人自觉地确定目的,并根据目的来支配调节自己的行动,克服各种困难,从而实现目的的心理倾向。意志的作用在于让主体自觉努力地去保证意识目的的实现,且使主体克服各种障碍,且服从前进的目标。

推销员应具备的意志具体包括以下三方面:(1)明确自己的责任。在市场经济条件下,推销员工作十分重要,有人将其称之为"火车头"。推销员工作上去了,企业整体发展也有了保证。因此,推销员要有强烈的责任感。(2)深知工作性质。推销人员就是和不同的顾客打交道。从了解顾客、上门、与顾客接洽直到成交,每一关都是荆棘丛生,没有平坦大道可走。面对困难,推销员要坦然相迎。同时,推销员要不卑不亢、无惧无畏。(3)以勤为径,百折不挠。美国推销协会的一项调查表明:48%的推销员在第一次拜访用户后便没有了继续推销的意志;25%的推销员在第二次拜访用户后没有了继续推销的意志;12%的推销员在第三次拜访用户后没有了继续推销的意志;5%的推销员在第四次拜访用户后没有了继续推销的意志;只有10%的推销员锲而不舍,而他们的业绩占了全部销售额的80%。

3.广博的知识

一个合格的市场推销员应当具备经济、政治、法律、市场营销、贸易洽谈、银行业务等多方面业务知识,还应了解目标市场的人文环境、政治环境、经济政策、地理环境,尤其是风俗习惯、宗教禁忌、行业法规等方面的知识。此外,还应熟知竞争对手及本企业的生产经营情况,以及产品的性能、技术特点、价格等情况。

同步案例 10-1

新东方凭借双语直播再次回到公众视野中

2021年12月28日,新东方宣布成立"东方甄选",在农产品直播带货上发力。昔日教育巨头摇身一变成为直播新秀,一时之间引发了大量关注。开播首日,俞敏洪亲自下场带货,观看人数有184万,"俞敏洪"和"东方甄选"两个直播间的销售额合计超过500万元,不过后者的销售额只占一个零头。此后几个月,没有了俞敏洪的IP加持,东方甄选直播间少有人问津。开播两个月,东方甄选33场直播的累计销售额仅有811.84万元,粉丝数仅有34.99万。同一时期,前新东方老师罗永浩的"交个朋友"直播间累计销售额高达8.56亿元,粉丝数量也突破1900万。在"东方甄选两个月不如罗永浩半天"的调侃背后,是外界对新东方转型直播带货的普遍不看好。

昔日的教培行业领头羊新东方的老师们在新的岗位上遇到了瓶颈,但是俞敏洪和他旗下的员工们并不放弃。功夫不负有心人,一切的坚持,终于在2022年6月10日这天爆发了!6月10日,自嘲撞脸兵马俑的东方甄选主播董宇辉突然走红网络。中英文双语带货,开口就是名家名句,幽默诙谐的自我调侃……各种直播小视频在社交平台刷屏,和董宇辉相关的词条登上热搜,越来越多人注意到了东方甄选双语直播的新带货方式,"没想到小时候在新东方上课,长大了还要买新东方的货"。当天,东方甄选直播间账号涨粉超过 47 万,罗永浩随后也在社交平台为新东方的转型和董宇辉点赞。6 月 10 日至 15 日,东方甄选迎来一波小高潮。直播间累计销售额约 1.67 亿元,超过截至 6 月 9 日的近 3 个月的销售总额。同时,粉丝数量也在急速上升,6 月 15 日晚间董宇辉的直播时段的在线人数超过 60 万,6 月 16 日直播间粉丝数正式突破千万大关。

新东方的出圈具有一定的偶然性,但也并非绝对偶然。在头部主播缺席的当下,品牌和平台都需要新的入口。而新东方差异化的知识带货直播,承接了白领人群的关注度和流量,也更能获得平台的支持。五国语言介绍商品,开口就是名家名句,知识涵盖音乐、哲学、历史等内容……东方甄选被网友评为"全网最有文化直播间",这与传统的"3,2,1,上架"的直播模式有很大的不同。在互联网时代,掌握互联网沟通的密码变得尤为重要。

4.出众的能力

市场推销员应具备以下这些方面的较强的能力:语言沟通能力、协调应变能力、环境适应能力、独立工作和决策能力、职业敏感性和分析能力、业务操作能力等。

5.强健的体魄

市场推销员的工作环境变化和工作强度都很大,没有强健的体魄做保证,是不可能做好市场推广工作的。

市场推销员的选聘就是企业依据推销员应具备的基本素质择优录用。企业可以通过现有推销员的推荐、刊登招聘广告、人才交流会、职业介绍所等方式或途径进行选聘。程序可简可繁,一般包括初步面谈、提交申请表、测验、第二次面谈、体格检查和决定录用等。

企业对市场推销员的选聘工作完成后,应进行集中培训,培训的内容主要包括以下内容:(1)了解企业情况。企业情况包括历史、经营目标、组织结构设置、主要负责人、主要产品、销售量等。(2)产品情况。包括产品制造过程、技术含量、功能、用途等。(3)市场情况。要了解企业各类顾客和竞争对手的特点。顾客情况包括他们的购买动机、购买习惯、购买数量、地理分布、付款方式、信用状况等。(4)推销技巧。包括推销术的基本训练,学习揣摩用户的心理,学会用最有效的手段去说服客户。(5)工作责任。销售员要懂得怎样在现有客户和潜在客户间分配时间,如何拟定推销路线,如何合理支配费用,等等。

(四)推销人员的考核和激励

对市场推销员的考核可以奖勤罚懒,奖优罚劣,进而促进推销人员的工作,这也是企业调整目标市场营销战略的基础。考核标准一般采用以下两种:一是直接推销效果,如完成的销售量、销售额、毛利、销售费用及费用率等;二是间接推销效果,如访问率、访问成功率、产品与企业知名度的提升程度、顾客评价与市场调研任务的完成情况等。

在考核时,科学合理的标准是非常重要的。绩效考评标准的确定,既要遵循基本标准的一致性,又要考虑不同地区市场之间的消费能力、市场成熟度、竞争程度等多方面的差异;既要考虑直接销售效果,又要考虑工作态度和间接销售效果。要努力以客观公正为出发点,灵活地选用横向比较法、纵向比较法、尺度对照考评法等方法进行考核。

推销人员的激励也是推销管理工作的重要环节。事实上,组织中的任何成员都需要激励,销售人员亦不例外。目前,人员推销管理中普遍采用的激励措施是根据推销人员的业绩给予丰厚的报酬,如高薪金、佣金或资金等直接报酬形式,并辅之以精神奖励,如晋升职位、进修培训、表彰或特权授予等。

三、人员推销的步骤

人员推销的工作程序可划分成八个不同阶段,如图 10-4 所示。

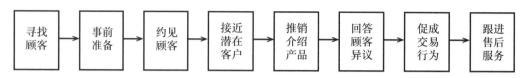

| 寻找顾客 | → | 事前准备 | → | 约见顾客 | → | 接近潜在客户 | → | 推销介绍产品 | → | 回答顾客异议 | → | 促成交易行为 | → | 跟进售后服务 |

图 10-4 人员推销的工作程序

(一)寻找顾客

人员推销工作的第一步是寻找潜在的顾客。寻找的途径包括现有顾客的介绍、中间人引见、查找工商名录、网络搜索等进行。

(二)事前准备

在走出去推销之前,推销人员应着手调查目标客户的情况和其所处的环境状况,掌握目标顾客的消费偏好及个人特点,掌握竞争对手的产品特点、竞争能力和竞争策略等。同时,还要精心选择最佳的接近方式和访问时间,并做好各项准备工作。最后,要对找到的顾客进行严格的顾客资格审查。

(三)约见顾客

经过严格的顾客资格审查之后,推销人员有了一份合格的准顾客名单,就可以开始进行推销接近工作了。为了成功地接近顾客,推销人员应尽量事先进行顾客约见。约见是指推销人员事先征得顾客同意,在一定时间和地点,以一定方式接见或访问顾客的过程。

(四)接近目标顾客

接近顾客的方法很多,包括产品接近法、利益接近法、问题接近法、馈赠接近法等。如前所述,推销员给顾客良好的第一印象非常重要。在正式与目标顾客面对面接触时,推销人员应当重视自己的仪表和言行举止,遵守当地礼仪,努力给对方一个好印象,为后面的谈话打好基础。

(五)推销介绍产品

介绍产品是推销过程的中心。推销人员可以借用样品、资料、图片、媒体报道、企业宣传册等形式加以说明。产品介绍可以通过多种感官传达给顾客,其中视觉是最重要的一个,因为在顾客所接收的全部信息中,通过视觉得到的信息占总信息的比重最大。需要注意的是,在介绍产品时要着重说明该产品可给顾客带来什么利益。

销售技巧

(六)回答顾客异议

在客户对产品提出异议时,推销人员应注意倾听,迅速了解客户的核心利益关注点所在,并针对其关注点做出适当的解释,并应突出产品的卖点和给顾客所带来的价值。

(七)促成交易行为

在洽谈过程中,推销人员要随时给予对方以成交的机会,有些买主并不需要全面的介绍,介绍过程中如发现对方有愿意购买的表示,应立即抓住时机成交。在这个阶段,推销人员也可以提供一些优惠条件,促成交易。另外,还应特别注意抓住时机促成关联产品的购买。

爱达模式

(八)跟进售后服务

开拓新客户的成本远远高于维系老客户,在交易完成后,跟进售后服务是必不可少的一环。推销员在达成交易后,就应着手执行履约的各项具体工作:交货时间、购买条件及其他事项。推销人员应认真执行所保证的条件,发现并解决可能产生的各种问题,努力提高顾客的购买满意度,争取源源不断的回头客。

 ## 小结

关键词:人员推销

主要观点:

(1)人员推销是一种传统的促销方式,包括上门推销、柜台推销和会议推销三种形式。企业可以建立自己的销售队伍,也可以使用合同销售人员进行产品的销售。

(2)销售队伍组织结构可分别按照市场区域、产品、顾客这三个因素或综合这三个因素进行调整和组织。

(3)人员推销方案的设计包括确定推销队伍任务、构建推销队伍结构、推销人员的选拔与培训、推销人员的考核和激励等步骤。

(4)人员推销的工作程序可划分成七个不同阶段,主要是寻找顾客、事前准备、约见顾客、接近目标顾客、推销介绍产品、回答顾客异议、促成交易行为和跟进售后服务。

任务三 广告策略

目标提示

• 掌握市场营销活动中的广告策略如何制定

学习内容

• 广告的含义与特点
• 广告的类型
• 广告促销方案设计

🔆 知识要点

广告：由特定的出资者（即广告主）通常以付费的方式通过各种传播媒体对商品、服务或观念等所做的任何形式的非人员介绍及推广。

一、广告的含义与特点

广告一词来源于拉丁语的 adventure，意思是注意、诱导、吸引人的注意。从汉语的角度出发，可以理解为"广而告之"。目前被人们普遍认可的一个定义是由美国市场营销协会界定的："广告是由特定的出资者（即广告主）通常以付费的方式通过各种传播媒体对商品、服务或观念等所做出的任何形式的'非人员介绍及推广'。"

广告的概念有广义和狭义之分，这两类定义的特性范围不同，所具有的特点也不同。广义上的广告是指借用媒体向公众传播信息的活动，可见广义定义中的广告内容和对象都比较广泛，包括商业广告和非商业广告两大类。商业广告是为了推销商品或服务，以盈利为目的的广告。非商业广告是为了达到某种宣传的目的而做的广告，不以营利为目的，如中央电视台播放的关于吸烟有害健康的公益广告等。狭义上的广告是指商业广告，是广告主支付一定的费用，在特定的媒体上向目标顾客传播信息，达到一定目的、有责任的信息传播活动。例如户外路牌广告、公交车体广告、灯箱广告、报纸广告、电视广告、网络广告等。

商业广告是非人员推销的一种主要方式。它的内容主要是告诉顾客购买广告中产品的好处，向广大公众传递企业产品信息，以引起顾客的购买兴趣，它可以在短期内实现广告效果。

从狭义的广告概念可以看出，广告具有以下五个特点：(1)广告是一种信息传播，是非人员传播的一种方式；(2)广告是一种有计划有目的的活动；(3)广告有明确的广告主和目标顾客；(4)广告活动的内容是有关商品或服务的；(5)广告的目的是促进商品销售，使广告主从中获利。

广告是重要的促销手段，与其他促销方式相比，它还具有形式多样、信息量大、可群体传播、受众面广、渗透性强、可反复强化刺激等优点，但也有费用较高、制作较复杂、促销效应滞后等缺点。

二、广告的类型

(一)按照广告的目的分类

1.产品广告

这种广告是针对产品销售而开展的大众传播活动，它通常以劝告性和知识性的文字、声音、图像等向消费者介绍产品，突出本企业产品的特点，强调本产品在同类产品中所具有的优势，指出本企业产品能给消费者带来的特殊利益，使消费者了解商品的性能、用途、价格、效果等情况，从而对产品产生购买欲望。产品广告通常包含以下三种类型。

(1)开拓性广告。它通过对刚刚进入投入期的产品进行多方位的产品知识介绍，以激发顾客对产品的初始需求。

(2)劝告性广告。它主要突出本企业产品的特点和优势，强调能给消费者带来的特殊利益,以劝说顾客选购自己企业的产品。这类广告一般适用于产品的成长或成熟前期。

（3）提示性广告。它主要用来提醒顾客不要忘记某产品,以推动顾客重复购买和强化习惯性消费。这类广告一般适用于产品的成熟期或衰退期,尤其适用于那些消费者已经有购买习惯或使用习惯的日常生活用品。

2.品牌广告

这种广告在宣传中突出加深消费者对产品品牌的了解,以便树立良好的品牌形象,对市场消费起到品牌导向的作用。

3.企业广告

这种广告一般不直接介绍产品,而是通过宣传企业的宗旨与成就,介绍企业的发展历史、企业文化、企业实力等,或以企业名义进行公益宣传,以便提高企业的声誉,在消费者心目中树立良好的企业形象。这种广告为企业的长期销售目的服务。

4.公益广告

它主要通过宣传公益事业或公共道德,实现企业的社会营销观念或绿色营销观念。这类广告有利于树立企业的良好形象,让消费者感到企业具有强烈的社会责任感,从而对企业及企业所生产的产品产生良好的印象。

(二)按照广告使用的媒体分类

1.视听广告

视听广告包括广播广告、电视广告等。广播广告的优点:覆盖面广、传递迅速、展露频率高;在世界各国的普及程度均较高;制作简单,费用较低。广播广告的缺点:稍纵即逝、保留性差,不易查询;各国对广播的控制往往较严格,选择面窄;直观性与形象性较差,吸引力与感染力较弱。电视广告的优点:覆盖面广,传播速度快,送达率高;集形象、声音、色彩、动作于一体,生动直观,易于接受,感染力强。电视广告的缺点:展露瞬间即逝、保留性不强;对观众的选择性差,绝对成本高。

2.印刷广告

印刷广告包括报纸广告、杂志广告和直接邮寄广告等。报纸广告的优点:信息传递及时,可信度比较高;发行量大,读者广泛稳定;便于对广告内容进行较详细的说明;便于保存,制作简便,费用较低。报纸广告的局限性:时效短,覆盖面受到发行范围的限制;不够形象和生动,感染力一般。期刊广告的优点:杂志比较专业和权威,读者对象比较确定,易于送达特定的顾客群;时效长,转阅读者多,便于保存;印刷比较精美,有较强的感染力。期刊广告的局限性:出版周期长,时效性差;发行量一般比不上报纸。直接邮寄广告包括销售信、明信片、传单、折页广告、宣传册、产品目录和企业专刊等。直接邮寄广告的优点:广告对象明确而且具有灵活性,便于提供全面信息。直接邮寄广告的局限性:成本比较高,容易出现滥寄引起用户反感的现象。

电视广告

3.户外广告

户外广告包括路牌广告、招贴广告、交通工具上的广告以及布置在文体活动场所的广告等。户外广告的优点:比较灵活,展露重复性强,成本低,竞争少。户外广告的缺点:不能选择对象,传播面窄,信息容量小,动态化受到限制。

4.POP 广告

POP(piont of purchase,卖点)广告包括企业在销售现场设置的橱窗广告、招牌广告、墙面广告、柜台广告、货架广告等。有研究指出,"顾客在销售现场的购买中,2/3 左右属非事先计划的随机购买,约 1/3 为计划性购买"。POP 广告的优点:能激发顾客随机购买(或称冲动购买)、利于营造销售现场气氛;较灵活,展露重复性强,成本低。POP 广告的局限性:信息容量小,展播地点受到限制。

5.网络广告

网络广告包括网站广告、电子邮件广告等。网络广告近年来发展迅猛,其优点主要包括:传播范围广,可以真正覆盖整个市场;交互性强;针对性明确;受众数量可准确统计;形式灵活,成本低;感官性强。其局限性主要有:受众主要集中于能接收网络的群体;网络广告过度泛滥,反而难以引起受众关注。

同步案例 10-2

蜜雪冰城"洗脑"神曲

"你爱我,我爱你,蜜雪冰城甜蜜蜜。"2021 年 6 月凭借朗朗上口的歌词和"魔性"的画面,蜜雪冰城主题曲 MV(画面截图见图 10-5)成功"洗脑"了一众网友。相信不少人都记得被这首神曲支配的感受。蜜雪冰城的这首歌曲改编自美国民谣《哦,苏珊娜》,初期已经在线下门店播放过一年,然后才到线上推广。线下的认知积累,加上哔哩哔哩网站"脑洞大开"的各种二次创作视频,让这首神曲一时火遍全网,单单在抖音上,相关话题视频的播放量就达到了十几亿。作为一个扎根在低线城市多年的茶饮品牌,蜜雪冰城的这波低成本病毒式营销的成功,不仅体现了品牌出众的营销能力,更为它进入一、二线城市铺好了路。

图 10-5　蜜雪冰城主题曲 MV 画面

三、广告促销方案设计

企业在制定具体的广告促销方案时，应着重依次考虑五个方面的内容，即进行"5M"决策，"5M"是指目标（mission）、资金（money）、信息（message）、媒体（media）、评测（measurement），如图 10-6 所示。

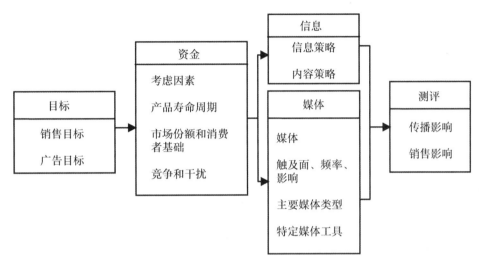

图 10-6 广告促销方案设计的"5M"决策程序

(一)广告目标决策

制定广告策略，通常要在明确企业制定的销售目标的基础上，搜集并分析有关方面的情况，如消费者情况、竞争者情况、市场需求发展趋势、环境发展动态等，根据企业的产品特点，找出广告的最佳切入时机，做好广告的群体定位，依据现实需要，明确广告宣传要解决的具体问题，即确定广告目标，以指导广告促销活动的进行。一个企业要实施广告决策，首先要确定广告活动的具体目标。没有具体有效的广告目标，企业就不可能对广告活动进行有效的决策、指导和监督，也无法对广告活动效果进行评价。

总的来说，广告的目标包括两方面：一是通过广告在公众中树立企业或产品的良好形象，二是引起和刺激公众对本企业产品的兴趣并促使其购买。当然，最终的目标是为了盈利。广告促销的具体目标，可以是告知新产品以建立初级需求，劝说选购产品以增进销售，提高产品与企业的知名度，以便使消费者形成品牌偏好，提醒消费者产品或者购买地点，等等。对于企业来说，在不同时间、不同情况下可以确定不同的广告目标。

(二)广告资金预算决策

明确广告目标之后，紧接着应进行广告资金预算决策。广告资金预算是对完成广告目标所需的相关调查、策划、设计、制作、发布、实施、评测、办公、人员工资及杂费总额的预先估算。在进行资金预算时，需要考虑的因素有很多，如产品生命周期、市场份额和消费者基础、竞争情况、广告投放频率、产品替代性等，还要注意广告宣传所取得的经济效益要大于广告费用的支出。一般来说，产品处于生命周期的阶段越靠前，市场份额越小，消费者基础越差，竞争越激烈，广告投放频率越高，产品的替代性越强，广告所需资金则越多，反之亦然。

一般来讲,企业确定广告预算的方法主要有以下四种。

1.销售百分比法

销售百分比法就是企业按照销售额(一定时期的销售实绩或预计销售额)或单位产品售价的一定百分比来计算和决定广告开支。由于执行的标准不一,销售百分比法又可细分为计划销售额百分比法、上年销售额百分比法、折中百分比法(将前面两种方法计算出的结果加以折中得出结果)和计划销售增加额百分比法。

这种方法的优点:简单方便,易于计算,有利于保持竞争的相对稳定,尽量避免广告战。这种方法的缺点:销售越好,广告投放反而越多,颠倒了广告费与销售收入的关系;若不同地区的百分比相同,可能会造成不合理的分配,这不利于企业经营的稳定。

2.量力而行法

量力而行法就是企业根据财务状况的好坏来决定广告开支。这种方法简便易行,但不利于企业经营计划的顺利完成,忽视了促销与销售之间的关系,忽视了广告对产品销售的影响。

3.目标任务法

目标任务法就是根据广告目标和任务来确定广告开支。这种方法把预算和需要密切地结合起来,是比较科学的方法,尤其对新产品发动强力推销是很有益处的;可以灵活地根据市场营销的变化(如广告阶段不同、环境变化等)来调整费用;同时也较易于检查广告效果。目标任务法的缺点是没有从成本的观点出发来考虑某一广告目标的制定是否合理。

4.竞争对比法

竞争对比法就是根据主要竞争者的广告开支来决定自己的广告预算。这种方法利于保持本企业的市场竞争地位,但企业间的广告信誉、资源、机会与目标互不相同,因而单纯参考竞争者的开支来制定广告预算可能会使企业错失许多机会。

(三)广告信息决策

广告信息决策主要应考虑两方面的内容:一是信息策略,二是内容策略。

1.信息策略

(1)形象广告策略与产品广告策略。采用形象广告策略是指广告目标是塑造企业及其产品、商标的形象,并巩固和发展这一形象,使消费者对企业及其产品产生信赖和感情,而不是单纯地为了销售产品。采用产品广告策略是指广告目标是推销产品,其核心是要采用各种方式介绍、宣传产品的特点和优点,利用各种劝说内容和形式,诱导人们购买。

形象广告与产品广告并不是毫无关联的。形象广告的最终目标也是推销企业的产品,获得更大的利润,而产品广告也必须考虑产品形象、企业形象的树立,绝不能与产品、企业的表象背道而驰。

(2)满足基本需求策略和满足选择需求策略。满足消费者基本生活需求的产品,广告应着重塑造其产品大众化和实惠的特点,宣传货源充足、售后服务良好、语言简明易懂。满足消费者选择需求的产品,广告策略应把宣传产品的独特性作为重点,显示产品的高档次和高价格。

(3)硬广告策略与软广告策略。硬广告策略是采用"王婆卖瓜,自卖自夸"的强势推介方式直接劝导消费者购买自己的产品。软广告策略则是通过一些隐蔽或含蓄委婉的宣传文案启发消费者主动去购买企业的产品。硬广告见效快,目标性强,但成本高,易使顾客反感;软广告则相反。

2.内容策略

广告内容的设计是一项较为复杂的工作,既要有科学性,又要有艺术性,而且必须与广告目标紧密相连,为实现广告目标服务。设计一则成功的广告,要求广告设计者具有较高的创造力和想象力。广告设计者还必须将广告目标融于广告内容之中。广告目标是广告设计的指导思想,广告创意是广告目标的信息传递和体现形式。在设计广告内容时,应注意以下五个问题:(1)以强调情感为主,还是以强调理性为主;(2)以对比为主,还是以陈述为主;(3)以正面叙述为主,还是以全面叙述为主;(4)广告内容是否符合国家的法规和市场的消费特点;(5)广告主题长期不变还是经常改变。

广告的具体内容应根据广告目标、媒体的信息可容量来加以确定,一般来说应包括以下三个方面。

(1)产品信息。产品信息主要包括产品名称、技术指标、销售地点、销售价格、销售方式以及国家规定必须说明的情况等。

(2)企业信息。企业信息主要包括企业名称、发展历史、企业声誉、生产经营能力和联系方式等。

(3)服务信息。服务信息主要包括产品保证、技术咨询、结款方式、零配件供应、保修网点分布和其他服务信息。

(四)广告媒体决策

广告媒体的作用在于把产品的信息有效地传递到目标市场。广告的效用不仅与广告信息有关,也与广告主所选用的广告媒体有关。事实上,要使人们对某项产品产生好感,相应的职责是由广告信息、广告信息的表现方式(广告作品)和广告媒体共同承担的。同时,在广告宣传中,所运用的广告媒介不同,广告费用、广告设计、广告策略、广告效果等内容都是不同的。因此,在广告活动中要认真选择广告媒体,企业在选择媒体时要考虑如下因素。

1.目标顾客的媒体习惯

人们在接受信息时,一般是根据自己的需要和喜好来选择媒体的。比如教育程度高的人接受信息的来源往往偏重于互联网和印刷媒体;老年人则有更多的闲暇时间用于看电视和听广播;在校大学生偏爱上网。分析目标顾客的媒体习惯,能够更有针对性地选择广告媒体,提高广告效果。

2.媒体特点

不同媒体的市场覆盖面、市场反应程度、可信性等方面均有不同的特点。互联网是社会的一个新型媒体,发展非常快,特别是智能手机、平板电脑的普及,使消费者通过互联网接触广告的机会增加。互联网的信息量大,传播速度快,形式多样,用户反馈迅速,是其他媒体不可同日而语的。

3.产品特性

不同产品在展示形象时对媒体有不同要求,如性能较为复杂的技术产品,需要一定的文字说明,较适合印刷媒体;需要表现外观和款式的产品,如服装、家具、洗发水、手机、音响等产品,最好通过有色彩的媒体做广告,如电视、杂志等。

4.媒体费用

不同媒体所需成本也是媒体选择所必须考虑的因素之一。考虑媒体费用不能仅仅分析绝对费用,如电视媒体的费用大、报纸媒体的费用低等,更要研究相对费用,即沟通对象的人数构成与费用之间的相对关系。因为对于同一类型媒体而言,可能登广告的时间和位置不同,费用也会不同,比如电视广告晚上 7 点到 10 点这一时间段的费用最高,但这一时段的受众也最多,广告效果也最好。因此,每年中央电视台广告招标竞争激烈,"翼龙贷"在 2016 年的央视招标中,共拍下央视"新闻联播标版组合"六个单元六个位置的标的物,共花费 3.6951 亿元,超过长安福特拿下《挑战不可能》节目第二季独家冠名所花费的 3亿元,成为 2016 年央视现场招标的标王。

(五)广告效果评测

企业应对广告效果进行持续的评测,以检验广告策略的有效性,并为以后制定新的科学的促销策略打下基础。广告效果的评测包括两个方面内容:一是广告的促销效果,二是广告的传播效果。

广告促销效果的评测,就是评测投放广告前后销售额的增长量。广告传播效果的评测,就是评测广告将信息有效地传递给目标受众的程度。评测广告促销效果的方法主要有历史资料分析法、实验数据分析法、销售业绩分析法等。评测广告传播效果的方法主要有直接问卷评价法、组合测试法、实验室测试法、认知测试法、回忆测试法等。

 小结

关键词:广告 "5M"决策

主要观点:

(1)美国市场营销协会提出"广告是由特定的出资者(即广告主)通常以付费的方式通过各种传播媒体对商品、服务或观念等所做出的任何形式的'非人员介绍及推广'"。

(2)按照广告使用的媒体进行分类,广告可分为视听广告、印刷广告、户外广告、POP广告和网络广告。

(3)企业在制定广告活动的具体促销方案时,应该制定广告目标决策、广告资金预算决策、广告信息决策、广告媒体决策和广告效果评测。

任务四 营业推广策略

目标提示

· 掌握如何进行营业推广活动

学习内容

· 了解营业推广的含义和特点

- 掌握营业推广的形式
- 掌握营业推广的决策程序

💡 知识要点

营业推广：除了人员推销、广告和公共关系等手段外，在一个目标市场，企业为了刺激需要、扩大销售而采取的能迅速产生激励作用的促销措施。

一、营业推广的含义和特点

营业推广也称销售促进或者销售推广，就是除了人员推销、广告和公共关系等手段外，在一个目标市场，企业为了刺激需要、扩大销售而采取的能迅速产生激励作用的促销措施。营业推广具有以下的特点：

（1）营业推广是非常规、非经常性的行为。与人员推销、广告等经常性促销手段相比，营业推广不能经常使用，只能用于完成一些短期的、具体的促销任务。

（2）适合营业推广的品种有限。在大多数情况下，品牌声誉不高的产品采用营业推广的较多，而名牌产品则主要依靠品牌形象取胜，过多地使用营业推广手段可能降低品牌声誉。同时，营业推广实质上表现为经济利益的让渡，所以对于价格弹性较大的产品比较适用，而价格弹性小、品质高的产品不宜过多使用营业推广手段。

（3）营业推广手段多样。依据对象的不同，营业推广可以分为面向消费者营业推广、面向中间商营业推广和面向本企业推销员营业推广。这三种类型的营业推广都有一系列方式。面向本企业推销员营业推广的面较窄，同时它又可以看作企业内部管理的范畴，所以营业推广主要指前两种类型。

（4）针对性强，短期效应明显。人员推销和广告一般需要一个较长周期才能显示出效应，而营业推广只要选择得当，其效益能很快地体现出来。

营业推广往往是一种辅助性促销方式，一般不单独使用，常常配合其他促销方式使用，使其他的促销方式更好地发挥作用。

二、营业推广的形式

在市场上，营业推广一般可分为三类：对消费者或用户的营业推广，对中间商的营业推广，对市场推销人员的营销推广方式。

（一）对消费者或用户的营业推广

企业针对消费者进行营业推广，可以鼓励老顾客重复购买、使用本企业的产品，动员新顾客试用新产品和更新设备，诱导顾客改变购买习惯，或培养顾客对本企业的偏爱行为等，从而扩大销售额。其主要方法有折扣、赠送样品、赠送代价券、竞赛抽奖、有奖销售、销售积分、会员卡、现场示范、附加赠送、以旧换新、商品展销、降价销售等。

（1）折扣。折扣是指消费者在购买产品时，可凭一定的凭证向商家少付原价格的一定百分比的钱。如服装店推出"全场 8 折"的活动，这意味着消费者只需支付商品原价的80％即可成交。

（2）赠送样品。赠送样品是指企业向消费者免费赠送实物或试用实物,促使消费者了解商品的性能与特点。样品可以上门赠送,在商店或闹市区散发,在其他商品中附送,也可以通过邮局寄送。赠送样品是介绍一种新商品最有效的方法,但费用也最高,适用于价值低廉的日用消费品,易于采用小包装、差异明显且目标客户群能区分的产品。

（3）赠送优惠券。赠送优惠券、代价券是指向消费者赠送可以免付一定价款的证明。优惠券可以邮寄,在顾客消费时派发,或附在商品或广告中赠送。这是最古老、最广泛使用的一种方法,可以很好地刺激顾客再购买。

（4）有奖销售。通过给予消费超过一定额度的购买者以一定奖项的办法来促进购买。奖项可以是实物,也可以是现金。常见的有幸运抽奖,顾客只要购买一定量的产品,即可得到一个抽奖机会,多买多奖,或当场摸奖,或规定日期开奖,也可以采取附赠方式,即对每位购买者另赠纪念品。

（5）销售积分。销售积分是指让消费者在一定时期内累积消费额达一定值而获得一些额外利益的办法。这种方法有利于消费者的重复光顾。

（6）会员卡。会员卡制或者俱乐部制是指顾客购买一定数量和金额的产品,或者交纳一定数量的会费给组织者,从而加入俱乐部或者取得会员身份,享受多种价格服务优惠措施。会员营销除了可以销售产品,也容易培养消费者的品牌忠诚度,缩短企业与消费者之间的距离,加强营销竞争力。

（7）现场示范。现场示范是指企业派人将自己的产品在销售现场进行使用示范表演,突出商品的优点,显示和证实产品的性能和质量,刺激消费者的购买欲望。这属于动态展示,效果往往优于静态展示。现场示范特别适用于新产品推出,也适用于使用起来比较复杂的商品。

（8）附加赠送。附加赠送是指按消费者购买产品的金额比例附加赠送同类产品的办法。

（9）以旧换新。以旧换新是指赋予企业老客户以一定期限内的旧产品按某一条件置换新产品的办法。

（10）商品展销。商品展销又称联合推广,是指企业将一些能显示企业优势和特征的产品集中陈列、边展边销的办法。在展销会期间,目标顾客群比较集中,可以迅速集中顾客的注意力,从而使其产生强烈的购买行为。

（11）降价销售。降价销售是指企业对产品无条件降低价格出售的办法。有些消费者会在降价时购买并储存一些商品。

同步案例 10-3

麦当劳公司的促销手段

麦当劳（McDonald's）是全球大型跨国连锁餐厅,1955年创立于美国芝加哥,主要售卖汉堡包,以及薯条、炸鸡、汽水、冰品、沙拉等快餐食品。麦当劳门店遍布全球六大洲119个国家,拥有约32000间分店,在很多国家代表着一种美式生活方式。麦当劳是世界上第一个拥有全球性训练发展中心的餐饮企业,并陪伴着一代又一代顾客度过快乐时光,麦当劳是如何做到长盛不衰的呢？除了为人称道的运营体系,麦当劳的促销手段也值得一探究竟。

一、折扣促销

麦当劳经常会推出一些促销活动,在之前电子优惠券还未流行时,人们在麦当劳里总是能领到一些纸质优惠券,使用后就可以享受一定的折扣。在一些重大节日或者新品上市时,麦当劳也会推出一些较大的促销活动。进入移动消费时代后,麦当劳的微信公众号、支付宝生活号和小程序推出的促销活动更新频率更高,并且贴合消费者使用情境。用户可在麦当劳公众号购买礼品卡,享受半价优惠。公众号推出的促销活动持续时间短,如某一日辣翅买一送一、会员日领取免费薯条、19 元购包月职场卡;麦当劳小程序的活动也类似,如 28 天超值早餐月,除此之外还有早餐 6 折月卡、毕业季 0 元外送费等活动。折扣促销海报见图 10-7。

图 10-7 麦当劳折扣促销海报

二、会员促销

麦当劳有会员制,会员注册门槛低,仅需绑定手机号就能注册成为会员。2019 年 9 月 9 日,麦当劳将每周一定为其会员日,会员日当天麦当劳会员可以通过日常消费获取的积分兑换优惠券和赠送券,例如 8 积分可以兑换 0 元辣堡,在甜品站专享"灰小椰"甜筒买一送一,麦乐送专享板烧鸡腿堡买一送一等优惠活动。会员促销海报见图 10-8。

图 10-8 麦当劳会员促销海报

三、赠品

麦当劳在1979年推出了买儿童套餐赠送玩具的活动,赠送的玩具如乐高大电影系列玩具、小黄人系列玩具、Hello Kitty 印章等(图10-9为麦当劳曾经赠送过的玩具),很快就让麦当劳成为最受小朋友欢迎的餐厅之一。

图 10-9 麦当劳玩具赠品

(二)对中间商的营业推广

对中间商进行营业推广,目的是鼓励批发商大量购买,吸引零售商扩大经营,动员有关中间商积极购存或推销某些产品。其方式主要有批发折扣、推广津贴、销售竞赛、业务会议和交易展览、资助、国际博览会等。

双十一"促销套路大盘点

(1)批发折扣。批发折扣是指企业为争取批发商或零售商多购进自己的产品,在某一时期内给予购买一定数量本企业产品的批发商以一定的百分比价格免除额的方法。

(2)推广津贴。推广津贴是指企业为促使中间商购进企业产品并帮助企业推销产品而支付给中间商以一定的推广费用的方法。例如广告津贴、展销津贴、陈列津贴、宣传津贴等。

(3)销售竞赛。销售竞赛是指企业在中间商中开展竞赛活动,根据各个中间商销售本企业产品的实绩,分别给优胜者以不同的奖励,如现金奖、实物奖、免费旅游、度假奖等的方法。这一方式可以极大地提高中间商的推销热情。

(4)业务会议和交易展览。业务会议和交易展览是指企业邀请中间商参加定期举行的行业年会、技术交流会、经验交流会、产品展览会等,以提高渠道商的销售能力和水平的方法。

(5)赠品。赠品包括赠送有关设备和广告赠品。前者是向中间商赠送陈列商品、销售商品、储存商品或计量商品所需要的设备,如货柜、冰柜、容器、电子秤等。后者是一些日常办公用品和日常生活用品,上面都印有企业的品牌或标志。

（6）列名广告。企业在广告中列出经销商的名称和地址，告知消费者前去购买，以此提高经销商的知名度。

（7）派遣厂方信息员或代培销售人员。目的是提高中间商推销本企业产品的积极性和能力。

(三)对推销人员的营业推广

对推销人员的营业推广，可以鼓励推销人员积极推销新产品或处理某些老产品，努力开拓市场。其方式主要有销售提成、销售竞赛和销售培训等。

（1）销售提成。对销售人员的激励手段最有效的就是销售提成。销售人员的报酬与其销售业绩挂钩会使销售人员会更主动、积极地工作，销售绩效会体现销售人员的潜力。这一方式的问题在于制造商对自己的销售人员容易实行提成制，而对中间商的推销人员采取这种方式难度较大。

（2）销售竞赛。销售竞赛是指企业以推销员的销售额、新客户开发数、总利润额、成功访问率等考评指标为依据，对工作业绩突出者予以奖励的方法。奖励的方式可以灵活多样，一般应将物质奖励和精神奖励结合起来，才能取得好的效果。物质奖励可以是奖金、物品、带薪假期、脱产培训等，精神奖励可以是荣誉、职位、经验介绍等。

（3）销售培训。销售培训是指企业通过课堂讲授、集体讨论、个案研究、角色扮演、经验交流、参观学习等方式培训推销人员，以提高其业务水平的方式。销售培训可以增强销售人员的工作信心和工作能力，提高其服务水平，企业也可以借此发现和培养优秀的推销员。

三、营业推广的决策程序

企业的营业推广决策一般包括确定目标、选择工具、制定方案、实验方案、实施和控制方案、评价结果这六个阶段。

(一)确定营业推广目标

营业推广主要是针对目标市场上一定时期的一项任务，为了某种目标而采取的短期的特殊的推销方法和措施。例如为了打开产品出口的销路，刺激消费者购买，促销新产品，处理滞销产品，提高销售量，击败竞争者等。推广目标主要是指企业开展营业推广所要达到的目的和期望。不同的目标市场，不同的推广对象，其营业推广的目标也不同；营业推广的目标不同，其推广方式、推广期限等都不一样。

不论针对哪种目标市场，营业推广目标的确立要考虑两方面的内容：一是营业推广的目标必须与企业总体营销目标相匹配，二是每一次营业推广的目标都应实现一定时间的营销目标所要求的任务。

(二)选择营业推广形式

企业应根据营业推广目标、市场的类型、推广的对象、企业希望达到的效果等要求，综合考虑市场竞争情况以及每一种推广工具的适应性、成本效率等因素，在上述的各种营业推广形式中，灵活有效地选择使用适合的形式，在保证良好的销售效果的基础上实现成本最小化。

(三)制定营业推广方案

营业推广方案应该考虑以下五个因素。

(1)营业推广规模。营销人员必须决定为达到营业推广所需要的营业推广规模的大小。

(2)营业推广地域及参加者的条件。在市场上,营业推广的对象可以是任何地域的渠道商或消费者,也可以是部分地域的渠道商或消费者。但企业有时可以有意识地限制那些不可能成为旺销地域的渠道商参加,也可以有意识地控制那些不可能重复购买的顾客及购买量太少的顾客参加。

(3)营业推广措施的分配途径。营销人员在确定了上面两个因素以后,还要研究通过什么途径向市场的顾客开展营业推广。企业必须结合自身内部条件、市场状况、竞争动态、消费者需求动机和购买动机等进行综合分析,选择最有利的营业推广途径和方式。比如如果要使顾客获得优惠券,可以采用下面的方法:一是放在包装内,二是在卖场里分发,三是直接邮寄,四是附加在广告媒体上。这四种方法的成本和沟通效果都是不同的。

(4)营业推广时机及期限。不同的商品在不同的市场、不同的条件下,营业推广的时机是不同的。市场竞争激烈的产品、质量差异不大的同类产品、老产品、刚进入市场的产品、滞销产品等,多在销售淡季或其他特殊条件下运用营业推广策略。至于推广期限,企业应考虑消费的季节性、产品的供求状况及其在市场的生命周期、商业习惯等适当确定。有调查显示,最佳推广期限是产品平均购买周期的长度。

(5)营业推广总预算。确定营业推广预算的方法有两种:一是先确定营业推广的方式,然后再预计其总费用;二是在一定时期的促销总预算中拨出一定比例用于营业推广。后者较为常用。

(四)方案试验

如果营业推广活动太大,为防止工作出现较大的偏差,企业可先邀请消费者对几种不同的、可能的优惠办法做出评价;也可以在有限的地区进行试用性测试。企业应在测试过程中关注营业推广方案对消费者的刺激如何、所选用的促销工具怎么样、途径选择合适与否、顾客反应是否足够等,对不恰当的地方及时进行调整。

(五)实施和控制营业推广方案

营业推广计划的实施,可以分为前置时间和销售延续时间两个阶段。前置时间,又称准备时间,是指现场实施前的准备阶段。销售延续时间是指现场实施阶段。企业只有加强对上述两个阶段计划实施的控制工作,才能确保营业推广目标的实现。

(六)评价营业推广结果

企业可以采用多种方法对营业推广结果进行评价,评价程序会因市场类型的差异而有所不同。一般采用的方法是对比法,即把推广前、推广中、推广后的销售情况进行比较;其他方法还包括消费者调查法和实验法。对营业推广效果进行全面的评价,对于企业及时总结经验、吸取教训,改进和提高企业的营销工作有着积极的意义。

 小结

关键词:营业推广

主要观点：

（1）营业推广就是除了人员推销、广告和公共关系等手段外，在一个目标市场，企业为了刺激需要、扩大销售而采取的能迅速产生激励作用的促销措施。它具有针对性强、短期效应明显、手段多样等特点。

（2）营业推广包括对消费者或用户的营业推广、对中间商的营业推广和对推销人员的营业推广。

（3）企业的营业推广决策一般包括确定目标、选择工具、制定方案、实验方案、实施和控制方案、评价结果六个阶段。

任务五 公关促销策略

💡 目标提示

- 掌握公共关系的主要方法和策略，并且能够制定公共关系活动方案

💡 学习内容

- 公共关系的含义和特点
- 公共关系的对象和策略
- 公共关系活动的实施步骤

💡 知识要点

公共关系：企业或其他经济组织为了取得市场上社会公众和顾客以及企业员工的了解和信赖、促进销售、建立企业的良好形象而进行的各种信息沟通活动的总称。

一、公共关系的含义与特点

自从菲利普·科特勒提出了"大营销"概念以来，营销人员日益理解了企业的生存发展受到"生态环境"的制约这个道理。显而易见，无论企业的产品多么优质精湛，在国际市场上，都有可能面对各种政治壁垒和公共舆论方面的障碍，都有可能出现职工不认同企业、消费者不认同产品的不利局面。所以，企业必须致力于建设一种"内部团结，外部和谐"的社会生存环境，必须重视建立良好的公共关系。

公共关系（public relation，简称 PR），中文简称为公关。目前国内外关于公共关系的定义有很多，主要有以下几种。

（1）传播说。英国学者弗兰克·杰夫金斯认为，公共关系就是一个组织为了达到与它的公众之间相互了解的确定目标而有计划地采用一切向内和向外的传播沟通方式的总和。

(2)关系说。美国学者希尔斯认为,公共关系是我们所从事的各种活动所发生的各种关系的通称,这些活动与关系都是公众性的,并且都有其社会意义。

(3)协调说。耶鲁大学教授哈伍德·L.蔡尔兹认为,公共关系是主要用来协调组织与公众之间的社会关系,维持企业的营利性和社会性之间的平衡。

(4)形象说。上海交通大学余明阳教授从塑造形象的角度强调公共关系的宗旨是为企业塑造良好的形象。

上面各种公共关系的定义,对公共关系的理解和表述各不相同,分别从不同的角度揭示了公共关系内在的特殊属性。综合以上观点,可以得出,公共关系就是指企业或其他经济组织,为了取得市场上社会公众和顾客以及企业员工的了解和信赖,通过有效的管理和双向信息沟通,在公众中树立企业的良好形象,以赢得组织内外相关公众的理解、信任、支持和合作,为企业的生存和发展创造最佳社会环境,从而实现企业目标。

公共关系可以作为一种重要的促销手段,发挥间接的但却是持久的促销作用。因为企业的公关做得好,就能给社会公众良好的印象和信任感,进而促使他们在购买产品时选购本企业的产品,并建立较高的产品忠诚度。因此,与其他方法相比,公共关系具有如下的特点。

(1)长期性。企业必须通过持续不断的努力才能树立良好的社会信誉和企业形象。个别的公关活动只能在短期内起作用,不能一直持续下去。而当企业树立良好的形象之后,个别失误不会影响大局,或者想要恢复良好形象也非常容易。良好的企业形象也能为企业的经营和发展带来长期的促进效应。

(2)双向沟通性。在公关活动中,企业把自身的信息向公众进行传播和解释,同时也要掌握公众的信息,这样才能在传播中做到有的放矢,从而形成和谐的关系。

(3)间接性。企业的公关促销具有间接性,虽然直接面对目标受众,却不是直接推销本企业的产品,而是先推销企业再推销产品。

(4)可信性。一般来说,大多数的受众认为公关报道比较客观,比企业的广告更加可信。

二、公共关系的对象和策略

(一)公共关系的对象

企业在运用公共关系促进市场营销以前,首先必须认真确定企业的公众对象。一般来说,企业在市场上公关的对象包括股东、员工、顾客、供应商、经销商、代理商、竞争者、金融界、保险公司、信息公司、咨询公司、消费者组织、新闻界、政府部门、社会团体、社区组织等。在以上组织中,新闻界、政府部门、社会团体、社区组织虽然与企业间一般不存在直接利益分配的关系,但他们可以在政策及舆论上对企业进行制约及形成其他影响,企业的生存环境好坏与他们息息相关;而其他组织都与企业之间直接存在利益分配关系,是利益链条上的伙伴,企业利润的实现直接与他们相关联。

(二)公共关系的策略

公共关系的主要策略有以下八类。

1.利用新闻传播媒体开展宣传

企业可以向报纸、杂志、广播、电视等大众传播媒介投稿传播企业及其产品的信息,或召开记者招待会、新闻发布会、新产品信息发布会,又或是邀请记者写新闻通讯、人物专访、特写等。除了传统媒体,互联网媒体如企业官方网站、各类新媒体 APP 等的作用日益凸显。新闻媒体具有权威性,对社会公众有很大的影响力。因此,通过新闻媒体向社会公众介绍企业和产品具有很强的说服力,可以有效地提高社会公众对企业及其产品的认同感与接受程度。企业要与这些媒体的编辑、记者保持经常的接触,主动提供信息,尽量做到有求必应,建立信任,为他们服务,建立相互合作关系。

2.散发企业宣传材料

通过将设计精美的宣传册或画片、资料等向相关公众发放,增进公众对企业的认知和了解。

3.参与各种社会福利活动和公益活动

这类活动包括捐赠(慈善救济、福利活动、公共设施建设、文化事业、教育事业、卫生事业、学术研究等),赞助(体育赞助、文艺赞助、专题活动赞助、学生奖学金赞助等),支持义卖、义演,开展环境保护工作,参与社区公益活动,维护社区安全,开展赈灾救灾活动,等等。通过这些活动,有助于提高企业的声誉和知名度,赢得社会公众的信任和支持。

📋 同步案例 10-4

鸿星尔克捐款 5000 万

2021 年 7 月 21 日,河南省极端性暴雨天气引发多地洪水灾害,鸿星尔克捐款 5000 万(其发布的捐款驰援微博见图 10-10)被网友发现,事件在一定范围内开始传播。而后网友"扒出"鸿星尔克财务报表,发现 2020 年鸿星尔克亏损达 2.2 亿,2021 年一季度净利润依旧为负,处于亏损状态,这引起了社会广泛关注,相关话题热度再次上涨。鸿星尔克在新浪微博上就相关舆论做出回应,称立志成为百年品牌,引发第二轮传播高潮,当日鸿星尔克相关话题热度迅速飙升。22 日晚,鸿星尔克直播间上架商品全部售罄,主播呼吁理性消费,鸿星尔克总裁吴荣照空降直播间进行致谢和劝导,至此鸿星尔克热度达到顶峰。

据不完全统计,在此次事件中鸿星尔克获得至少 2 亿的销售额回报,其他隐性收益还包括出圈的热度与塑造了良好的品牌形象。

图 10-10 2021 年河南洪灾期间鸿星尔克发布的驰援微博

4.事件营销

企业还要善于策划制造有利于自己的新闻或事件,或借助某些特殊事件,吸引社会公众的注意力,扩大企业和产品的影响,如大张旗鼓地宣传企业砸掉价值不菲的不合格产品等。

同步案例 10-5

被掌掴的快递员

2016 年 4 月 17 日,北京发生了一件司机 1 分钟打了顺丰快递员 6 个巴掌的事情。此事迅速发酵,在 18 日一早成为最热门的话题,很多看了视频的人都愤怒不已。各大平台都把此事推到了头条位置,北京市公安局官方微博"平安北京"于 18 日下午公布了进展:动手打人的李某被拘留 10 天。在整个事件发展过程中,各大新闻客户端、人民日报官微、央视等媒体及时更新进展,众多网友也不断进行讨论。

顺丰集团官微于 18 日发表声明(见图 10-11),顺丰总裁王卫更是发朋友圈表示要追究到底。从顺丰总裁在朋友圈铿锵有力的发言到顺丰集团官微发布的声明,体现出顺丰对一个员工的保护。这得到了很多网友的支持,顺丰的美誉度迅速上升。

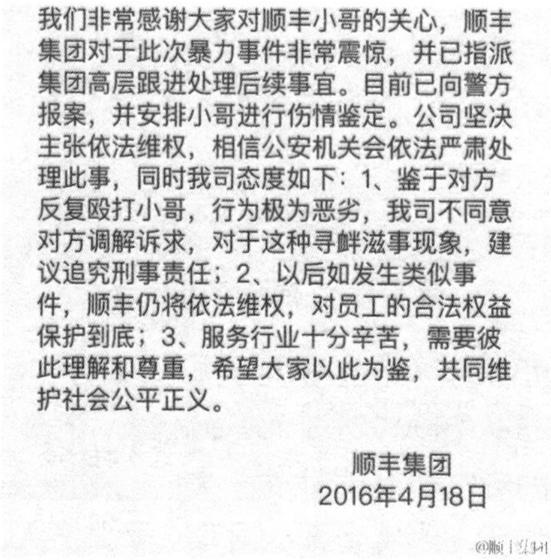

> 我们非常感谢大家对顺丰小哥的关心,顺丰集团对于此次暴力事件非常震惊,并已指派集团高层跟进处理后续事宜。目前已向警方报案,并安排小哥进行伤情鉴定。公司坚决主张依法维权,相信公安机关会依法严肃处理此事,同时我司态度如下:1、鉴于对方反复殴打小哥,行为极为恶劣,我司不同意对方调解诉求,对于这种寻衅滋事现象,建议追究刑事责任;2、以后如发生类似事件,顺丰仍将依法维权,对员工的合法权益保护到底;3、服务行业十分辛苦,需要彼此理解和尊重,希望大家以此为鉴,共同维护社会公平正义。
>
> 顺丰集团
> 2016年4月18日
> @顺丰集团

图 10-11 顺丰集团在快递员被掌掴一事发生后发布的声明

从该事件可以看出,顺丰的公共工作做得较好。事情发生后,企业第一时间发声表态,企业高管直接出面发声,企业声明内容恰当得体,且声明内容包括事件观点、后期规划和对社会各界的呼吁。

5.举办各种专题活动

这类活动包括开业典礼、开工典礼、厂庆、周年纪念、有奖评优、知识竞赛、参观访问等。通过这些活动可以扩大企业的影响,加强同外界公众的联系,树立良好的企业形象。

6.刊登公共关系广告

公共关系广告的形式有很多,如介绍企业的广告、节假日庆贺的广告、对同行表示支持的祝贺广告、向公众致意或道歉的广告、鸣谢广告等。公共关系广告与一般商业广告有很大不同,它不直接介绍企业的产品,其作用主要是塑造企业形象,促进公众对企业的了解,进而推动商品的销售。

7.邀请有知名度的个人或组织传播企业文化

通过邀请有名的个人或组织撰写有关企业的成功案例或经验的相关文章或书籍并进行传播,在无形中宣传企业的文化和机制,树立良好形象。

8.危机事件处理

企业经常会遇到一些危机事件,如消费者投诉、诉讼、不合格产品引起的事故、对企业不利的信息传播和造谣中伤等。这些事件的发生往往会使企业的信誉下降,产品销售额下跌。当遭遇消费者投诉时,公共关系人员应该迅速行动起来,积极收集和听取目标市场的公众对本公司政策、产品等方面的意见和态度,及时处理意见,消除公众的抱怨情绪,同时,提出改进本公司政策和产品的方案,以消除抱怨情绪产生的根源;当遭遇诉讼时,企业应及时向消费者传递企业正常运作的信息,以防止消费者对企业失去信心;当遭遇不合格产品引起的事故、对企业不利的信息传播和造谣中伤时,企业应迅速以负责任的态度协助有关部门查清原委并及时做好处理工作,以使企业遭受的损失减少到最低程度。

同步案例 10-6

罗永浩的危机公关

2020 年 5 月 20 日(情人节)当天,微博上不少人反应在罗永浩直播间购买的"花点时间"玫瑰花品相不佳,花瓣都是枯萎的。为此罗永浩连发三十几条微博(其中一条微博见图 10-12)转发网友评论并做出回应:影响了大家节日心情,我们非常非常非常抱歉,正在严肃追究责任(事先有协议约束),如果销售者不及时给大家一个交代,我们也会给,请放心。同时,罗永浩通过微博公开道歉,并提出了补救措施:在"花点时间"原价退款以及同等现金赔偿的基础上,罗永浩团队提供额外的原价现金赔偿,总赔偿金额约 100 多万。这次事件后,网友评价罗永浩厚道、体面、三观正。尽管 100 多万的现金赔偿比较多,但罗永浩用实际行动让大家看到了他的诚意,维护了其作为带货主播的个人信誉。什么才是好的危机公关,罗永浩给了答案。

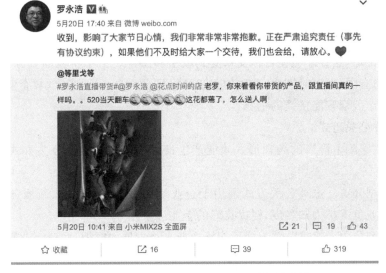

图 10-12 罗永浩回应消费者问题的相关微博

三、公共关系活动的实施步骤

一个完整的公共关系活动包括以下步骤。

(一)确定公关目标

进行公共关系活动必须有明确的目标。公共关系目标的确立,也就意味着为公共关系的策划过程确定了方向。企业的公共关系目标因企业面临的环境和任务的不同而不同,主要有以下四类。

(1)让公众知晓。企业主要是通过媒体的信息传播,让公众知道企业的政策、行为、产品和服务,知晓某一事实。在新产品、新技术的开发阶段,这个目标尤为重要。

(2)增加公众对企业的好感。企业参加社会公益活动,使公众了解或改变原有的态度,增加对企业的了解和好感。

(3)树立新的形象。有时候企业不生产原有的产品,转而生产其他产品,甚至是与原有产品关联不大的产品,这时候要重新树立企业的新形象,使之与企业的新产品相适应。

(4)改变不良影响。当企业的产品或服务在社会上造成不良影响后,企业必须立即进行一系列的公关活动,借此挽回形象,将损失减到最小,市场上经常看到的危机公关就属于这种。

(二)确定公众

也就是确定公关的对象。在明确了企业的公关目标后,企业就应对所面对的公众进行界定。公众的选择取决于公关目标,不同的公关目标决定了公关对象的不同。如果公关的目标是增加消费者的好感,公关活动的重点就应该是消费者的利益。如果企业与政府关系出现摩擦,公关活动应该主要针对政府进行。企业在不同时期有不同的公众对象,所以企业要慎重选择。

(三)拟定公关主题

公关主题是整个公关活动的灵魂,也是让各种活动形成有机联系的纽带。公关主题又是公共关系目标的展示和细化,所以公关主题应符合公共关系的目标,而且要亲切、有创新性、便于记忆,这样才能使目标受众受到吸引和感染。由于企业的资源有限,而且公众的接收能力有限,在短时期内,公关的主题最好只有一个。比如某饮料企业强调全民健身,这就是一个公众较能接受的主题。

(四)选择公关方式

良好的主题配上恰当的表现形式才能产生良好的活动效果。公关方式主要有以下十种。

(1)建设型公关。这类公关方式适用于企业初创时期或新产品、新服务首次推出之时,这时候企业急需扩大知名度,树立良好的企业形象.

(2)维系型公关。这类公关方式适用于企业平稳发展的时期,此时企业需要保持和巩固良好的企业形象。

(3)进攻型公关。企业为了防止自身公共关系失调所采用的一种公关方式,这时外部环境竞争激烈,企业要稳固自身的地位。

(4)防御型公关。当企业与外部环境出现了不协调或摩擦苗头的时候,企业必须进行此种公关,以防止日后发生消费者信任危机。

(5)矫正型公关。企业公共关系严重失调,企业遇到了风险,企业形象重受损,这时候企业要及时采用该种公关,挽救其在公众心目中的形象。

(6)宣传型公关。企业为了树立良好的企业形象而运用大众传播媒介和内部沟通方式开展宣传工作,一般包括内部宣传和外部宣传。

(7)交际性公关。企业同公众进行交往,目的是通过人与人的直接接触进行感情上的联络。

(8)服务型公关。企业以实际行动获得社会公众的了解和好评,改变在公众心目中的不良形象,既有利于促销又有利于树立和维护企业形象和声誉。

(9)社会型公关。这种公关活动带有战略性特点,着眼于企业的长远利益。比如企业举办各种社会性、公益性、赞助性的活动,可口可乐赞助体育赛事就属于这种公关;还有企业以自身为中心开展的活动,如周年庆等。

(10)征询型公关。企业通过开办各种咨询业务、制定调查问卷、进行民意测验、设立热线电话等形式,努力形成效果良好的信息网络,再将获取的信息进行分析研究,为经营管理决策提供依据,为社会公众服务。

上述的公关方式也经常被称为十大公共关系方法,企业应该根据具体情况加以选择。

(五)编制公关预算

和其他促销方案一样,公关活动需要一定的人力、物力和财力。企业要在实施公关活动之前对费用、时间和人力进行预算。编制预算的方法很多,可以用销售额提成法、投资报酬法、目标估算法等。

(六)实施公关方案

实施公关方案,需要做好以下三个方面的工作。

(1)公关活动实施前的准备工作。在公共关系活动实施之前,要做好充分的准备。公关准备工作主要包括培训公关实施人员、配备公关活动的各种资源等方面。

(2)公关活动实施的时间。要确定公关活动具体实施的时间和结束的时间,在实施后期应尤为注意与公众的沟通交流,争取把公关活动做得成功。

(3)公关实施的控制。公关实施中的控制主要包括对人力、物力、财力、进程、质量、阶段性目标以及突发事件等方面的控制,及时纠正一些错误,使公关活动稳步推进。

(七)评估公关效果

公关活动评估也就是公共效果评估,就是根据一定的标准,对公共关系计划、实施过程等进行衡量、检查、评价和估计,以判断其效果。需要注意的是,公共关系评估贯穿于整个公关活动之中。公共关系评估的内容包括公共计划制定得合理与否,公关活动是否达到预定标准,接受、了解信息的目标公众是否达到要求,发生态度改变的公众数量是否符合标准,外部接受公关活动的程度是否符合标准,公众重复购买本企业产品的数量是否达到标准,等等。企业应严格按照具体方案的执行情况严格评估公关效果,这样才能使公关活动做得完美。

企业在进行具体的公关活动时,应进行全面、深入的市场调研。在了解市场的基础上,从企业内外部出发对企业各项工作进行一次较为系统的总结,找到需要解决的问题,确定公关的目标。在取得决策人员及管理人员的关注和认可后,组织公关专家进行策划。策划方案通过后,在方案的实施过程中,企业内部人员需要配合、支持与参与该项公关活动,从而保证公关活动顺利、有效地进行。

 小结

关键词:公共关系

主要观点:

(1)公共关系是指企业或其他经济组织,为了取得市场上社会公众和顾客以及企业员工的了解和信赖、促进销售、建立企业的良好形象而进行的各种信息沟通活动的总称。

(2)公共关系具有长期性、双向沟通性、间接性和可信性等特点。

(3)一个完整的公共关系活动包括确定公关目标、确定公众、拟定公关主题、选择公关方式、编制公关预算、实施公关方案和评估公关效果七个步骤。

 理论前沿

体验营销是指企业通过采用让目标顾客观摩、聆听、尝试、试用等方式,使其亲身体验企业提供的产品或服务,让顾客实际感知产品或服务的品质或性能,从而促使顾客认知、喜爱并购买的一种营销方式。这种方式以满足消费者的体验需求为目标,以服务产品为平台,以有形产品为载体,生产、经营高质量产品,拉近企业和消费者之间的距离。其特征有:顾客参与;体验需求;个性特征;体验营销中的体验活动都有一个体验主题;更注重顾客在消费过程中的体验。体验营销要遵循适用适度与合理合法两个原则。

体验营销以拉近企业和消费者之间的距离为重要手段,已成为企业获得竞争优势的新武器。但体验式营销并不适用于所有行业和所有产品,只有产品具有不可察知性,以及其品质必须通过使用才能断定的特性,才可以运用这种方式。

体验营销要求企业必须从消费者的感觉、情感、思考、行动、关联五个方面出发进行市场营销。此种思考方式突破了理论性消费者的传统假设,认为消费者的消费行为除了受知识、思考等理性因素影响以外,还受情感、情绪等感性因素影响,消费者在消费过程中的体验才是企业应关注的重点,也是影响企业口碑建设的关键因素。

课外延伸

促销方案撰写必须关注的六个细节　　　　公共关系四步工作法

复习与思考

一、单选题

1.可口可乐公司经常为各种体育活动提供赞助,这是(　　)促销。

A.人员推销　　　　　B.广告　　　　　　C.营业推广　　　　D.公共关系

2.能在最短时间内见效的促销工具是(　　)。

A.人员推销　　　　　B.广告　　　　　　C.营业推广　　　　D.公共关系

3.样品、赠品、优惠券这些营业推广工具都属于(　　)。

A.消费者促销工具　　　　　　　　　B.中间商促销工具

C.销售员促销工具　　　　　　　　　D.公众促销工具

4.在制定生产资料的促销策略时,通常首先考虑的促销手段是(　　)。

A.广告　　　　　　　B.人员推销　　　　C.营业推广　　　　D.公共关系

5.在产品生命周期的投入期,消费品的促销目标主要是宣传介绍产品,刺激购买欲望的产生,因而主要应采用(　　)促销方式。

A.广告　　　　　　　B.人员推销　　　　C.价格折扣　　　　D.营业推广

二、多选题

1.现代市场营销学认为,促销方式包括(　　)。

A.人员促销　　　　　B.广告宣传　　　　C.营业推广　　　　D.公共关系

2.营业推广的对象是(　　)。

A.公众　　　　　　　B.社会组织　　　　C.市场推销人员　　D.中间商

E.消费者或用户

3.公共关系活动的特点包括(　　)。

A.长期性　　　　　　B.双向沟通性　　　C.间接性　　　　　D.可信度

4.企业的销售队伍可以按(　　)因素的结合进行调整和组织。

A.需求　　　　　　　B.地区　　　　　　C.产品　　　　　　D.顾客

5.促销策略总体上可分为(　　)。

A.组合策略　　　　　B.单一策略　　　　C.推式策略　　　　D.拉式策略

E.综合策略

三、判断题

1.企业针对最终消费者展开促销攻势,把产品信息介绍给目标市场的消费者,使人产生强烈的购买欲望,形成急切的市场需求,然后拉引中间商经销这种产品的策略称为拉式策略。(　　)

2.适于选择利用赠送免费样品方式进行促销的商品是个性化强的商品。(　　)

3.推销人员可以通过产品接近法、利益接近法、问题接近法、馈赠接近法等方法接近顾客。（　　）

4.产品广告通常包含开拓性广告、劝告性广告、提示性广告和网络广告。（　　）

5.企业公共关系活动的目标主要有让公众知晓、增加公众对企业的好感、树立新的形象和改变不良影响。（　　）

四、案例分析

矮胖的黄色身体,扁扁的嘴巴,双手交替着舞动……曾经风靡全球的宝可梦精灵之一的可达鸭在 26 年后再次爆火。肯德基在儿童套餐中赠送的可达鸭玩具的价格竟一度炒到 3000 元,甚至连央视、肯德基都发文引导公众要理性消费。这款可达鸭玩具其实是肯德基 2022 年 5 月 21 日在儿童节套餐中附赠的玩具之一。肯德基在售价 59 元、69 元、109 元的三个价位的儿童节套餐中,会附赠一款与宝可梦联名的皮卡丘音乐盒、可达鸭音乐盒、皮卡丘郊游水壶等玩具。其实这已不是肯德基第一次与其他品牌联名,也不是肯德基第一次因为联名引起热议。2022 年初,肯德基曾在套餐中赠送泡泡玛特联名玩具。

1.肯德基这次活动采取的是(　　)营销方式。

　　A.饥饿　　　　　　　B.品牌联名　　　　　　C.口碑　　　　　　　　D.病毒

2.肯德基这次促销活动属于(　　)。

　　A.人员促销　　　　　B.营业推广　　　　　　C.广告宣传　　　　　　D.公共关系

3.肯德基在售卖的儿童套餐里面赠送玩具吸引消费者注意,是属于促销活动里面的(　　)。

　　A.折扣　　　　　　　B.赠送优惠券　　　　　C.赠品　　　　　　　　D.会员

4.可达鸭的爆红,说明这次促销活动使产品销售取得(　　)效果。

　　A.短期增长　　　　　B.短期减少　　　　　　C.长期增长　　　　　　D.没变化

5.售卖儿童套餐附赠玩具属于(　　)。

　　A.推式策略　　　　　B.拉式策略　　　　　　C.推拉结合策略